互联网广告法律制度
理解与应用

（含《互联网广告管理暂行办法》释义与典型案例）

刘双舟 ◎ 著

中国工商出版社

责任编辑 / 马　佳　张丽娟
封面设计 / 慧　子

图书在版编目(CIP)数据

互联网广告法律制度理解与应用 / 刘双舟著.—北京:中国工商出版社,2016.8
ISBN 978－7－80215－883－2

Ⅰ.①互… Ⅱ.①刘… Ⅲ.①互联网络—广告法—研究—中国 Ⅳ.①D922.294.4

中国版本图书馆 CIP 数据核字(2016)第 206352 号

书名 / 互联网广告法律制度理解与应用
著 / 刘双舟

出版·发行 / 中国工商出版社
经销 / 新华书店
印刷 / 北京翌新工商印制公司
开本 / 787 毫米×1092 毫米　1/16　　**印张** / 20.625　　**字数** / 278 千字
版本 / 2016 年 8 月第 1 版　2016 年 8 月第 1 次印刷

社址 / 北京市丰台区花乡育芳园东里 23 号(100070)
电话 / (010)63730074,83610373　　**电子邮箱** / zggscbs@163.com
出版声明 / 版权所有,侵权必究

书号 / ISBN 978－7－80215－883－2/D·565
定价 / 46.00 元

(如有缺页或倒装,本社负责退换)

为什么要写这样一本书

（代　序）

　　随着互联网运用的普及，互联网广告作为一种新型广告形式在我国快速崛起，并发展成为广告市场中最具活力的板块。但是立法的滞后导致对互联网广告缺乏必要的法律规范，互联网广告一度几乎处于野蛮生长状态，相关法律问题得不到妥善解决，社会反映强烈。立法机关曾将始终处于发展更新中的互联网广告立法问题作为《广告法》修订中的一项重要任务，导致《广告法》的修订工作也因此被一再推延。由于互联网广告正处于快速发展变化中，且对互联网广告活动规律的全面认识需要一个过程，因此，最终修订后的《广告法》除了"利用互联网从事广告活动，适用本法的各项规定"这一原则性规定外，仅对公众反映强烈的互联网页面弹出广告以及互联网信息服务提供者的注意义务做了一些规定。新《广告法》实施后，互联网广告法律规范仍是个悬而未决的问题。在这种情况下，国家工商行政管理总局自2011年开始起草的《互联网广告管理暂行办法》就成为社会的希望所在。在"魏则西事件"等因素的催化下，2016年7月4日，国家工商行政管理总局令第87号终于公布了《互联网广告管理暂行办法》（以下简称《暂行办法》）。

　　作为我国第一个专门规范互联网广告的法律文件，《暂行办法》应当完成《广告法》修订时未能完成的任务，即应当全面规范互联网广告活动，将《广告法》中的各项规定和要求通过细化和具体化予以落实。但是由于时间和篇幅所限，《暂行办法》并未形成一套系统规范互联网广告的知识体系，只是围绕着互联网的特性和互联网广告的特点，着重解决了互联网广告中的一些特殊性问题。比如，互联网广告的定义和范围、互联网广告发布者的确定、互联网广告程序化购买、互联网广告各主体之间的权利义务和责任划分、对违法互联网广告实施行政处罚的管辖等。《暂行办法》颁布后，无论从政府执法，还是从企业用法的角度来看，都面临着三个亟待解决的问题：一是如何将《广告法》和《暂行办法》的内容有机融合，建构一套完整、系统的互联网广告法律知识体系；二是如何正确解读《暂行办法》的条文，使执法者与互联网广告企业之间对立法目的和条文含义形成统一的认识；三是《暂行办法》中遗漏的，但是对规范互联网广告市场又特别重要的法律知识应如何进行补充完善。本书正是为解决这三个问题而写作，全书内容共分为四个部分：

第一部分"互联网广告法律基本知识"的写作目的，是将《广告法》与《暂行办法》的内容进行整合，建构一套完整的互联网广告法律知识体系，让读者对互联网广告法律有一个全面系统的了解。该部分内容由互联网广告法律概述、互联网广告的活动主体、互联网广告内容准则、互联网广告行为规范、互联网广告程序化购买、互联网广告监督管理、互联网广告法律责任七章组成，将《广告法》与《暂行办法》的内容有机地结合在一起，既体现了广告法律活动的共性，又突出了互联网广告法律活动的特性。

第二部分"《互联网广告管理暂行办法》释义"的写作目的是结合我国互联网广告的实践，对《暂行办法》进行逐条释义，既考虑到互联网广告主体全面履行义务可能面临的问题，又考虑到工商行政管理部门（市场监管部门）在互联网广告监管中可能遇到的难题，本着务实的态度解读每一条文，务求使解读符合《广告法》和《暂行办法》的立法目的，帮助执法和用法各方能在认识上达成一致，便于《暂行办法》的顺利实施。

第三部分"互联网广告典型案例"的写作目的是为了补充和完善《暂行办法》内容上的不足。《暂行办法》的立法目的可以归纳为两个方面：一是通过规范互联网广告活动来保护消费者的合法权益；二是通过维护公平竞争的市场经济秩序来促进互联网广告业的健康发展。就《暂行办法》的具体内容而言，绝大部分条文都是为规范互联网广告活动和保护消费者的合法权益而制定的。相比较而言，《暂行办法》对促进互联网广告业的健康发展这一立法目的重视还不够充分。虽然《暂行办法》第十六条也明确禁止了几种互联网广告活动中的不正当竞争行为，即不得提供或者利用应用程序、硬件等对他人正当经营的广告采取拦截、过滤、覆盖、快进等限制措施；不得利用网络通路、网络设备、应用程序等破坏正常广告数据传输，篡改或者遮挡他人正当经营的广告，擅自加载广告；不得利用虚假的统计数据、传播效果或者互联网媒介价值，诱导错误报价，谋取不正当利益或者损害他人利益，但是一方面，《暂行办法》既没有明确这些不正当行为的法律责任，又没有明确查处这些不正当行为的执法主体和途径；另一方面，影响互联网广告市场秩序的不正当行为远不止于列举的这些情形。为此，本书第三部分专门介绍了由妨碍互联网广告市场秩序的不正当竞争行为引发的几个典型司法案例，旨在让执法部门和互联网广告主体全面了解司法判例对这些违法行为的法律定性和处理原则。

第四部分收录了与互联网广告活动有关的常见法律文件。一方面便于执法和用法时进行法律查询；另一方面，可以帮助读者对我国互联网广告立法的现状进行宏观了解。

本书是第一本全面介绍互联网广告法律知识的专业著作，兼顾

互联网广告法律制度理解与应用

了理论建构与实践指导两个方面的需要，既可作为互联网广告执法和企业用法的指导工具，又可作为高等院校法学专业和广告学专业的教学用书。由于作者水平所限，书中难免有不足之处，望广大读者批评指正。

刘双舟

2016 年 8 月 10 日

目 录

第一部分　互联网广告法律基本知识

第一章　互联网广告法律概述 ……………………………………（3）
第一节　互联网广告法律的调整对象 …………………………（3）
　　一、互联网广告的含义 …………………………………………（4）
　　二、互联网广告的特征 …………………………………………（5）
　　三、互联网广告的媒介 …………………………………………（7）
　　四、互联网广告的分类 …………………………………………（8）
　　五、互联网广告的范围 …………………………………………（11）
第二节　互联网广告法律关系 …………………………………（14）
　　一、互联网广告法律关系的概念 ………………………………（14）
　　二、互联网广告法律关系的构成 ………………………………（15）
　　三、互联网广告法律关系的产生、变更和终止 ………………（17）
第三节　互联网广告基本原则 …………………………………（17）
　　一、互联网广告的真实性原则 …………………………………（18）
　　二、互联网广告的合法性原则 …………………………………（18）
　　三、互联网广告的精神文明原则 ………………………………（19）
　　四、互联网广告的诚实信用原则 ………………………………（20）
第四节　互联网广告法制体系 …………………………………（20）
　　一、互联网广告法制建设的历程 ………………………………（20）

二、我国互联网广告的法律渊源 ……………………………… (23)
三、完善互联网广告法制的意义 ……………………………… (25)

第二章　互联网广告的活动主体 ……………………………… (27)

第一节　互联网广告的广告主 ………………………………… (27)
一、互联网广告主的含义和分类 ……………………………… (27)
二、互联网广告主的权利 ……………………………………… (28)
三、互联网广告主的义务 ……………………………………… (30)

第二节　互联网广告经营者 …………………………………… (34)
一、互联网广告经营者的含义和分类 ………………………… (34)
二、互联网广告经营者的权利 ………………………………… (35)
三、互联网广告经营者的义务 ………………………………… (36)

第三节　互联网广告发布者 …………………………………… (41)
一、互联网广告发布者的含义 ………………………………… (41)
二、互联网广告发布者的分类 ………………………………… (42)
三、互联网广告发布者的权利 ………………………………… (43)
四、互联网广告发布者的义务 ………………………………… (44)

第四节　互联网广告活动中的其他参与人 …………………… (49)
一、互联网广告代言人 ………………………………………… (49)
二、互联网信息服务提供者 …………………………………… (50)
三、其他参与人 ………………………………………………… (52)

第三章　互联网广告内容准则 …………………………………… (54)

第一节　互联网广告的一般准则 ……………………………… (54)
一、互联网广告的内容应当准确、清楚、明白 ……………… (54)
二、互联网广告不得含有法律禁止的内容 …………………… (55)
三、互联网广告内容应当具有可识别性 ……………………… (61)
四、互联网广告不得含有贬低其他商品或服务的内容 ……… (62)

目 录

　　五、互联网广告不得损害未成年人和残疾人的身心健康 …… (62)

第二节　互联网广告的特殊准则 ……………………………… (63)

　　一、医疗、药品和医疗器械广告内容准则 ………………… (63)

　　二、保健食品广告内容准则 ………………………………… (67)

　　三、农药、兽药、饲料和饲料添加剂广告内容准则 ……… (68)

　　四、禁止发布烟草广告的规定 ……………………………… (70)

　　五、酒类广告内容准则 ……………………………………… (71)

　　六、教育、培训广告内容准则 ……………………………… (71)

　　七、招商等有投资回报预期的商品或服务广告的内容准则 … (72)

　　八、房地产广告内容准则 …………………………………… (73)

　　九、农作物种子、林木种子、草种子、种畜禽、水产苗种
　　　　和种养殖广告内容准则 ………………………………… (75)

第四章　互联网广告行为规范 …………………………………… (77)

第一节　互联网广告的行为准则 ………………………………… (77)

　　一、互联网广告合同规范 …………………………………… (77)

　　二、互联网虚假广告规制 …………………………………… (78)

　　三、涉及专利内容的互联网广告规范 ……………………… (79)

　　四、互联网广告引证材料规范 ……………………………… (80)

　　五、附带赠品的互联网广告规范 …………………………… (82)

　　六、显著、清晰地表示必须明示的内容 …………………… (82)

　　七、不得妨碍用户正常使用网络 …………………………… (83)

　　八、电子信息广告发送规范 ………………………………… (84)

　　九、健全互联网广告业务管理制度 ………………………… (85)

　　十、互联网广告其他行为规范 ……………………………… (86)

第二节　互联网广告自律审查 …………………………………… (87)

　　一、互联网广告自律审查的含义 …………………………… (87)

3

二、互联网广告自律审查的特征 …………………………………… (87)

　　三、互联网广告自律审查人员与机构 …………………………… (89)

　　四、互联网广告自律审查的环节 ………………………………… (90)

　　五、互联网广告自律审查的内容 ………………………………… (91)

第三节　互联网广告活动中的不当行为规制 ……………………… (93)

　　一、广告拦截等不正当行为的法律规制 ………………………… (94)

　　二、流量劫持等不正当行为的法律规制 ………………………… (97)

第五章　互联网广告程序化购买 …………………………………… (101)

第一节　互联网广告程序化购买模式 ……………………………… (101)

　　一、程序化购买的含义 …………………………………………… (101)

　　二、程序化购买的平台构成 ……………………………………… (102)

　　三、程序化购买模式的优势 ……………………………………… (104)

第二节　互联网广告程序化购买的法律规制 ……………………… (105)

　　一、程序化购买的法律地位 ……………………………………… (106)

　　二、程序化购买平台的定义 ……………………………………… (106)

　　三、广告发布者、广告经营者身份的确认 ……………………… (106)

　　四、需求方平台经营者的主要义务 ……………………………… (109)

　　五、程序化购买平台的共同义务 ………………………………… (109)

　　六、程序化购买平台经营者的法律责任 ………………………… (110)

第六章　互联网广告监督管理 ……………………………………… (111)

第一节　互联网广告行政审查 ……………………………………… (111)

　　一、互联网广告行政审查的含义 ………………………………… (111)

　　二、互联网广告行政审查的意义 ………………………………… (112)

　　三、互联网广告行政审查的内容 ………………………………… (112)

　　四、互联网广告行政审查机关与法律依据 ……………………… (113)

　　五、互联网广告行政审查的法律责任 …………………………… (117)

目 录

  第二节 互联网广告的行政管理 …………………………… (119)
    一、互联网广告的行政管辖 ………………………………… (119)
    二、工商行政管理部门查处违法互联网广告时的职权 ……… (122)
  第三节 互联网广告行业自律与社会监督 …………………… (124)
    一、行业自律 ………………………………………………… (124)
    二、企业信用 ………………………………………………… (126)
    三、社会监督 ………………………………………………… (126)

第七章 互联网广告法律责任 …………………………………… (127)
  第一节 互联网广告行政法律责任 …………………………… (127)
    一、《广告法》规定的行政处罚的种类 …………………… (127)
    二、《广告法》规定的行政处罚的内容 …………………… (129)
    三、《互联网广告管理暂行办法》规定的法律责任 ……… (133)
  第二节 互联网广告民事责任与刑事责任 …………………… (135)
    一、互联网广告的民事责任 ………………………………… (135)
    二、互联网广告的刑事责任 ………………………………… (136)

第二部分 《互联网广告管理暂行办法》释义

第一条 【立法目的与依据】 ………………………………… (141)

第二条 【适用范围】 ………………………………………… (142)

第三条 【互联网广告定义与范围】 ………………………… (144)

第四条 【互联网广告行业自律】 …………………………… (149)

第五条 【禁止利用互联网发布的广告】 …………………… (151)

第六条 【互联网广告行政审查】 …………………………… (154)

第七条 【互联网广告的可识别性】 ………………………… (156)

第八条 【用户正常使用网络的权利保障】 ………………… (159)

5

第九条　【互联网广告合同】 …………………………………… (162)

第十条　【互联网广告主的权利和义务】 …………………… (163)

第十一条　【互联网广告发布者】 …………………………… (167)

第十二条　【互联网广告发布者、广告经营者的权利和
　　　　　　义务】 ……………………………………………… (169)

第十三条　【互联网广告程序化购买的合法性】 …………… (172)

第十四条　【互联网广告程序化购买平台】 ………………… (174)

第十五条　【互联网广告程序化购买平台经营者的义务】 … (178)

第十六条　【互联网广告活动中禁止的不正当行为】 ……… (180)

第十七条　【互联网信息服务提供者】 ……………………… (183)

第十八条　【互联网广告违法行为的管辖】 ………………… (184)

第十九条　【工商行政管理部门查处违法广告的职权】 …… (187)

第二十条　【电子数据证据】 ………………………………… (189)

第二十一条　【违反禁令发布广告的法律责任】 …………… (190)

第二十二条　【未经审查发布广告的法律责任】 …………… (191)

第二十三条　【互联网广告不具有可识别性的法律责任】 … (191)

第二十四条　【未显著标明关闭标志并确保一键关闭的、以
　　　　　　　欺骗方式诱使用户点击广告内容的、擅自在
　　　　　　　用户发送的电子邮件中附加广告或者广告链
　　　　　　　接的法律责任】 ……………………………… (192)

第二十五条　【未依法健全广告业务管理制度、未对广告内
　　　　　　　容进行核对的法律责任】 ………………… (192)

第二十六条　【互联网广告程序化购买中的法律责任】 …… (193)

第二十七条　【互联网信息服务提供者的法律责任】 ……… (194)

第二十八条　【行政处罚决定信息公示】 …………………… (194)

第二十九条　【生效日期】 …………………………………… (195)

目 录

第三部分 互联网广告典型案例

百度诉青岛奥商案 ………………………………………… (199)

腾讯诉奇虎案 ……………………………………………… (204)

爱奇艺诉极科极客案 ……………………………………… (214)

合一诉金山案 ……………………………………………… (220)

爱奇艺诉聚网视案 ………………………………………… (229)

第四部分 附 录

《中华人民共和国广告法》 ……………………………… (239)

  (1994年10月27日第八届全国人民代表大会常务委员会第十次会议通过 2015年4月24日第十二届全国人民代表大会常务委员会第十四次会议修订 自2015年9月1日起施行)

《互联网信息服务管理办法》 …………………………… (256)

  (2000年9月25日国务院令第292号公布 根据2011年1月8日《国务院关于废止和修改部分行政法规的规定》修正 自公布之日起施行)

《信息网络传播权保护条例》 …………………………… (261)

  (2006年5月18日国务院令第468号公布 根据2013年1月30日国务院令第634号《国务院关于修改〈信息网络传播权保护条例〉的决定》修订 自2013年3月1日起施行)

《互联网广告管理暂行办法》 …………………………… (269)

  (2016年7月4日国家工商行政管理总局令第87号公布 自2016年9月1日起施行)

《互联网信息搜索服务管理规定》……………………………（275）
　　（2016年6月25日国家互联网信息办公室发布　自2016年8月1日起实施）

《移动互联网应用程序信息服务管理规定》………………（277）
　　（2016年6月28日国家互联网信息办公室发布　自2016年8月1日起实施）

《互联网药品信息服务管理办法》…………………………（280）
　　（2004年5月28日经国家食品药品监督管理局局务会议审议通过　自2004年7月8日起施行）

《网络交易管理办法》…………………………………………（286）
　　（2014年1月26日国家工商行政管理总局令第60号公布　自2014年3月15日实施）

《工商行政管理机关行政处罚程序规定》……………………（297）
　　（2007年9月14日国家工商行政管理总局令第28号公布　根据2011年12月12日国家工商行政管理总局令第58公布的《国家工商行政管理总局关于按照〈行政强制法〉修改有关规章的决定》修改　自2012年1月1日起施行）

第一部分
互联网广告法律基本知识

第一章

互联网广告法律概述

随着科技的进步与互联网的普及，网络已经成为我们生活、工作中不可或缺的一部分，使得依附于互联网的行业都得到了快速发展，互联网广告也应运而生，并迅速发展成为新兴广告的主要形式。1994年10月14日，美国著名的Wired杂志推出了网络版Hotwired，其主页上出现了AT&T等14个客户的广告Banner[①]，宣告了互联网广告的诞生。我国第一个商业性的互联网广告出现在1997年3月，传播网站是Chinabyte，广告表现形式为468×60像素的动画旗帜广告。Intel和IBM是国内最早在互联网上投放广告的广告主。互联网广告在我国发展很快，伴随着互联网的快速发展，广告紧密与互联网相结合，互联网广告成为网络公司的主要业务，广告收入也迅速成为互联网的主要收入来源。与此同时，相应的互联网广告法律问题也越来越多，建立和健全互联网广告法律制度成为广告法制建设的一项重要内容。

第一节　互联网广告法律的调整对象

互联网广告法律是以互联网广告活动为调整对象的法律、法规、

[①] 旗帜广告，横幅广告（网络广告的主要形式，一般使用GIF格式的图像）

规章及相关规范性法律文件的总称。学习互联网广告法律制度首先应当从了解其调整对象开始。

一、互联网广告的含义

互联网广告是伴随着互联网的兴起而出现的以互联网为媒介的广告形式。狭义的互联网广告又被称为网络广告或者在线广告；广义的互联网广告除了包括以计算机为核心组成的计算机网络为媒介的广告活动外，还包括其他所有以电子设备相互连接而组成的网络为媒介的广告活动。

根据《互联网广告管理暂行办法》第三条的规定："本办法所称互联网广告，是指通过网站、网页、互联网应用程序等互联网媒介，以文字、图片、音频、视频或者其他形式，直接或者间接地推销商品或者服务的商业广告。"该规定表明应该从以下三个方面来理解互联网广告的含义：

（一）互联网广告法律的调整对象是以直接或者间接地推销商品或者服务为目的的商业广告

广告按照活动目的可以分为商业性广告和非商业性广告。商业性广告又可分为商品广告和服务广告；非商业性广告包括公益广告、政治广告、社团活动广告、个人启事等形式。互联网广告是广告的一种特殊形式，既包括商业广告，又包括非商业广告。但是我国的《广告法》调整的对象是商业广告，因此，在我国广告法律调整的互联网广告也应当是指商业广告。互联网广告的目的是为了推荐和介绍所推销的商品或者提供的服务，介绍的方式可以是直接的，也可以是间接的。

（二）互联网广告以互联网为媒介进行信息传播

任何广告信息都是依赖一定的媒体进行传播。传统广告依赖的信息传播媒介主要有报纸、广播、电视等。互联网媒介即网络媒体，是指借助国际互联网信息传播平台,以计算机和移动通信设备等为终端来传播信息的一种数字化、多媒体的新兴传播媒介。相对于报纸、广播、电视等传统媒体而言,互联网媒介又被称为"新媒体"。以互联网为媒介进行广告信息传播,这是互联网广告与传统广告的最大区别,互联网广告的很多特性都是由互联网媒介的特性决定的。

(三)互联网广告具有文字、图片、音频、视频等多样化形式

互联网广告的表现形式非常多元化,既有传统纸媒广告常见的文字、图片形式,又有电台广告和电视广告中常见的音频、视频形式。它还可以将这些传统广告的表现形式任意进行组合,并且具有了很强的交互性。这些都是传统广告形式所无法比拟的。

二、互联网广告的特征

互联网广告的许多特征都是由互联网媒介带来的,了解互联网媒介的特征有助于正确理解互联网广告。

(一)互联网媒介的特征

与传统广告媒介相比,互联网媒介有很多特殊之处。

1. 从传播的表现形式来看,互联网媒介具有数字化特征。数字化是互联网媒体存在的前提,网络媒体是真正的数字化媒体。无论是文字、图像还是声音都可以在互联网上通过数字信号的不同组合来表达。互联网使得信息第一次不但在内容上,而且在形式上获得了同一性。

2. 从信息传播的范围来看,互联网媒介具有空间广泛性。互联网信息传播的范围非常广泛,打破了传统媒体的传播范围多限于本地、本国束缚的局限性,其受众遍及全世界,是一种名副其实的全球化传播媒体。互联网媒体通过超文本链接的方式,将无限丰富的信息加以贮存和发布,用户可以很方便地进行信息检索,时空障碍几乎完全消失。

3. 从互联网媒体的传播方式上看，互联网媒介具有迅捷性和交互性。互联网媒体传播速度快捷，具有很强的时效性，互联网媒体还带来了信息传受双方的双向互动传播。

4. 从互联网媒介的传受关系角度看，互联网媒介具有多元性、自由性和个性化等特点。互联网媒介不是专门的新闻传播机构一家独有，政府、企事业单位网站乃至个人网站都可以发布信息。互联网通过超链接、超文本等手段，运用数字技术，将全球信息用网络的方式联结在一起，其传播方式不再限于点对面的传播，实现了真正个性化的传播，用户可以在自己许可的任意时间与地点上网，自由地接受和消化信息。

（二）互联网广告的特征

互联网广告深深打上了互联网媒介的烙印。互联网广告与传统广告相比，其优势是显而易见的。它突破了时间和地域的限制，交互性高，成本低，传播范围广，更加实时精准，效果预测性强。互联网广告的显著特征可以概括如下：

1. 精准性。互联网广告不再像传统广告那样以撒网捞鱼的模式找寻客户，它可以利用大数据分析技术更加精准地锁定相关用户。通过对用户浏览轨迹进行追踪和分析，然后预测并判断用户的信息，比如性别、爱好、年龄段、消费趋向等，然后建立数据模型，广告商可以根据自己的需要选择广告受众，实现广告的精准投放。这样可以极大地提高广告信息的到达率和广告的效果。

2. 跨时空性。传统媒体在很大程度上受到版面、时间和空间的限制，容易错过目标受众，从而影响对产品的宣传。互联网广告则突破了时间与空间的限制，拥有极大的灵活性，其信息传播空间几乎是无限的。比如，消费者可以通过互联网详细了解到某款手机的重量、待机时间、尺寸大小等各种信息，这在传统广告中是很难实现的。

3. 交互性。交互性是互联网广告的一大特色，用户可对广告信息进行主动的取舍，对有关的或自己感兴趣的广告信息，可以进一步调出更详细的资料，还可以要求广告主提供更多信息。对于广告主而言，也可以及时根据受众需求的变化调整所发送的信息，使广告能更好地满足受众的需求。

4. 个性化。传统广告媒体受时间、空间和成本的限制，通常采取大面积播送的方式，期望用画面、音乐等在广告受众头脑中创建某种印象，由这种印象引发相应的购买行为。这种广告方式的信息传送和客户反馈是单向的，有时差的，它无法将信息送到细分的目标市场。消费者也无法了解个性化的信息。互联网广告传播采用的是一对一的方式，广告主通过互联网广告可以为客户提供个性化的广告服务，最终促进理性的消费决策。

5. 易测性。传统广告能够了解到的投放效果最多就是目标受众看到广告的次数。互联网广告不仅可以看到广告到达了多少人群，还可以监测到多少人点击了广告，点击广告后做了什么，多少人点击广告后有注册行为、购买行为，广告效果更容易测量和评估。

三、互联网广告的媒介

作为新兴广告媒介的互联网，其形式也是非常多元化的，常见的互联网广告媒介形式主要有网站、网页、应用程序等。

（一）互联网网站

网站是由一个个网页系统链接起来的集合。按照不同的标准，互联网网站可以有多种分类。常见的分类是：个人网站、企业类网站、机构类网站、娱乐休闲类网站、行业信息类网站、购物类网站、门户类网站。按照网站功能还可以划分为：综合门户网站，如腾讯、新浪、搜狐、网易、凤凰网、新华网、人民网、中华网、环球网等；社交网站，如QQ空间、新浪博客、新浪微博、人人网、腾讯微博、网易博客、天涯社区等；搜索引擎网站，如百度、搜搜、网址之家、搜狗、Google、搜酷、58同城、赶集网、去哪儿等；电子商务网站，如淘宝网、天猫商城、京东商城、当当网、亚马逊等；视频及娱乐网站，如优酷、土豆网、爱奇艺、新浪视频、腾讯视频等。广告收入几乎是所有互联网网站的主要收入来源，每种互联网网站都可以成为互联网广告的媒介。

(二) 互联网网页

网页是构成网站的基本元素，是承载各种网站应用的平台，网页通常都是以 htm 或 html 后缀结尾的文件。网页经由网址来识别与存取，通常用图像来提供图画，通过网页浏览器来阅读。文字与图片是构成网页的两个最基本的元素，文字是网页的内容，图片是网页的美观。除此之外，网页的元素还包括动画、音乐、程序等。互联网网站中的任何单一或者组合网页都可以成为互联网广告的媒介。

(三) 互联网应用程序

应用程序是指完成某项或多项特定工作的计算机程序。应用程序运行在用户模式，可以和用户进行交互，一般具有可视的用户界面。应用程序通常又可分为图形用户接口和引擎两部分。移动应用程序是指可以在手机终端运行的软件，是 3G 产业中一个重点发展的项目，可以提供完善、便捷、多样、高效的移动推广和营销。随着移动设备的发展和 4G 时代的到来，移动客户端软件带来了更大的市场空间和市场机会。通过移动应用程序，广告主可以将自身的产品和服务在更大范围进行展示，也可以更好地跟客户互动。随着互联网技术的发展，电脑应用程序、移动互联网应用程序、客户端等都已广泛用于商业推广和营销，成为互联网广告的重要媒介。

四、互联网广告的分类

按照不同的标准，互联网广告可以有很多种分类。按照是否设定链接，可以分为有链接广告和无链接广告；按照是否以弹窗形式出现，可以分为弹窗式广告和非弹窗式广告；按照是否使用用户信息，

第一部分 互联网广告法律基本知识

可以分为定向广告和非定向广告；按照投放目的可以分为信息传播类广告、品牌类广告和销售类广告；根据操作方法的不同可以分为点击广告、展示广告和投递广告；根据表现形式的不同可以分文字广告、图片广告和动画广告。以下是几种常见的分类：

（一）从广告发布渠道的角度，可以将互联网广告划分为：

1. 网页广告。用户通过打开特定网址的网页，接收到网页直接刊载的或者以其他方式推送的互联网广告。

2. 贴片广告。类似于电影贴片广告，在网上视频、音频文件播放前或者播放中，向用户发布互联网广告。

3. 搜索引擎广告。用户通过搜索引擎输入词条，搜索服务提供者根据词条内容在搜索结果中向用户推送的相关广告。

4. 软件广告。计算机软件经营者通过软件安装了解用户的 IP 地址，通过互联网向用户的计算机发送互联网广告。

5. 邮件广告。使用电子邮件服务的用户，通过电子邮件地址接收互联网广告。

6. 病毒广告。互联网广告直接跟随计算机病毒的传播进行发布。这种广告形式是互联网中常见的一类形式，但其本身是违法的。

（二）按照广告的具体投放形式，可以将互联网广告划分为：

1. 旗帜广告。旗帜广告是最常见的网络广告形式，以 GIF、JPG 等格式建立图像文件，放置在网页中。旗帜广告本身又有多种形式：（1）按钮广告，以按钮的形式在网页上存在。（2）文本广告，以文本形式放置在网页显眼的地方，长度通常为若干文字，内容多为一些吸引人的标题，然后链接到指定页面。（3）插页广告，网络用户在登录网站的时候，网站插入一个广告页面或弹出广告窗口，用户可以通过关闭窗口或者其他方式来拒绝浏览这些广告。

2. 分类广告。分类广告类似于传统报纸中的分类广告。众多的门户网站都提供此类服务。门户网站按照自己认为合理的方式进行类别划分。广告主可以到自己所属的类别中进行注册。这种广告针对性强,用户容易准确找到自己所需的内容。

3. 通栏广告。这是一种占据主要页面宽度的图片广告,具有极强的视觉效果。通栏广告视觉冲击力强,能吸引浏览者的注意力,通常出现在首页以及各频道的中间显著位置,大多以FLASH形式出现,广告面积较大,能够较好地展示广告信息。

4. 文本链接广告。文本链接广告是以一排文字作为一个广告,点击后可以进入相应的广告页面。这是一种对网络用户干扰最少,但却较为有效果的互联网广告形式。这种广告形式文字简约,通常发布在首页、重点频道首页的推荐位置。

5. 电子邮件广告。电子邮件广告是指通过互联网将广告发送到用户电子邮箱的网络广告形式。

6. 关键字广告。关键字广告与搜索引擎的使用密切相关。关键字广告是指用户在搜索引擎键入特定的关键字之后,除了搜索结果外,在页面的广告版位会出现预设的广告。

7. 其他网络广告形式。(1)悬停按钮。在页面滚动中始终可以看到,可以根据客户的要求并结合网页本身特点设计移动轨迹,有助于增强广告的曝光率。(2)全屏广告。页面开始下载时出现,广告先把整个页面全部遮住,占据整个浏览器的幅面,并持续几秒,随后窗口逐渐缩小,最后收缩为按钮广告。(3)巨幅广告。新闻内容页面中出现的大尺寸图片广告,用户认真阅读新闻的同时也可能会对广告投以更多的关注。(4)摩天楼广告。出现在文章页面的两侧,竖型的广告幅面。摩天楼广告形状为长方形,较为醒目,能够承载比按钮广告更多的创意表现。(5)流媒体广告。在频道首页下载后出现数秒钟的大尺寸图片广告,可以在第一时间吸引用户的注意力。

(三)按照广告的计费方式,可以将互联网广告划分为:

1. 按展示计费的互联网广告。包括CPM广告与CPTM广告两种。CPM即每千次印象费用,是最常用的网络广告定价模式之一。CPTM广告则是经过定位的用户的千次印象费用。两者的差别在于

CPM 是所有用户的印象数，而 CPTM 只是经过定位的用户的印象数。

2. 按行动计费的互联网广告。包括 CPC 广告、PPC 广告、CPA 广告、CPL 广告，以及 PPL 广告在内。CPC 广告是每次点击的费用，根据广告被点击的次数收费，常用于搜索引擎关键词的收费。PPC 广告是根据点击广告或者电子邮件信息的用户数量来付费的一种网络广告定价模式。CPA 广告是根据每个访问者对网络广告所采取的行动收费的定价模式。CPL 广告是按注册成功支付佣金。PPL 广告则是根据每次通过网络广告产生的引导付费的定价模式，这种模式常用于网络会员制营销模式中为联盟网站制定的佣金模式。

3. 按销售计费的互联网广告。包括 CPO 广告、CPS 广告、PPS 广告等。CPO 广告是根据每个订单/每次交易来收费的。CPS 广告，即营销效果广告，也称销售额广告。PPS 广告则是根据网络广告所产生的直接销售数量而付费的一种定价模式。

五、互联网广告的范围

根据《互联网广告管理暂行办法》第三条第二款的规定，互联网广告的范围包括：

（一）推销商品或者服务的含有链接的文字、图片或者视频等形式的广告

链接式的广告是一种最常见的互联网广告类型，可以出现在任何一类互联网媒介中。链接式广告占用空间较少，在网页上的位置比较自由，它的主要功能是提供通向广告主指定的网页的链接服务，可以是一个小图片、小动画，也可以是一个提示性的标题或文本中的热字。从这个意义上讲，付费搜索广告也主要属于这种类型。所以，《互联网广告管理暂行办法》第三条第二款所列举的这几种广告类型的区别并不是绝对的，相互之间存在一定的交叉关系。

（二）推销商品或者服务的电子邮件广告

电子邮件广告是指通过互联网将广告发到用户电子邮箱的网络广告形式，它针对性强，传播面广，信息量大，其形式类似于直邮广告。电子邮件广告有可能全部是广告信息，也可能在电子邮件中穿插一些实用的相关信息，可能是一次性的，也可能是多次的或者定期的。需要注意的是，提供电子邮件服务的互联网企业利用电子邮件服务的便利经营的互联网广告业务，并不一定是电子邮件广告。比如，利用邮箱登录页、邮箱底部等广告位中发布互联网广告。从表现形式上看，这些广告可以是链接式广告，甚至可以是商业展示形式的广告。只有通过电子邮件本身来发送的广告，才属于真正的电子邮件广告。

（三）推销商品或者服务的付费搜索广告

付费搜索广告全称为"搜索引擎付费广告"或"搜索引擎竞价广告"，也称为"关键词广告"。企业注册属于自己的"产品关键词"，这些"产品关键词"可以是产品或服务的具体名称，也可以是与产品或服务相关的关键词。当潜在客户通过搜索引擎寻找相应产品或服务信息时，企业网站或网页信息就会出现在搜索引擎的搜索结果页面或合作网站页面醒目位置。虽然影响搜索结果排名或在页面中出现位置的因素很多，但是与客户出价的高低有较大的关系，故这种广告形式又称为竞价排名广告。这种广告通常按点击次数收费，企业可以根据实际出价，自由选择竞价广告所在的页面位置。因而企业能够将自己的广告链接更加有的放矢地发布到某一页面，只有对该内容感兴趣的用户才会点击进入，广告的针对性很强。

利用搜索引擎技术搜索的结果可以分为自然搜索结果和付费搜索结果。付费搜索结果又可以分为广告信息和非广告信息，只有商业广告信息才属于付费搜索广告的范畴。法律对不同的搜索结果的要求是不同的。国家互联网信息办公室发布的《互联网信息搜索服务管理规定》第十一条规定："互联网信息搜索服务提供者提供付费搜索信息服务，应当依法查验客户有关资质，明确付费搜索信息页面比例上限，醒目区分自然搜索结果与付费搜索信息，对付费搜索信息逐条加注显著标识。互联网信息搜索服务的提供者提供商业广告信息服务，应当遵守相关法律法规。"由此可知，不是所有的付费搜索结果都是广告，也不是所有的付费搜索结果都应当归广告法律调整。是否属于付费搜索广告，关键是要看该搜索结果是否符合"直接或者间接推销商品或者服务"这一商业广告的核心特征。

付费搜索结果中的广告信息是否属于广告，应当着重从两个方面来判断：第一，商业广告信息应当带有推销目的。商业广告的核心目的是介绍商品或服务的优点，从而引发消费者产生消费愿望。如果付费搜索信息本身不带有推销目的，而仅仅是展示形象、扩大影响，则不宜统统认定为广告，否则与普通商业信息就无法区分。第二，商业广告信息应当是对具体商品或者服务的直接或间接推销。直接推销商品或者服务是指在"搜索结果"页面对商品或服务进行了展示和介绍，比如，提供了购买途径、价格、促销优惠、功效作用等商业信息。对"间接推销商品或者服务"不能做无限扩大的理解。间接推销也应当是针对具体商品或服务而言的，不应包含公司形象宣传、品牌形象展示等与具体商品或服务无关联的信息。

（四）推销商品或者服务的商业性展示中的广告

电子商务平台的出现为我们提供了全新的购物模式。入驻这些平台的商家在平台上或在自己的"网店"里精心布置和展示自己推销的商品或服务，这些都属于商业性展示信息。商业展示中的很多信息并不属于商业广告，如有关产品如何使用的操作说明等。但是如果商业性展示中的信息符合了商业广告的特征，则属于法律调整的互联网广告。

根据《互联网广告管理暂行规定》第三条第二款第（四）项的规定，"法律、法规和规章规定经营者应当向消费者提供的信息的展示依照其规定。"这一规定有两层含义：第一，法律、法规和规章规定经营者应当向消费者提供的信息的展示，经营者必须提供；第二，如果法律、法规和规章对这些信息应如何展示做出了明确的规定，则应当遵守该规定。这一规定并不意味着这些信息不受广告法律的调整，如果这些信息符合商业广告的特征，同样受广告法律的约束。根据《广告法》第二十八条第二款第（二）项规定，"广告中对商品的性能、功能、产地、用途、质量、规格、成分、价格、生产者、有效期限、销售状况、曾获荣誉等信息，以及与商品或者服务有关的允诺等信息与实际情况不符，对购买行为有实质性影响的"，构成虚假广告，广告主、广告经营者和广告发布者应当承担虚假广告的法律责任。

（五）其他通过互联网媒介推销商品或者服务的商业广告

互联网广告媒介形式尚在发展中，随着技术的不断进步，除了网站、网页、应用程序等目前广为使用的互联网广告媒介外，将来一定还会有新的可以为广告所利用的媒介形式。利用新生互联网媒介从事的广告活动均属于互联网广告的范畴。

第二节 互联网广告法律关系

法律关系是法律规范在调整社会关系过程中形成的，人们之间的权利和义务关系。法律关系是一种体现国家意志性的社会关系，是根据法律规范建立起来的合法的社会关系，其内容是法律关系主体之间的法律权利和法律义务。

一、互联网广告法律关系的概念

广告法律关系是指在商业广告活动中，根据广告法律的规定而产生的权利和义务关系，既包括广告活动主体之间形成的民事权利和义务关系，又包括广告监督管理机关在进行广告管理中形成的行政管理关系。

互联网广告法律关系是广告法律关系中的一种类型，是广告活动主体利用互联网媒介从事广告活动时依法所形成的相互之间的权利和义务关系，以及互联网广告监督管理机关在依法进行互联网广告监督管理过程中，与行政相对人之间形成的行政管理关系。

二、互联网广告法律关系的构成

任何法律关系都是由法律关系主体、法律关系客体和法律关系内容三种要素构成的，三者缺一不可。因此，互联网广告法律关系的构成也应当包括互联网广告法律关系主体、互联网广告法律关系客体和互联网广告法律关系的内容三个要素。

（一）互联网广告法律关系主体

互联网广告法律关系主体是指参与互联网广告法律关系并依法享有权利、承担义务的自然人、法人或其他组织。

互联网广告民事法律关系的主体包括广告主、广告经营者、广告发布者、广告代言人。

互联网广告行政法律关系的主体包括行政主体和行政相对人。行政主体是指依法行使广告监督管理或广告行政审查职权的国家行政机关，除了工商行政管理部门外，在广告行政审查中还可能涉及负责医疗管理的行政主管部门，负责食品、药品、医疗器械管理的行政管理部门，负责农药、兽药管理的行政主管部门等。行政相对人除了直接参与广告活动的广告主、广告经营者、广告发布者和广告代言人外，还有互联网信息服务提供者、程序化购买广告模式中的各方平台、互联网接入服务提供者、浏览器软件提供商，以及终端设备提供商等，都可能成为互联网广告监督管理中的行政相对人。

（二）互联网广告法律关系客体

法律关系的客体是指法律关系主体权利和义务共同指向的对象。

互联网广告法律关系的客体是将互联网广告法律关系主体的权利和义务联系在一起的纽带，没有客体作为中介，就不可能形成互联网广告法律关系。互联网广告法律关系的客体具体包括互联网广告信息、互联网广告行为，以及互联网广告法律关系主体在互联网广告活动中所创造的精神财富。

（三）互联网广告法律关系的内容

互联网广告法律关系的内容，是指互联网广告法律关系主体依法所享有的法律权利和应当承担的法律义务。

《互联网广告管理暂行办法》第九条规定："互联网广告主、广告经营者、广告发布者之间在互联网广告活动中应当依法订立书面合同。"依据缔结的合同，这些主体可以享有合同中约定的权利，并需要履行约定的合同义务。互联网广告法律关系主体还享有很多法定的权利，同时也需要履行一些法定的义务。比如，根据《互联网广告管理暂行办法》第十条第三款的规定："广告主可以通过自设网站或者拥有合法使用权的互联网媒介自行发布广告，也可以委托互联网广告经营者、广告发布者发布广告。"这是互联网广告主体享有的法定权利。同样，该条第四款规定："互联网广告主委托互联网广告经营者、广告发布者发布广告，修改广告内容时，应当以书面形式或者其他可以被确认的方式通知为其提供服务的互联网广告经营者、广告发布者。"这种通知义务就是互联网广告主应当履行的一种法定的义务。

在互联网广告法律关系中，不同的主体享有的权利的性质可能是不同的。比如，根据《互联网广告管理暂行办法》第十九条的规定，工商行政管理部门在查处违法广告时可以"对涉嫌从事违法广告活动的场所实施现场检查；询问涉嫌违法的有关当事人，对有关单位或者个人进行调查；要求涉嫌违法当事人限期提供有关证明文件"，这些就属于行政职权。而该条第二款规定的"工商行政管理部门依法行使前款规定的职权时，当事人应当协助、配合，不得拒绝、阻挠或者隐瞒真实情况"，这些则属于行政法律义务。

三、互联网广告法律关系的产生、变更和终止

广告法律关系是不断发展变化的,与传统广告相比,互联网广告法律关系变动更为频繁。这一变化过程具体表现为互联网广告法律关系的产生、变更和终止。

法律关系的产生是指主体之间法律权利和义务关系的建立;法律关系的变更包括权利或义务的变化、主体的变更或客体的变更;法律关系的终止是指原有权利和义务的终结。

引起互联网广告法律关系产生、变更和终止的原因称为法律事实,包括法律行为和法律事件两类。比如,企业与互联网公司通过签订书面合同形成了互联网广告法律关系,签订书面合同这一法律事实就属于法律行为。如果合同关系因国家法律或政策调整而被迫终止,则法律或政策的调整就属于法律事件。

第三节 互联网广告基本原则

《互联网广告管理暂行办法》中没有规定互联网广告的原则,但这并不意味着互联网广告活动不需要遵守一些基本原则。作为商业广告的一种特殊表现形式,互联网广告同样应当遵守《广告法》所规定的广告的基本原则。根据《广告法》的规定:广告应当真实、合法,以健康的表现形式表达广告内容,符合社会主义精神文明建设和弘扬中华民族优秀传统文化的要求;广告不得含有虚假或者引人误解的内容,不得欺骗、误导消费者;广告主、广告经营者、广告发布者从事广告活动,应当遵守法律、法规,诚实信用,公平竞争。从这些规定中可知,互联网广告应当遵守的原则主要有:真实性原则、合法性原则、精神文明原则和诚实信用原则等。

一、互联网广告的真实性原则

真实性原则是广告法最为核心的原则。所谓广告的真实性，是指广告活动必须真实地、客观地宣传有关商品或者服务的情况，而不能做虚假的传播。

广告的真实性原则包括三个层面的要求：首先是广告所推销的产品或服务本身的真实，即广告所介绍和推销商品或服务必须客观存在，真实可靠。其次是广告表现要真实，要求广告信息的选择和传递方式是真实的。商品和服务的信息有很多，需要把最为重要的信息传达给消费者，不能只选择最吸引消费者的信息而规避不想让消费者了解的信息。比如，医疗器械广告不能只宣传其功效而不告知禁忌内容和注意事项，因为消费者对医疗器械的禁忌内容和注意事项有知情权。广告是创意产业，广告中存在着真实与艺术夸张、完全真实与部分真实等矛盾。广告创意有时候需要广告采用夸张的手法，但夸张必须要有限度，即常人应当能够很容易识别出是夸张，不能误导消费者把夸张当作真实。广告也不能传达暗示性的信息或利用公众缺乏专门知识来误导公众。最后是禁止虚假广告。广告不得含有虚假或者引人误解的内容，不得欺骗、误导消费者。商业广告的目的在于推销商品或者服务，广告对于消费者来讲具有很大的导向性。现实生活中有许多有关商品和服务的相关信息，消费者主要是从广告中获知的。如果广告中含有欺骗或者误导消费者的虚假内容，消费者就难免上当受骗。这种采用欺骗的手段推销商品或者提供服务的行为是与市场经济的诚信要求格格不入的。

二、互联网广告的合法性原则

广告的合法性是指广告的设计、制作、发布等广告行为必须符合法律的规定。具体来说，就是要求广告主、广告经营者、广告发布者以及广告代言人在进行广告活动时，必须遵守法律。广告的合法性主要体现在四个方面：一是广告活动的主体资格要符合法律规定。《广告法》规定："广告主委托设计、制作、发布广告，应当委托具有合法经营资格的广告经营者、广告发布者。"根据这一规定，广告经营者、广告发布者应当具备法定的经营资格。二是广告所推销的商品或者服务应当是法律许可生产、交易或宣传的。法律、行政法规规定禁止生产、销售的商品或者提供的服务，以及禁止发布广告的商品或者服务，不得设计、制作、发布广告。三是广告的表现形式和内容，如语言、文字、画面等，应当符合法律规定。四是广告的发布程序要符合法律规定。如利用互联网发布医疗、药品、医疗器械、保健食品、农药、兽药等广告必须事先经过广告审查，方可发布。

三、互联网广告的精神文明原则

精神文明原则首先要求广告应当以健康的表现形式表达广告内容。广告内容要真实的同时，广告的形式也要健康，不得采用带有淫秽、色情、迷信、暴力、民族歧视或性别歧视等不健康情境来表达广告内容。其次要求广告应当符合社会主义精神文明建设的要求。社会主义精神文明建设，包括思想道德建设和教育科学文化建设两个方面。广告必须符合社会主义思想道德建设和教育科学文化建设的要求。广告应当宣传正确的世界观、人生观、价值观和幸福观，尊重社会公德和社会公共利益，而不能宣扬和传播损人利己、损公肥私、金钱至上、以权谋私等思想和观念。最后鼓励广告弘扬中华民族优秀传统文化。在日益现代化和国际化的今天，广告更应该成为中华民族优秀传统文化的舞台，引导公众树立和坚持正确的历史观、民族观、国家观、文化观，体现积极进取奋发有为的人生态度，增强做中国人的自豪感和使命感。

四、互联网广告的诚实信用原则

诚实信用原则是民法的基本原则之一，也是我国社会主义精神文明建设的一个要求。诚实信用原则要求广告活动主体在进行广告活动时，应当讲诚实、守信用，以善意的方式履行自己的义务。诚实信用的原则，一方面要求广告活动中的当事人双方之间必须讲诚实守信，认真履行广告合同约定的合同义务；另一方面要求广告活动的主体在设计、制作、发布广告时，也必须讲诚信，不得弄虚作假欺骗和误导消费者。

第四节 互联网广告法制体系

一、互联网广告法制建设的历程

伴随着互联网的发展，互联网快速成为了继报纸、杂志、广播、电视之后最强有力的广告发布载体，广告收入也成为互联网的主要收入来源。在互联网广告快速发展的同时，对互联网及互联网广告的法律规制却远未能跟上新技术的发展速度，互联网广告带来的各种法律问题对现有的法律体系提出了重大的挑战。

（一）互联网广告引发的法律问题

1.法律关系主体的重叠与模糊问题。传统商业广告法律关系的主体分为广告主、广告经营者、广告发布者。由于互联网广告存在于虚拟的网络空间中，其制作、经营、发布等变得极为简单快速，导致两种或三种主体职权于一身，广告主、广告经营者、广告发布者间的界限变得模糊。网络服务提供者ISP多是集广告经营者与广告发布者两种角色于一身；宣传企业自身产品或服务的网站则将广告主、广告经营者和广告发布者三种角色集于一身；甚至任何拥有网络使用权的人

第一部分 互联网广告法律基本知识

都可以在网上发布广告。广告活动主体定位的不明导致各方权利、义务关系的模糊化,给互联网广告的法律规制带来了很大的困难。

2. 广告监管体制失灵问题。从广告活动行政监管角度看,在互联网广告领域,原有的按地域划分进行监管的广告监管体系已经无法适应互联网广告规制的需要。互联网的超国界性、无地域性给法律的适用带来了很大的难题。互联网广告本身面向全球市场,而各国法律对互联网广告的规定是不同的,在一国合法的互联网广告可能在他国是非法的。

3. 隐性广告问题。《广告法》明确要求广告信息应当具备可识别性,能够使消费者辨明其为广告,大众传播媒介不得以新闻报道形式发布广告,通过大众传播媒介发布广告应当有广告标记,不得使消费者产生误解。但是互联网上存在大量以新闻形式发布的广告、以BBS论坛形式发布的广告、以搜索引擎形式发布的广告等。这些形式的广告以其较大的隐蔽性规避了法律规制,也给消费者带来很大的欺骗。

4. 侵犯隐私权问题。互联网通常采取某些技术手段收集个人信息,通过大数据分析用户的消费习惯,然后针对用户特点发布广告。最常见的是采用Cookies技术保存用户在网站上留下的"蛛丝马迹",诸如浏览路径、交易记录等。网站通过一些合法或非法途径收集用户个人信息,然后与广告商合作,甚至将个人信息作为商品出售,网络用户的隐私权得不到很好的保护。

5. 虚假广告问题。互联网是一个信息自由发布的平台,任何人都可以在互联网上发表自己的观点,通常情况下,既不需要核实身份,也不需要什么成本。这样一个开放性的平台为一些不实或欺诈信息的传播提供了方便。如果没有完善的法律制度予以规制,不但大量虚假广告会欺骗、误导消费者,执法部门也疲于应付,最终将影响整个互联网广告的健康发展。

6. 不正当竞争问题。利用网络广告进行不正当竞争并不仅仅体现在广告的内容、形式、制作、发布上,更多地表现在利用数字技术的新形式上，比如通过软件技术屏蔽他人正当经营的广告，劫持他人流量等，严重影响广告市场的正常秩序。

7. 垃圾广告骚扰问题。无论消费者是否需要，每天都会收到各种利用电子邮件发送的广告，而且很难拒绝。在下载或浏览网络的过程中也会突然出现全屏或半屏的、可退出或不可退出的广告。这类广告相当普遍，在一定程度上已经妨碍了用户对网络的正常使用。

（二）互联网广告法制的发展现状

与传统广告活动的法律规制相比，我国互联网广告的法律规制起步较晚，且法律层级较低，规定较原则、分散。2000年2月，国家工商行政管理总局《关于开展网络广告经营登记试点的通知》的颁布，标志着对互联网广告业监管的开始。2000年5月，国家工商行政管理局连续颁布了《关于同意北京新浪互联信息服务有限公司等十一家单位开展网络广告经营登记试点工作的批复》、《关于同意世纪龙信息网络有限责任公司等六家单位开展网络广告经营登记试点工作的批复》、《关于同意上海在线信息网络集成有限公司等七家单位开展网络广告经营登记试点工作的批复》，开始在全国范围内试点对互联网广告经营单位实行资质登记制度。2001年4月，北京市工商行政管理局颁布了《北京市网络广告管理暂行办法》，从立法上开始对互联网广告的经营资格、广告发布等行为进行法律规制。

《广告法》在修订过程中，也一直将规范互联网广告作为一项核心任务。修订后的《广告法》于2015年9月1日起实施，明确将互联网广告纳入其调整范围，并对互联网广告内容准则和行为规范做了一些原则性规定。为了配合《广告法》的修订，2011年国家工商行政管理总局开始起草《互联网广告管理暂行办法》。

2016年4月，"魏则西事件"引发了公众对互联网广告法律制度现状的广泛关注。在该事件的推动下，2016年6月25日国家互联网信息办公室发布了《互联网信息搜索服务管理规定》，并于2016年8月1日起实施。2016年7月8日，国家工商行政管理总局发布了《互联网广告管理暂行办法》，并自 2016 年 9 月 1 日起实施。至此，我国初步形成了以《广告法》为核心，以《互联网广告管理暂行办法》等法律文件为支撑的规范互联网广告的法律制度雏形。

二、我国互联网广告的法律渊源

法的渊源是指法律的效力来源，也就是法律规范的创制方式和外部表现形式。我国法的渊源主要是不同国家机关制定或认可的，具有不同法律效力或地位的成文法，具体包括：宪法、法律、行政法规、规章和条约等规范性法律文件。

就互联网广告法律而言，其法律渊源按照法律效力由高到低的顺序，包括以下几种形式：

（一）宪法

《宪法》是我国的根本法，由最高权力机关全国人民代表大会制定和修改。一切法律、行政法规、地方性法规、自治条例和单行条例、规章都不得同《宪法》相抵触。

《宪法》中虽然没有专门规定广告或互联网广告的条款，但是《宪法》仍然是互联网广告法律的最高法律渊源。从《宪法》角度而言，商业广告是一种商业言论，企业从事商业广告活动，属于广义上的言论自由，这种自由的最高法律来源就是《宪法》中有关言论自由权利的规定。商业广告是市场经济的产物，《宪法》中有关我国实行社会主义市场经济的规定，为商业广告提供了巨大的发展空间。国家行政机关对广告活动进行监督管理应当遵循依法行政的原则，其法律依据也正是《宪法》中有关社会主义法治国家的规定。

（二）法律

法律是由全国人民代表大会及其常务委员会制定的规范性文件，在地位和效力上仅次于《宪法》。与互联网广告相关的法律文件主要有两类：一类是专门调整广告活动的法律文件，如《广告法》；另一类是与互联网广告相关的法律文件。这类相关的法律文件又可以分为两种：一种是与互联网广告相关的普通法，如《立法法》、《合同法》、《行政处罚法》、《刑法》、《全国人民代表大会常务委员会关于加强网络信息保护的决定》等；另一种是与互联网广告相关的部门法，如《消费者权益保护法》、《反不正当竞争法》、《食品安全法》、《药品管理法》、《产品质量法》、《商标法》、《专利法》、《著作权法》等。

（三）行政法规

行政法规是由国务院制定的规范性法律文件，其效力和地位仅次于《宪法》和法律。行政法规的名称一般为"条例"、"办法"、"规定"。比如，2000年9月25日国务院令第292号公布的《互联网信息服务管理办法》就属于行政法规。

（四）地方性法规

省、自治区、直辖市的人民代表大会及其常务委员会根据本行政区域的具体情况和实际需要，在不同宪法、法律、行政法规相抵触的前提下，可以制定地方性法规。较大的市的人民代表大会及其常务委员会根据本市的具体情况和实际需要，在不同宪法、法律、行政法规和本省、自治区的地方性法规相抵触的前提下，可以制定地方性法规，报省、自治区的人民代表大会常务委员会批准后施行。

（五）行政规章

国务院各部、委员会、中国人民银行、审计署和具有行政管理职能的直属机构，可以根据法律和国务院的行政法规、决定、命令，在本部门的权限范围内，制定规章。部门规章规定的事项应当属于执行法律或者国务院的行政法规、决定、命令的事项。涉及两个以上国务院部门职权范围的事项，应当提请国务院制定行政法规或者由国务院有关部门联合制定规章。省、自治区、直辖市和较大的市的人民政府，可以根据法律、行政法规和本省、自治区、直辖市的地方性法规，制定地方政府规章。部门规章之间、部门规章与地方政府规章之间具有同等效力，在各自的权限范围内施行。

第一部分 互联网广告法律基本知识

2011年12月12日国家工商行政管理总局修订的《工商行政管理机关行政处罚程序规定》,2014年1月26日国家工商行政管理总局发布的《网络交易管理办法》,2016年6月25日国家互联网信息办公室发布《互联网信息搜索服务管理规定》,2016年6月28日国家互联网信息办公室发布的《移动互联网应用程序信息服务管理规定》,2016年7月8日国家工商行政管理总局发布的《互联网广告管理暂行办法》等,都属于部门规章性质的规范性法律文件。

（六）国际条约

我国缔结或加入的与广告有关的国际条约,也是互联网广告法律的主要渊源。

（七）法律解释

在我国,法律解释主要包括立法解释、司法解释、行政解释。比如,最高人民法院和最高人民检察院联合发布的《关于办理利用互联网、移动通信终端、声讯台制作、复制、出版、贩卖、传播淫秽电子信息刑事案件具体应用法律若干问题的解释（二）》就属于司法解释。国家工商行政管理总局就广告执法中如何具体应用《广告法》所做的答复性文件则属于行政解释的范畴。

三、完善互联网广告法制的意义

我国的互联网广告起步较晚,但是发展很快。目前互联网广告已经成为最主要的广告模式,而且其市场份额还在不断增大。同时,引发的法律问题也层出不穷。完善互联网广告法制,规范互联网广告活动,具有重要的现实意义。

首先,完善互联网广告法制是规范互联网广告活动的需要。互联网广告活动已经渗透到现代社会生活的各个领域,互联网广告不仅仅是商业营销和品牌构建的重要方式,同时也已成为大众文化的重要组成部分,在商品或服务的选择、消费观念的引导,甚至在价值取向的培养等方面都发挥着巨大的影响。长期以来，由于缺乏明确的法律规范，互联网广告中滋生了各种违法行为，虚假广告、不正当竞争、低俗营销，甚至以广告为名进行诈骗等，引起公众的强烈不满和政府的高度重视。完善互联网广告法制，就是要为互联网广告活动"立规矩"，建立科学规范的行为准则。

其次，完善互联网广告法制是保护消费者合法权益的需要。消费者的合法权益受法律的保护，保护消费者的合法权益是《广告法》的立法目的之一。《消费者权益保护法》等法律也都明确禁止利用虚假广告来欺骗和误导消费者，侵犯消费者的安全权、知情权和公平交易权。由于互联网广告突破了传统的时空限制，而且具有个性化、即时性和互动性等特征，违法广告和虚假广告成本更低，隐蔽性更强，法律关系更为复杂，监管难度更大，侵权事件发生频率更高，给消费者造成的危害远远大于传统广告，而且维权的难度也大大增加。因此，必须要在传统广告法律的基础上，针对互联网的特性，进一步完善互联网广告法律制度，使消费者的合法权益切实得到法律的保障。

最后，完善互联网广告法制是促进互联网业健康发展的需要。我国已经成为互联网大国，互联网服务已经深入我们生活的各个领域。互联网业的成长和取得的成就离不开互联网广告市场的健康发展。互联网实行的是"免费服务＋广告增值"的运营模式，用户接受和使用互联网服务几乎是免费的，互联网企业则主要依靠互联网广告的收入来维持运营和发展。互联网广告一直是互联网领域相对成熟的商业模式，也是多数互联网企业的重要营收支柱。互联网广告市场能否规范发展，不仅影响到互联网广告业本身，还会影响到整个互联网行业，进而影响我们的社会生活。广告行业的发展与法律的规范和保护是分不开的，伴随着市场需求的变化以及互联网广告新技术的不断涌现，互联网行业不断对法律提出新的要求。通过完善互联网法律制度来规范互联网广告活动，可以保障互联网广告业和整个互联网业的健康发展，意义重大。

第一部分 互联网广告法律基本知识

第二章

互联网广告的活动主体

与传统广告相比，参与互联网广告活动的主体更加多样化和复杂化。各类主体的权利和义务也有其特殊性。本章将对互联网广告主体及受互联网广告法律规范的其他参与者的权利和义务进行介绍。

第一节　互联网广告的广告主

没有广告主，就没有广告。广告主是广告活动的最初发起者，通常也是广告费用的承担者。参与互联网广告活动的其他主体都是为广告主提供服务的。

一、互联网广告主的含义和分类

（一）互联网广告主的含义

根据《广告法》的规定，广告主是指为推销商品或者服务，自行或者委托他人设计、制作、发布广告的自然人，法人或者其他组织。在互联网广告中，除了其利用的广告媒介发生了变化外，广告主的含义与传统广告中的广告主之间并无差别。因此，可以将互联网广告主

27

定义为：在互联网广告中，为推销商品或者服务，自行或者委托他人设计、制作、发布广告的自然人、法人或者其他组织。

（二）互联网广告主的分类

互联网广告主可以是自然人、可以是法人，也可以是其他组织。自然人是指个人，包括中国公民、外国公民、无国籍人。法人是具有民事权利能力和民事行为能力，依法独立享有民事权利、承担民事义务的组织。法人一般分为企业法人和非企业法人，作为广告主的法人通常是企业法人，非企业法人中的事业单位法人也可以作为广告主参与广告活动。其他组织是指不具有法人资格的非个人组织。

二、互联网广告主的权利

根据《广告法》、《互联网广告管理暂行办法》等的规定，互联网广告主在互联网广告活动中享有的权利主要有：

（一）自主开展广告活动的权利

商业广告属于广义上的言论自由。除了法律、行政法规禁止广告的商品或服务外，企业有权自主决定利用广告的形式来宣传和推销自己的商品、服务或企业形象。是否利用互联网媒介做广告、做多少广告、何时做广告、采用何种互联网广告形式等，这些都由广告主决定。

根据《互联网广告管理暂行办法》第十条第三款的规定，"广告主可以通过自设网站**或者拥有合法使用权**的互联网媒介自行发布广告，也可以**委托互联网广告经营者、广告发布者发布广告**"。广告主自行发布广告，这是互联网广告中常见的广告方式。互联网广告主可以在自设的网站、网页等互联网媒体上进行广告宣传，也可以通过链接等方式，在拥有合法使用权的互联网媒介上发布广告。这也正是互联网广告有别于传统广告的特殊之处。

（二）缔结互联网广告合同的权利

合同是平等主体的公民、法人、其他组织之间设立、变更、终止

第一部分 互联网广告法律基本知识

债权债务关系的协议。《广告法》第三十条规定："广告主、广告经营者、广告发布者之间在广告活动中应当依法订立书面合同。"《互联网广告管理暂行办法》第九条也规定："互联网广告主、广告经营者、广告发布者之间在互联网广告活动中应当依法订立书面合同。"可见，互联网广告主与广告发布者、广告经营者等其他主体之间的权利和义务都是通过缔结广告合同来确立的。根据合同自愿的原则，广告主有自愿选择和缔结广告合同的权利。

（三）保护自己的合法广告不受非法行为侵害的权利

在实践中，经常发生利用互联网技术对他人正常经营的广告进行拦截、过滤、覆盖等不正当妨碍行为，或者破坏正常广告数据传输、篡改或者遮挡正当经营的广告、擅自加载广告等侵权行为。这对广告主而言，是对其合法权益的侵害。为此，《互联网广告管理暂行办法》第十六条规定：互联网广告活动中不得提供或者利用应用程序、硬件等对他人正当经营的广告采取拦截、过滤、覆盖、快进等限制措施；不得利用网络通路、网络设备、应用程序等破坏正常广告数据传输，篡改或者遮挡他人正当经营的广告，擅自加载广告。在自己的合法广告受到上述妨碍时，广告主有权要求侵权人停止侵害，并依法向其主张赔偿。

（四）不受虚假统计数据、虚假传播效果等不法行为侵害的权利

《广告法》第三十六条规定："广告发布者向广告主、广告经营者提供的覆盖率、收视率、点击率、发行量等资料应当真实。"《互联网广告管理暂行办法》第十六条也规定，互联网广告活动中不得"利用虚假的统计数据、传播效果或者互联网媒介价值诱导错误报价，谋取不正当利益或者损害他人利益"。

（五）行政复议和行政诉讼权利

在广告行政管理法律关系中，广告主是行政相对人。对行政主体的违法行政行为，广告主依法享有申请行政复议或提起行政诉讼等法律救济的权利。

三、互联网广告主的义务

根据《广告法》、《互联网广告管理暂行办法》等的规定，互联网广告主应当履行下列义务：

（一）遵守广告法基本原则

《广告法》规定：广告应当真实、合法，以健康的表现形式表达广告内容，符合社会主义精神文明建设和弘扬中华民族优秀传统文化的要求；广告不得含有虚假或者引人误解的内容，不得欺骗、误导消费者；广告主、广告经营者、广告发布者从事广告活动，应当遵守法律、法规，诚实信用，公平竞争。广告主开展互联网广告活动，应当遵守这些基本原则。

（二）依法缔结广告合同并全面履行合同

《广告法》第三十条规定："广告主、广告经营者、广告发布者之间在广告活动中应当依法订立书面合同。"《广告法》第三十二条规定："广告主委托设计、制作、发布广告，应当委托具有合法经营资格的广告经营者、广告发布者。"这就要求：第一，互联网广告主开展广告活动时，应当与其他广告主体签订书面合同；第二，互联网广告主只能与具有合法经营资格的广告经营者、广告发布者缔结广告合同；第三，依法缔结的合同受法律保护，互联网广告主应当全面履行合同约定的义务。

（三）保障广告内容的真实性

《广告法》第四条第二款规定："广告主应当对广告内容的真实性负责。"《互联网广告管理暂行办法》第十条第一款也规定："互联网广告主应当对广告内容的真实性负责。"广告主对自己推销商品或者服务的真实情况是最了解的，由广告主对广告内容真实性进行把关是最直接和最有效的。法律要求由广告主对广告内容真实性负责，主要是强调广告主应当是广告内容的第一责任人，这并不意味着其他广告

第一部分 互联网广告法律基本知识

活动主体对广告内容的真实性可以不负责任。广告经营者、广告发布者、广告代言人等主体也应依法承担法律责任。"广告主应当对广告内容的真实性负责"包括两层含义：第一，广告主对广告内容的真实性负有首要责任，如果构成虚假广告，给消费者造成损害，广告主应当首先承担法律责任，其他广告活动主体依法与广告主一起承担连带责任。第二，在广告监督管理中，广告主对广告内容的真实性负有举证义务，并承担因对广告内容真实性举证不能而带来的不利后果。

（四）不得擅自发布特殊商品或服务广告

根据《广告法》和《互联网广告管理暂行办法》的规定，医疗、药品、特殊医学用途配方食品、医疗器械、农药、兽药、保健食品广告等法律、行政法规规定须经广告审查机关进行审查的特殊商品或者服务的广告，未经审查，不得发布。广告行政审查是指在广告发布前，由行政主管机关对广告内容的真实性和合法性进行前置审查的一项行政审批制度。行政审查机关依法开展广告行政审查，不仅可以有效预防虚假违法广告的发生，还是维护消费者合法权益的重要保障。此外，广告行政审查还是维护广告主体信誉、促进广告业健康发展的有效措施。需要进行行政审查的广告，主要是那些与消费者生命健康和财产安全密切相关的商品或服务的广告。由于这些商品和服务的特殊性，法律、行政法规对其广告的内容作了一些必要的限制，以防止由于广告宣传的局限性误导消费者，造成人身或财产的损害。在对这些特殊商品或服务进行广告之前，广告主应当依法申请审查并获得批准。

（五）保证证明文件真实、合法、有效

《广告法》第四十七条第一款规定："广告主申请广告审查，应当依照法律、行政法规向广告审查机关提交有关证明文件。"《互联网广告管理暂行办法》第十条第二款规定："广告主发布互联网广告需具备的主体身份、行政许可、引证内容等证明文件，应当真实、合法、有效。"广告主发布互联网广告除了要具备相关的行政许可文件外，还应当具备广告主身份证明等文件。比如，企业营业执照、事业单位登记证、社团组织登记证、民办非企业单位登记证、自然人的身份证明文件。根据《广告法》的要求，"广告使用数据、统计资料、调查结果、文摘、引用语等引证内容的，应当真实、准确，并标明出处。引证内容有适用范围和有效期限的，应当明确表示。"这意味着广告主还得具备与这些引证内容有关的证明文件。广告主有义务保证这些文件的真实性、合法性和有效性。

（六）在广告中使用他人名义或形象时应事先取得同意

《广告法》要求，广告主或者广告经营者在广告中使用他人名义或者形象的，应当事先取得其书面同意；使用无民事行为能力人、限制民事行为能力人的名义或者形象的，应当事先取得其监护人的书面同意。

（七）不得影响互联网用户正常使用网络

随着互联网的发展和网络广告竞争的加剧，互联网页面广告形式层出不穷，甚至出现了无法关闭的恶意弹窗广告等形式，强迫用户浏览观看，严重影响了用户对网络的正常使用和体验，侵犯用户合法权益。《互联网广告管理暂行办法》第八条第一款规定："利用互联网发布、发送广告，不得影响用户正常使用网络。在互联网页面以弹出等形式发布的广告，应当显著标明关闭标志，确保一键关闭。"《广告法》第四十四条第二款也规定了同样的要求。此外，《互联网广告管理暂行办法》还规定："不得以欺骗方式诱使用户点击广告内容。未经允许，不得在用户发送的电子邮件中附加广告或者广告链接。"广告主在发布互联网广告时应当认真遵守这些义务性规定。

（八）修改互联网广告内容时应履行书面通知义务

《互联网广告管理暂行办法》第十条第四款规定："互联网广告主委托互联网广告经营者、广告发布者发布广告，修改广告内容时，应当以书面的形式或者其他可以被确认的方式通知为其提供服务的互联网广告经营者、广告发布者。"链接和跳转是互联网广告的特色。比如，在付费搜索广告中，用户输入关键词搜索后，呈现在搜索服务商网站页面上的只是简短的文字表述和链接地址，用户只有点击跳转后才能看到广告主发布的广告内容。而这些广告内容，包括前端广告中的文字表述，广告主是可以随时修改的。广告主在后台修改后，如果内容违法，而为其提供链接的广告经营者、广告发布者却不知情，这种情况不但会给消费者造成误导，而且法律责任也不宜区分。因此，广告主在修改广告内容时，必须以书面形式或者其他可以被确认的方式通知为其提供服务的互联网广告经营者、广告发布者的义务。

（九）不得利用法律禁止的人代言广告

《广告法》第三十八条第二款、第三款规定："不得利用不满十周岁的未成年人作为广告代言人。对在虚假广告中作推荐、证明受到行政处罚未满三年的自然人、法人或者其他组织，不得利用其作为广告代言人。"互联网广告中，利用代言人进行广告代言的形式更加多样化。按照我国《民法通则》的规定，不满十周岁的未成年人属于无民事行为能力人。由于认知能力的限制，在民事活动中不能真正表达自己的自由意志，实际上等同于他人的"工具"。利用不满十周岁的未成年人进行广告代言也不利于对其自身健康成长的保护。所以《广告法》明确禁止利用不满十周岁的未成年人进行广告代言。对于受到行政处罚的广告代言人，无论是自然人、法人还是其他组织，自所受行政处罚决定生效之日起，广告主、广告经营者、广告发布者三年内不得再利用其作为广告代言人。广告主在互联网广告中聘请代言人时必须遵守这些规定。

（十）协助、配合广告监督管理的义务

《广告法》第五十一条规定："工商行政管理部门依照本法规定行使职权，当事人应当协助、配合，不得拒绝、阻挠。"《互联网广告管理暂行办法》也规定，工商行政管理部门查处违法广告，依法行使职权时，当事人应当协助、配合，不得拒绝、阻挠或者隐瞒真实情况。工商行政管理部门与广告主之间是一种行政管理法律关系，工商行政管理部门是行政主体,广告主是行政相对人。为保障广告监督管理工作正常开展,广告主对工商行政管理部门依法行使行政职权的活动,应当给予协助、配合。比如,提供互联网广告活动合同、广告样件和有关证明文件,说明相关情况等。

第二节　互联网广告经营者

现代广告活动大都是通过一定的广告组织进行,广告经营者就是广告专业化发展的产物。

一、互联网广告经营者的含义和分类

（一）互联网广告经营者的含义

根据《广告法》的规定,广告经营者是指接受委托提供广告设计、制作、代理服务的自然人、法人或者其他组织。据此理解,互联网广告经营者,是指受委托提供互联网广告设计、制作、代理服务的自然人、法人或者其他组织。广告经营者是依法从事广告经营活动的市场主体,是广告主与广告发布者之间的桥梁和纽带。广告经营者一方面为广告主提供专业的广告服务；另一方面为广告媒体提供代理服务。广告经营者自己本身并不推销商品或者提供服务,只是在受广告主委托的情况下从事广告的设计、制作或者代理服务。广告经营者从事介绍自己服务的广告活动时,其身份应当是广告主。

互联网广告经营者活动的主要内容包括广告设计、广告制作、广告代理等。广告设计是指根据广告目标进行的广告创意、构思,综合运用音乐、语言、画面等各种元素表达广告诉求的活动；广告制作是指将广告设计、创意通过特定载体制作成广告受众可感知的广告作品的活动；广告代理是指接受广告主或广告发布者的授权或委托,从事

各项广告活动,包括广告市场调查、广告信息咨询、企业形象策划、广告形象策划、广告媒介安排等。

(二) 互联网广告经营者的分类

互联网广告经营者可以是自然人、法人,也可以是其他组织。依据在广告活动中职能的不同,互联网广告经营者可以分为企业广告组织、专业广告公司、广告媒体单位和自然人个人。企业广告组织是企业内部设立的专门负责广告宣传活动的职能部门,企业广告组织为本企业从事广告设计、制作业务时,企业是广告主,企业广告组织相当于是完成广告主自己的工作。只有取得相应的资质,接受他人委托进行广告设计、制作、代理时,企业广告组织才是广告经营者。专业广告公司是依法成立的专门从事广告代理与服务的企业法人,这是最常见的广告经营者。广告媒介单位是指利用自身拥有的媒介发布广告的单位,这些单位内部设立专门的广告部门统一负责广告承揽发布业务。比如,互联网门户网,在对外承揽广告业务时,其身份可能既是广告发布者,又是广告经营者。自然人个人作为广告经营者,应当具备何种资质和条件,目前尚无专门法律规定。

在互联网广告中,出现了一种新型的广告形式,即互联网广告程序化购买经营模式。该模式呈现出了一些传统广告所没有的特色。互联网广告程序化购买由广告需求方平台、媒介方平台以及广告信息交换平台等共同构成。其中,广告需求方平台是整合广告主需求,为广告主提供发布服务的广告主服务平台。广告需求方平台的经营者是互联网广告发布者,广告经营者。

二、互联网广告经营者的权利

依据《广告法》和《互联网广告管理暂行办法》等的规定,互联网广告经营者在互联网广告活动中除了有权依法自主经营和自由缔结广告合同外,还享有下列各项权利:

（一）拒绝承揽违法广告的权利

广告经营者在接受广告主或广告发布者的委托设计、制作互联网广告时，有权要求委托方出具身份证明文件和广告内容合法的证明材料。对于内容不符或证明文件不全的广告，广告经营者有权拒绝接受委托。

（二）获取通知的权利

根据《互联网广告管理暂行办法》的规定，互联网广告主委托互联网广告经营者经营广告业务，修改广告内容时，应当以书面的形式或者其他可以被确认的方式通知为其提供服务的互联网广告经营者。

（三）收取广告费用的权利

互联网广告经营者在与互联网广告主或广告发布者签订广告合同时，有权要求在合同中明确自己的报酬及收取条件，并有权按照合同的约定收取相应的报酬。

（四）投诉、举报申请行政复议和提起行政诉讼的权利

作为互联网广告行政管理法律关系中的行政相对人，互联网广告经营者有权向工商行政管理部门和有关部门投诉、举报违法广告行为。认为行政主体行使的行政行为违法，侵害到自己的合法权益时，互联网广告经营者有权申请行政复议或提起行政诉讼。

三、互联网广告经营者的义务

根据《广告法》、《互联网广告管理暂行办法》等的规定，互联网广告经营者在互联网广告活动中，除了应当遵守广告真实性、合法性、精神文明、诚实信用和公平竞争等基本原则外，还应当履行下列义务：

（一）不得设计、制作、代理违法广告

《广告法》第三十七条规定："法律、行政法规规定禁止生产、销售的产品或者提供的服务，以及禁止发布广告的商品或者服务，任何单位或者个人不得设计、制作、代理、发布广告。"第三十四条第二

款中规定："对内容不符或者证明文件不全的广告，广告经营者不得提供设计、制作、代理服务，广告发布者不得发布。"《互联网广告管理暂行办法》第十二条第二款也规定："互联网广告发布者、广告经营者应当查验有关证明文件，核对广告内容，对内容不符或者证明文件不全的广告，不得设计、制作、代理、发布。"这些规定都要求互联网广告经营者不得设计、制作、代理违法广告。

（二）建立、健全互联网广告业务承接登记、审核、档案制度

《广告法》第三十四条第一款规定："广告经营者、广告发布者应当按照国家有关规定，建立、健全广告业务的承接登记、审核、档案管理制度。"《互联网广告管理暂行办法》第十二条第一款中也规定："互联网广告发布者、广告经营者应当按照国家有关规定建立、健全互联网广告业务的承接登记、审核、档案管理制度。"广告经营者从事广告活动，需要建立、健全一套日常的管理制度，这些制度包括广告业务的承接登记、审核、档案管理等制度。

承接登记是指互联网广告经营者在接受广告主或广告发布者委托的广告业务时，应当认真了解和记录委托人的主体资格和广告业务来源及其合法性等基本信息。审核是指互联网广告经营者应当依据《广告法》及有关法律、行政法规对承接的广告业务的内容和表现形式进行查验。广告经营中需要保管的档案内容是非常广泛的，涉及广告业务的各个环节和流程，包括但不限于广告主出具的各种证明文件、广告活动当事人之间签订的广告合同、广告内容的修改记录、广告主对广告发布样稿的确认记录、广告审核意见、广告客户和消费者对广告发布后的反映等。

与传统广告相比，互联网广告环节多、链条长。建立、健全广告业务的承接登记、审核、档案管理制度，既有利于对互联网广告活动的规范管理，提高业务水平，减少违法广告，又有利于当事人在发生纠纷时进行举证和分清责任。此外，完整而清晰的档案资料还有利于提高工商行政管理部门监管执法效率。这里的"建立、健全"包括两个方面：一是互联网广告经营者必须要有这些制度；二是这些制度的

内容要全面完整，且行之有效。

（三）审核查验广告主信息，建立登记档案并定期核实更新

《互联网广告管理暂行办法》第九条规定："互联网广告主、广告经营者、广告发布者之间在互联网广告活动中应当依法订立书面合同。"第十二条规定，互联网广告发布者、广告经营者应当"审核查验并登记广告主的名称、地址和有效联系方式等主体身份信息，建立登记档案并定期核实更新。"第十五条第一款规定："广告需求方平台经营者、媒介方平台经营者、广告信息交换平台经营者以及媒介方平台的成员，在订立互联网广告合同时，应当查验合同相对方的主体身份证明文件、真实名称、地址和有效联系方式等信息，建立登记档案并定期核实更新。"这是《互联网广告管理暂行办法》针对互联网广告发布链条长、参与主体众多、职责不宜区分等特点所作的规定。尤其是在程序化购买广告模式中，参与主体更多，法律关系更为复杂，因此，在订立互联网广告合同时，应当认真查验合同相对方的主体身份证明文件、真实名称、地址和有效联系方式等信息、建立登记档案并定期核实更新更为重要。

（四）查验有关证明文件和核对广告内容

《广告法》第三十四条第二款规定："广告经营者、广告发布者依据法律、行政法规查验有关证明文件，核对广告内容。对内容不符或者证明文件不全的广告，广告经营者不得提供设计、制作、代理服务，广告发布者不得发布。"《互联网广告管理暂行办法》第十条第二款规定："广告主发布互联网广告需具备的主体身份、行政许可、引证内容等证明文件，应当真实、合法、有效。"第十二条第二款规定："互联网广告发布者、广告经营者应当查验有关证明文件，核对广告内容，对内容不符或者证明文件不全的广告，不得设计、制作、代理、发布。"这些规定确立了互联网广告经营者的自律审查义务：一是依据法律、行政法规查验有关证明文件；二是核对广告内容。

广告自律审查的具体内容包括：第一，查验各类广告证明文件的

第一部分 互联网广告法律基本知识

真实性、合法性、有效性，对证明文件不全的，要提出补充收取证明文件的意见。第二，核对广告内容的真实性、合法性、科学性，审查广告内容与证明文件是否一致，是否有违法内容，表达是否容易产生误导。第三，对广告的内容进行检查，检查是否存在国家禁止发布的内容。第四，检查广告内容和形式是否健康，是否符合社会主义精神文明建设和弘扬中华民族优秀传统文化的要求。第五，对广告的整体效果进行检查，确保不具备专业背景的普通消费者能够正确理解广告内容，不至于引起消费者的误解。

（五）配备广告审查人员或设立专门广告审查机构

《互联网广告管理暂行办法》第十二条第三款规定："互联网广告发布者、广告经营者应当配备熟悉广告法规的广告审查人员；有条件的还应当设立专门机构，负责互联网广告的审查。"互联网广告自律审查具有信息量庞大、广告形式多样和法律关系复杂等特性，虽然可以借助互联网技术来完成一些审查工作，但是对审查人员的法律知识和能力的要求仍然远远高于对传统广告审查人员的要求。因此，互联网广告经营者必须要配备熟悉相关法律的专业审查人员。一些专门化的大型互联网广告经营者，比如百度、腾讯、京东等，均设立了专门的机构，组建专业的队伍来负责互联网广告审查。配备熟悉广告法规的专业人员是互联网广告经营者必备的条件，但是设立专门机构只是供互联网广告经营者选择的要求，由互联网广告经营者根据自身的情况决定是否设立。

（六）在程序化购买广告中清晰标明广告来源

在互联网程序化购买广告中，整合广告主需求，为广告主提供发布服务的广告需求方平台的经营者是互联网广告发布者，广告经营者。《互联网广告管理暂行办法》第十三条第二款要求："通过程序化购买广告方式发布的互联网广告，广告需求方平台经营者应当清晰标明广告来源。"

在传统广告中，广告的设计、制作、发布等环节都是比较容易区分的，各环节之间存在着一定的时空差。互联网广告程序化购买模式的最大特点就是自动化与大数据的运用，将人工交易变成自动交易，利用大数据定位用户需求，向正确的用户投放正确的广告，将购买广告位变成购买特定用户的广告位。这种基于大数据的精准营销广告模式在整个互联网广告市场中所占的比例越来越高。在互联网广告程序化交易系统中，广告并非在选定资源位预先设定，而是在用户点击网页的同时，根据该用户之前的浏览习惯进行分析定向，依照其喜好进行匹配后，由广告主对此进行竞价，价高者会获得这个资源位展现广告并被目标用户看到的机会。从开始竞价到完成投放，这一系列的过程仅需要100毫秒，全部依托互联网技术完成。不同的用户在同一时间打开同一个网页看到的是不同的广告内容，即使是同一个人在不同的时间段打开同一个网页看到的很可能也是不同的广告，这给互联网广告经营者履行广告审查义务、消费者识别广告主体身份以及广告监管和取证带来了极大的难度。因此，在互联网广告程序化购买经营模式中，明确要求广告需求方平台经营者"清晰标明"广告来源，对于消费者快速识别广告责任主体和便利广告执法都具有十分重要的意义。

（七）公布收费标准和收费办法

商业广告是以营利为目的的信息传播行为，广告经营者通过设计、制作和代理广告收取费用，广告活动当事人之间是一种有偿的民事法律行为，收费的标准和方式由当事人自愿协商确定。但是《广告法》第三十五条明确要求："广告经营者、广告发布者应当公布其收费标准和收费办法。"因此"公布其收费标准和收费办法"就成为广告经营者的一项法定义务了。互联网广告经营者同样需要遵守该项规定。这里的"公布"指的是向社会公众公开。广告经营者可以在自己的业务地点以书面形式向社会公布，也可以通过新闻媒介向社会公布。

（八）协助、配合广告监督管理工作

《广告法》第五十一条明确要求，工商行政管理部门依照《广告法》规定行使职权时，当事人应当协助、配合，不得拒绝、阻挠。

第一部分 互联网广告法律基本知识

《互联网广告管理暂行办法》也要求，工商行政管理部门查处违法广告时，当事人应当协助、配合，不得拒绝、阻挠或者隐瞒真实情况。互联网广告经营者作为行政相对人，为保障广告监督管理工作正常开展，对工商行政管理部门依法行使行政职权的活动应当给予协助、配合。

第三节 互联网广告发布者

广告发布是指借助一定的媒介和形式将广告信息呈现给受众的活动。广告发布者通常是拥有广告媒介的主体，其中，大众传播媒介主要有广播、电视、报纸、杂志、互联网等。与传统广告相比，互联网广告发布者具有很多特性。

一、互联网广告发布者的含义

《互联网广告管理暂行办法》第十一条规定："为广告主或者广告经营者推送或者展示互联网广告，并能够核对广告内容、决定广告发布的自然人、法人或者其他组织，是互联网广告的发布者。"

在制定《互联网广告管理暂行办法》的过程中，如何定义互联网广告发布者，曾有过各种争论。互联网在很大程度上改变了人们对"广告发布"的传统认识。在传统媒介广告中，广告发布者的身份是比较容易识别的。通常情况下，拥有广告媒介资源并最终让受众感受到广告内容的主体就是广告发布者。比如，让我们看到报纸广告内容的报社、让我们听到或看到电视广告内容的电视台，让我们听到广播广告内容的电台等。在传统广告中，广告发布者的身份一般不存在争议。

互联网广告呈现出了很大的不同。尤其是在互联网广告程序化购买中，广告主并不清楚自己的广告信息将会发布在哪个具体的广告位中，而媒体资源方也不清楚谁的广告将会呈现在自己的广告位中。在这种情况下，呈现广告内容的媒介方无法实现对发布广告内容的事先审查，也就无法承担相应的法律责任。因此，在互联网广告中，需要采用新的标准来重新定义广告发布者。

根据《互联网广告管理暂行办法》第十一条的规定，充当互联网广告发布者应当具备三个条件：第一，实施了推送或者展示互联网广告内容的行为；第二，在推送或展示互联网广告之前，有能力和条件核对广告内容；第三，有权利和条件决定是否向互联网媒介呈送广告。这三个条件必须同时具备，缺一不可。正是基于这种考虑，《互联网广告管理暂行办法》第十四条规定，在互联网广告程序化购买中，"广告需求方平台是指整合广告主需求，为广告主提供发布服务的广告主服务平台。广告需求方平台的经营者是互联网广告发布者、广告经营者。"

二、互联网广告发布者的分类

按照不同的标准，互联网广告发布者可以有多种不同的分类。

首先，根据《互联网广告管理暂行办法》对互联网广告发布者的定义，可以将互联网广告发布者分为三种类型：第一，为广告主或者广告经营者推送互联网广告，并能够核对广告内容、决定广告发布的互联网广告发布者；第二，为广告主或者广告经营者展示互联网广告，并能够核对广告内容、决定广告发布的互联网广告的发布者；第三，为广告主或者广告经营者既推送又展示互联网广告，并能够核对广告内容、决定广告发布的互联网广告的发布者。

其次，根据互联网广告发布者的法律身份的不同，可以分为：自然人发布者、法人型发布者和其他组织型的发布者。

最后，根据互联网广告的类型，可以分为：第一，推销商品或者

第一部分 互联网广告法律基本知识

服务的链接式互联网广告发布者；第二，推销商品或者服务的电子邮件广告发布者；第三，推销商品或者服务的付费搜索广告发布者；第四，推销商品或者服务的商业性展示中的广告发布者；第五，其他形式的互联网广告发布者。

三、互联网广告发布者的权利

依据《广告法》和《互联网广告管理暂行办法》等的规定，互联网广告发布者在互联网广告活动中除了有权依法自主经营和自由缔结广告合同外，还享有下列各项权利：

（一）拒绝发布违法广告的权利

根据《广告法》的规定，广告发布者应当依据法律、行政法规查验有关证明文件，核对广告内容。对内容不符或者证明文件不全的广告，广告发布者不得发布。法律、行政法规规定禁止生产、销售的产品或者提供的服务，以及禁止发布广告的商品或者服务，任何单位或者个人不得发布广告。因此，广告发布者有权依法拒绝发布虚假、违法广告。

（二）在互联网广告程序化购买中获取通知的权利

根据《互联网广告管理暂行办法》的规定，互联网广告主委托互联网广告发布者发布广告、修改广告内容时，应当以书面的形式或者其他可以被确认的方式通知为其提供服务的互联网广告发布者。

（三）收取报酬的权利

互联网广告发布者在与互联网广告主或广告经营者签订广告合同时，有权要求在合同中明确发布广告的报酬及收取条件，并有权按照合同的约定收取相应的报酬。

（四）保护自己发布的广告不受非法行为侵害的权利

《互联网广告管理暂行办法》第十六条规定，互联网广告活动中不得提供或者利用应用程序、硬件等对他人正当经营的广告采取拦截、过滤、覆盖、快进等限制措施；不得利用网络通路、网络设备、应用程序等破坏正常广告数据传输，篡改或者遮挡他人正当经营的广告，擅自加载广告。在自己合法发布的互联网广告受到这些不法行为侵害时，互联网广告发布者有权要求侵权人停止侵害，并依法向其主张损害赔偿。

（五）投诉、举报申请行政复议和提起行政诉讼的权利

作为互联网广告行政管理法律关系中的行政相对人，互联网广告发布者有权向工商行政管理部门和有关部门投诉、举报违法广告行为。认为行政主体的具体行政行为侵害到自己的合法权益时，有权申请行政复议或提起行政诉讼。

四、互联网广告发布者的义务

根据《广告法》、《互联网广告管理暂行办法》等的规定，互联网广告发布者在互联网广告活动中，除了应当遵守广告真实性、合法性、精神文明、诚实信用和公平竞争等基本原则外，还应当履行下列义务：

（一）不得发布违法广告

根据《广告法》的规定，法律、行政法规规定禁止生产、销售的产品或者提供的服务，以及禁止发布广告的商品或者服务，任何单位或者个人不得发布广告。对内容不符或者证明文件不全的广告，广告发布者不得发布。根据《互联网广告管理暂行办法》第十二条的规定，互联网广告发布者应当查验有关证明文件，核对广告内容，对内容不符或者证明文件不全的广告，不得发布。这些规定都要求互联网广告发布者不得发布违法广告。

（二）建立、健全互联网广告业务承接登记、审核、档案制度

《广告法》第三十四条规定："广告经营者、广告发布者应当按照国家有关规定，建立、健全广告业务的承接登记、审核、档案管理制

度。"《互联网广告管理暂行办法》第十二条第一款中也规定:"互联网广告发布者、广告经营者应当按照国家有关规定建立、健全互联网广告业务的承接登记、审核、档案管理制度。"互联网广告发布者应当按照这些法律文件的要求,建立、健全互联网广告业务的承接登记、审核、档案管理制度。

(三)审核查验广告主信息,建立登记档案并定期核实更新

《互联网广告管理暂行办法》第九条规定:"互联网广告主、广告经营者、广告发布者之间在互联网广告活动中应当依法订立书面合同。"第十二条规定,互联网广告发布者、广告经营者应当"审核查验并登记广告主的名称、地址和有效联系方式等主体身份信息,建立登记档案并定期核实更新。"第十五条第一款规定:"广告需求方平台经营者、媒介方平台经营者、广告信息交换平台经营者以及媒介方平台的成员,在订立互联网广告合同时,应当查验合同相对方的主体身份证明文件、真实名称、地址和有效联系方式等信息、建立登记档案并定期核实更新。"这些要求与对互联网广告经营者的要求是一样的。

(四)查验有关证明文件和核对广告内容

根据《广告法》第三十四条的规定,广告发布者应当依据法律、行政法规查验有关证明文件,核对广告内容。对内容不符或者证明文件不全的广告,广告发布者不得发布。根据《互联网广告管理暂行办法》第十二条的规定,互联网广告发布者应当查验有关证明文件,核对广告内容,对内容不符或者证明文件不全的广告,不得发布。这些规定确立了互联网广告发布者的自律审查义务。

2012年国家工商总局、中宣部、广电总局等12部委联合发布《大众传播媒介广告发布审查规定》,对广告审查程序作了明确要求,包括:(1)查验各类广告证明文件的真实性、合法性、有效性,对证明文件不全的,要求补充证明文件;(2)审核广告内容是否真实、合法,是否符合社会主义精神文明建设的要求;(3)检查广告表现形式和使用的语言文字是否符合有关规定,不得含有国家禁止发布的形

式；(4) 审查广告整体效果，确认其不致引起消费者的误解；(5) 提出对该广告同意、不同意或者要求修改的书面意见。互联网属于大众媒介，上述规定同样适用于互联网广告发布者对广告的自律审查。

(五) 公布收费标准和办法

商业广告是以营利为目的的传播行为，广告发布者通过发布广告收取费用，广告活动当事人之间是一种有偿的民事法律行为，收费的标准和方式由当事人自愿协商确定。但是《广告法》明确要求广告发布者应当将其收费标准和办法予以公布，因此，"公布其收费标准和收费办法"就成为广告发布者的一项法定义务了。这里的"公布"指的是应当向社会公众公开。广告发布者可以在自己的业务地点以书面形式向社会公布，也可以通过新闻媒介向社会公布。

(六) 配备广告审查人员或设立专门的广告审查机构

《互联网广告管理暂行办法》第十二条第三款规定："互联网广告发布者、广告经营者应当配备熟悉广告法规的广告审查人员；有条件的还应当设立专门机构，负责互联网广告的审查。"互联网广告自律审查具有信息量庞大、广告形式多样和法律关系复杂等特性，虽然可以借助网络技术来完成一些审查工作，但是对审查人员的法律知识和能力的要求仍然远远高于对传统广告审查人员的要求。因此，互联网广告发布者必须要配备熟悉相关法律的专业审查人员。此外，有条件的互联网广告发布者，还应当设立专门的广告审查机构。

(七) 在互联网广告程序化购买中清晰标明广告来源

在互联网广告程序化购买中，整合广告主需求，为广告主提供发布服务的广告需求方平台的经营者是互联网广告发布者、广告经营者。根据《互联网广告管理暂行办法》第十三条第二款的要求，通过程序化购买广告方式发布的互联网广告，广告需求方平台经营者应当清晰标明广告来源。

(八) 不得影响用户正常使用网络

《互联网广告管理暂行办法》第八条第一款规定："利用互联网发

布、发送广告，不得影响用户正常使用网络。在互联网页面以弹出等形式发布的广告，应当显著标明关闭标志，确保一键关闭。"《广告法》第四十四条第二款同样要求："利用互联网发布、发送广告，不得影响用户正常使用网络。在互联网页面以弹出等形式发布的广告，应当显著标明关闭标志，确保一键关闭。"恶意弹窗广告等形式遮挡或妨碍网页显示内容，影响用户正常浏览，甚至强迫用户浏览观看，严重影响了用户对网络的正常使用，侵犯用户合法权益。为此，《广告法》明确要求在互联网页面以弹出等形式发布的广告，应当显著标明关闭标志，确保一键关闭。首先，以弹出等形式发布的广告必须具备关闭功能；其次，关闭标志必须显著且能让正常人很容易找到；最后，关闭功能必须正常有效，且能达到一键关闭。

（九）不得以欺骗方式诱使用户点击广告内容

《互联网广告管理暂行办法》明确要求互联网广告"不得以欺骗方式诱使用户点击广告内容"。《广告法》第三十六条也规定："广告发布者向广告主、广告经营者提供的覆盖率、收视率、点击率、发行量等资料应当真实。"广告发布者接受委托发布广告时，广告主、广告经营者通常会要求广告主公开自己发布广告的有效范围。其中，点击率是随着互联网广告的兴起而出现的一个概念，指网站页面上广告被点击的次数与被显示次数之比，反映了网页广告内容的受关注程度，经常用来衡量互联网广告的吸引程度，点击率高表明访问量高。此外，互联网广告的收费方式也与传统广告不完全相同，除了按照展示计费或按销售计费外，最常见的是按点击计费。比如，付费搜索广告就主要是按点击来收取费用的。为了增加点击率，有的网站就通过设置虚假的关闭标志或者其他欺骗方式，来诱使用户点击广告内容。这种行为不仅影响用户正常使用网络，对广告主的合法权益也是一种侵犯，因此，《互联网广告管理暂行办法》明确予以禁止。

（十）不得擅自在用户发送的电子邮件中附加广告或者广告链接

电子邮件广告是互联网广告中的一种常见类型，指通过互联网将

47

广告发到用户电子邮箱的网络广告形式，它针对性强，传播面广，信息量大，其形式类似于直邮广告。电子邮件广告有可能全部是广告信息，也可能在电子邮件中穿插一些实用的相关信息，可能是一次性的，也可能是多次的或者定期的。未经许可，在用户发送的电子邮件中附加广告或者广告链接，这是对用户合法权益的侵犯。因此，《互联网广告管理暂行办法》第八条第三项明确规定："未经允许，不得在用户发送的电子邮件中附加广告或者广告链接。"这里禁止的并不是提供电子邮件服务的互联网企业利用邮箱登录页、邮箱底部等广告位发布的互联网广告，而是指在用户自己发送的电子邮件里附加的广告或者广告链接。

（十一）明显区分付费搜索广告与自然搜索结果

这主要是针对付费搜索广告发布者而言的。《互联网广告管理暂行办法》第七条规定："互联网广告应当具有可识别性，显著标明'广告'，使消费者能够辨明其为广告。付费搜索广告应当与自然搜索结果明显区分。"《互联网信息搜索服务管理规定》第十一条也规定："互联网信息搜索服务提供者提供付费搜索信息服务，应当依法查验客户有关资质，明确付费搜索信息页面比例上限，醒目区分自然搜索结果与付费搜索信息，对付费搜索信息逐条加注显著标识。互联网信息搜索服务提供者提供商业广告信息服务，应当遵守相关法律法规。"按照这些规定，付费搜索广告发布者应当明显区分付费搜索广告与自然搜索结果，避免误导消费者。

（十二）协助、配合广告监督管理工作

《广告法》第五十一条明确要求，工商行政管理部门依照本法规定行使职权时，当事人应当协助、配合、不得拒绝、阻挠。《互联网广告管理暂行办法》也要求，工商行政管理部门查处违法广告时，当事人应当协助、配合、不得拒绝、阻挠或者隐瞒真实情况。互联网广告发布者作为行政相对人，为保障广告监督管理工作正常开展，对工商行政管理部门依法行使行政职权的活动应当给予协助、配合。

第四节 互联网广告活动中的其他参与人

除了广告主、广告经营者和广告发布者外,还有一些主体会以不同的身份和形式参与到互联网广告活动中来,或者其行为会对互联网广告活动带来较大的影响。了解这些主体的权利义务或行为规范也是非常必要的。

一、互联网广告代言人

(一)互联网广告代言人的含义

互联网广告代言人,是指广告主以外的,在互联网广告中以自己的名义或者形象对商品、服务做推荐、证明的自然人、法人或者其他组织。

2015年修订的《广告法》全面完善了广告代言制度,《互联网广告管理暂行办法》中没有对广告代言做出专门的规定,但是这并不意味着互联网广告活动中不存在广告代言现象。事实上,在互联网广告中,广告代言现象是普遍存在的。广告代言人在互联网广告中从事广告代言活动,同样应当遵守《广告法》及相关法律的规定。

(二)互联网广告代言人的权利

按照《广告法》的要求,广告主或者广告经营者在广告中使用广告代言人的名义或者形象时,应当事先取得其书面同意。

广告代言人与广告主或广告经营者之间也是民事合同关系。因此,广告代言人有选择广告主或广告经营者的权利。在互联网广告中,广告代言人有权收取合同约定的报酬。

(三)互联网广告代言人的义务

根据《广告法》的相关规定,互联网广告代言人主要应当履行下列义务:

1. 不得代言法律禁止的广告。按照法律的规定，医疗、药品、医疗器械、保健食品不得利用广告代言人做推荐、证明。

2. 科研单位、学术机构、行业协会、专业人士、用户或受益者等不得代言的广告有：（1）农药、兽药、饲料和饲料添加剂广告；（2）教育、培训广告；（3）招商等有投资回报预期的商品或者服务广告；（4）农作物种子、林木种子、草种子、种畜禽、水产苗种和种养殖广告。

3. 广告代言人在广告中对商品、服务做推荐、证明时，应当依据事实，符合《广告法》和有关法律、行政法规规定，并不得为其未使用过的商品或者未接受过的服务做推荐、证明。

4. 在虚假广告中做推荐、证明受到行政处罚未逾三年的自然人、法人或者其他组织，不得利用其作为广告代言人。

5. 广告代言人不得代言虚假广告。按照《广告法》的规定，明知或应知虚假广告仍进行代言的，由工商行政管理部门没收违法所得，并处违法所得一倍以上二倍以下的罚款。代言那些关系到消费者生命健康的商品或者服务的虚假广告，造成消费者损害的，广告代言人应当与广告主一起承担连带责任。广告代言人代言其他虚假广告，在明知或者应知广告虚假情况下仍做推荐、证明，造成消费者损害的，应当与广告主一起承担连带责任。

二、互联网信息服务提供者

互联网信息服务提供者，是指仅提供信息服务的互联网服务提供者。其服务模式包括两种：一种是为网络用户提供信息技术服务，另一种是为网络用户提供信息内容服务。百度、淘宝、京东等在很多情况下都属于互联网信息服务提供者。《广告法》第四十五条规定："公共场所的管理者或者电信业务经营者、互联网信息服务提供者对其明知或者应知的利用其场所或者信息传输、发布平台发送、发布违法广告的,应当予以制止。"《互联网广告管理暂行办法》第十七条规定:"未参与互联网广告经营活动,仅为互联网广告提供信息服务的互联网信息服务提供者,对其明知或者应知利用其信息服务发布违法广告的,应当予以制止。"

提供信息服务的互联网信息服务提供者并不直接参加互联网广告的经营活动,其本身属于第三方平台。但是互联网信息服务提供者的身份并不是一成不变的,在符合条件的情况下,互联网信息服务提供者的身份有可能转化为互联网广告发布者或者互联网广告经营者。比如,百度在付费搜索广告中的地位就是广告发布者,但是在互联网广告程序化购买中,则可能充当互联网广告经营者,这些情况下,就应当依法履行互联网广告发布者和互联网广告经营者的相关义务,并承担相应的法律责任。

在不参与互联网广告经营的情况下,互联网信息服务提供者对互联网广告的注意义务远低于广告发布者或广告经营者。《广告法》和《互联网广告管理暂行办法》都只要求"对其明知或者应知利用其信息服务发布违法广告的,应当予以制止"。

根据《侵权责任法》第三十六条的规定,"网络用户、网络服务提供者利用网络侵害他人民事权益的,应当承担侵权责任。网络用户利用网络服务实施侵权行为的,被侵权人有权通知网络服务提供者采取删除、屏蔽、断开链接等必要措施。网络服务提供者接到通知后未及时采取必要措施的,对损害的扩大部分与该网络用户承担连带责任。网络服务提供者知道网络用户利用其网络服务侵害他人民事权益,未采取必要措施的,与该网络用户承担连带责任"。

如何认定"明知"或"应知",《广告法》和《互联网广告管理暂行办法》中并没有明确规定。最高人民法院2012年发布了《关于审理侵害信息网络传播权民事纠纷案件适用法律若干问题的规定》,其中第九条规定:"人民法院应当根据网络用户侵害信息网络传播权的具体事实是否明显,综合考虑以下因素,认定网络服务提供者是否构成应知：基于网络服务提供者提供服务的性质、方式及其引发侵权的可能性大小，应当具备的管理信息的能力；传播的作品、表演、录音录像制品的类型、知名度及侵权信息的明显程度；网络服务提供者是否主动对作品、表演、录音录像制品进行了选择、编辑、修改、推荐等；网络服务提供者是否积极采取了预防侵权的合理措施；网络服务提供者是否设置便捷程序接收侵权通知并及时对侵权通知作出合理的反应；网络服务提供者是否针对同一网络用户的重复侵权行为采取了相应的合理措施；其他相关因素。"第十二条规定："有下列情形之一的，人民法院可以根据案件具体情况，认定提供信息存储空间服务的网络服务提供者应知网络用户侵害信息网络传播权：将热播影视作品等置于首页或者其他主要页面等能够为网络服务提供者明显感知的位置的；对热播影视作品等的主题、内容主动进行选择、编辑、整理、推荐，或者为其设立专门的排行榜的；其他可以明显感知相关作品、表演、录音录像制品为未经许可提供，仍未采取合理措施的情形。"第十三条规定："网络服务提供者接到权利人以书信、传真、电子邮件等方式提交的通知，未及时采取删除、屏蔽、断开链接等必要措施的，人民法院应当认定其明知相关侵害信息网络传播权行为。"这些规定虽然不是针对互联网广告活动而言的，但是在实践中，尤其是在认定互联网信息服务提供者"明知"或者"应知"时，可以参考。

三、其他参与人

从维护互联网广告市场秩序的角度考虑，《互联网广告管理暂行办法》还对一些常见的扰乱互联网广告市场秩序的不正当行为予以规范。这主要是《互联网广告管理暂行办法》第十六条规定的内容，即互联网广告活动中不得有下列行为：（一）提供或者利用应用程序、硬件等对他人正当经营的广告采取拦截、过滤、覆盖、快进等限制措施；（二）利用网络通路、网络设备、应用程序等破坏正常广告数据传输，篡改或者遮挡他人正当经营的广告，擅自加载广告；（三）利用虚假的统计数据、传播效果或者互联网媒介价值诱导错误报价，谋取不正当利益或者损害他人利益。这些行为的主体既可能是参与互联网广告经营活动的主体，也可能是互联网广告活动之外的行为人。

第三章

互联网广告内容准则

互联网广告内容准则是指发布互联网广告的一般原则与限制，是广告活动当事人审查互联网广告内容的依据，是广告审查机关进行互联网广告审查的依据，也是广告监督管理机关执法的重要依据。《互联网广告管理暂行办法》仅重申了一些带有互联网广告特色的或重要的内容准则，但是《广告法》中有关广告内容应当普遍遵守的准则也是互联网广告准则的重要组成部分。根据广告准则作用的范围以及重要性的不同，广告准则可以分为一般广告准则和专门广告准则。

第一节 互联网广告的一般准则

互联网广告的一般准则，是指所有互联网广告都应当遵守的规定，表现为广告法律、法规对互联网广告内容和形式的普遍性要求，以及对广告内容和形式的禁止性和限制性规定。

一、互联网广告的内容应当准确、清楚、明白

根据广告活动应遵守的真实性原则，互联网广告内容的表述应当

准确、清楚、明白。准确是指没有歧义，不会让常人产生误解；清楚是指广告所传达的信息条理分明，使普通消费者能够清楚地理解，不会引起判断上的混乱；明白是指广告意思表达直截了当，广告用语浅显易懂，没有深奥晦涩的词汇。

对于消费者而言，辨别商品和服务的好坏或者决定是否消费，最主要的就是基于对商品的性能、功能、产地、用途、质量、成分、价格、生产者、有效期限、允诺等或者对服务的内容、提供者、形式、质量、价格、允诺等方面信息的判断和认识。而不同的商品在性能、产地、用途、质量、价格等方面有很大的差异；不同服务的内容、形式、质量、价格等方面也存在较大的区别。如果广告不能准确标识清楚这些内容，就可能产生对消费者的误导。因此，很多法律、法规对生产者或经营者应当履行向消费者提供商品或服务的真实信息的义务作出了明确规定。比如，《消费者权益保护法》第二十条第一款规定："经营者向消费者提供有关商品或者服务的质量、性能、用途、有效期限等信息，应当真实、全面，不得作虚假或者引人误解的宣传"。该法第二十三条第二款规定，经营者以广告、产品说明、实物样品或者其他方式表明商品或者服务的质量状况的，应当保证其提供的商品或者服务的实际质量与表明的质量状况相符。"

二、互联网广告不得含有法律禁止的内容

《广告法》第九条对广告中的禁止性内容做出了明确规定，这些规定同样适应于互联网广告。禁止的事项具体包括以下几种：

（一）不得使用或者变相使用中华人民共和国的国旗、国歌、国徽、军旗、军歌、军徽

国旗、国歌和国徽集中反映了我国的政治、历史文化和社会等内容，是国家主权的重要象征和标志，体现着国家和民族的尊严，为全国人民所敬仰，也为国际社会所尊重。中华人民共和国国旗是五星红

旗，国歌是《义勇军进行曲》，国徽中间是五星照耀下的天安门，周围是谷穗和齿轮。禁止在广告中使用或变相使用我国的国旗、国歌、国徽是为了维护国家主权的神圣性。我国相关法律对此也作了明确规定，比如，《国旗法》规定，国旗及其图案不得用作商标和广告；《国徽法》规定，国徽及其图案不得用于商标、广告。军旗包括中国人民解放军军旗和陆军军旗、海军军旗、空军军旗，是中国人民解放军的标志，是中国人民解放军荣誉、勇敢和光荣的象征。军徽也是中国人民解放军的象征和标志。中国人民解放军军歌是中国人民解放军性质、宗旨和精神的体现。按照《中国人民解放军内务条令》规定，禁止将军徽用于商业广告和有碍军徽庄严的装饰或者场合。军歌不得用于商业活动。

广告不得使用国旗、国歌、国徽，军旗、军歌、军徽，是指完全不得使用，即国旗、国徽及其图案，军旗、军徽及其图案，国歌及其歌词与曲谱，军歌及其歌词与曲谱等均不得整体或部分被用在商业广告中。

（二）不得使用或者变相使用国家机关、国家机关工作人员的名义或者形象

国家机关是指从事国家管理和行使国家权力的机关。包括国家元首、权力机关、行政机关、司法机关和军事机关。国家机关工作人员，是指在国家机关中从事公务的人员。国家机关代表国家从事管理活动，国家机关的工作人员具体执行国家管理社会事务的职能，国家机关及其工作人员的公务活动体现的是国家的意志，在社会经济生活中具有重要的影响。如果允许以国家机关和国家机关工作人员的名义或者形象做广告或变相做广告，一方面，会影响国家机关和国家机关工作人员的公正、公平形象；另一方面，会对消费者造成重大误解，同时对其他企业构成不正当竞争。为了维护国家的尊严，保证国家机关和国家机关工作人员正确行使职权，应当严格禁止在商业广告中使用国家机关和国家机关工作人员的名义或形象进行广告宣传。在公益广告等非商业广告中使用国家机关或者国家机关工作人员名义或者形象时，应遵守相关法律规定。由于使用已故或者已经离任的国家领导人的名义或者形象进行广告宣传，其广告效果相当于使用现职国家机关工作人员名义或者形象做广告，因此，已故或者已经离任的国家领导人也属于禁止的范畴。此外，军人的名义或形象也不得用于商业广告。

（三）不得使用"国家级"、"最高级"、"最佳"等用语

在商业竞争激烈的社会，消费者总希望从众多商品和服务中选择最好的商品和接受最好的服务，商家也希望通过广告为自己的商品或服务树立"最好"的形象，以此吸引更多的消费者。但是广告必须真实、客观地介绍商品和服务，而不能做虚假的宣传。《广告法》禁止在广告中使用"国家级"、"最高级"、"最佳"等绝对化用语，主要是考虑到，绝对化用语违背了事物发展的客观规律，容易给消费者造成误导和导致不正当竞争。

对绝对化用语，不能机械地从字面上来理解，应当依据广告内容、具体语境综合判断是否属于绝对化用语。可以考虑从以下几个方面来综合判断：

1. 内容指向的相关性。只有明确指向经营者所推销的商品或者所提供的服务时，才属于禁止性绝对化用语。

2. 时态上的现在性。绝对化用语必须是对一种已经存在的客观状况的表述，如果是对将来的目标的表达，通常不在禁止范围。如"海信电视，中国第一"的广告语就是对现有能力的表述，意思是现在市场占有率已经达到了这样的水平。而"力争冲出亚洲，引领世界潮流"这样的广告语则是对未来目标的表示，不属于禁止的绝对化用语。

3. 时空上的虚无性。绝对化用语常常采用虚化时空条件的手法，违背事物动态发展变化的客观规律，故意造成误解。比如"全国销量第一"、"市场占有率第一"等。"第一"也许是事实，但是由于虚化了"时空条件"，变成了"永远是第一"的绝对化状态，因此应当予以禁止。但是用于同一品牌或同一企业内部的产品的描述，如"本小

区最大户型"、"本款最小尺码"、"本企业年度最新产品"等,这样的广告语因时空条件明确且客观真实,则不属于禁止的绝对化用语。

4. 表达上的非愿望性。绝对化用语通常是对一种事实状态的表述,而不是对一种主观愿望的表述。比如"质量好到违反广告法"、"最新技术"、"最先进加工工艺"等,都是描述一种事实;而表达经营理念或目标追求等主观愿望,如"顾客第一"、"诚信至上"等则不属于禁止的绝对化用语。

5. 词性上的形容性。通常作为形容词使用时才属于禁止范畴。作为序数词用语,如首发、首映、首播、首家、首款、最早成立等,以及作为数量词如独家代理、唯一授权等,如有事实依据且能完整表示清楚,不致对消费者构成误导的,应当允许使用。还有作为固定用语中的一部分当然可以用,如最高法院、超级联赛等。

6. 损害后果的可能性。《广告法》对绝对化用语采取的是完全禁止的态度,即只要是绝对化用语,无论其是否存在"误导"或"不正当竞争",都应当禁止。所以在判断绝对化用语时,是否存在"误导"或"不正当竞争"这样的损害结果,只要考虑有无"误导"或"不正当竞争"的可能性即可。

(四)不得损害国家的尊严或者利益,泄露国家秘密

尊严对一个国家来说至关重要,每个公民都负有维护国家尊严,爱护国家荣誉的义务,这也是爱国主义的集中体现。《保密法》规定,国家秘密是关系国家安全和利益,依照法定程序确定,在一定时间内只限一定范围的人员知悉的事项。一切国家机关、武装力量、政党、社会团体、企业事业单位和公民都有保守国家秘密的义务。一切商业利益都不得凌驾于国家利益之上或者以牺牲国家利益为代价。维护国家的尊严或者利益,保守国家秘密,这是广告活动应当坚守的底线。

(五)不得妨碍社会安定,损害社会公共利益

安定的社会环境是社会进步和经济发展的一个重要条件。社会公共利益是全体社会成员的共同利益,内容非常广泛,如民族团结、国

家统一,国家政治安定等。广告具有巨大的传播效果,虚假、违法广告很有可能成为引发社会纠纷或消费者群体事件的不利因素,成为破坏社会安定的力量。

(六) 不得危害人身、财产安全,泄露个人隐私

保护人民群众的人身、财产安全是我国法律制度的一项重要任务。法律对公民、法人等民事主体的人身权、财产权、隐私权予以严格保护,广告内容危害人身权、财产安全,泄露个人隐私的应当予以禁止。

(七) 不得妨碍社会公共秩序或者违背社会良好风尚

广告应当真实、合法,以健康的表现形式表达广告内容,符合社会主义精神文明建设和弘扬中华民族优秀传统文化的要求。社会公共秩序是指人们在社会公共生活中为维护公共事业和集体利益而必须共同遵守的原则。社会良好风尚是指社会存在和发展所必要的一般道德,或某一特定社会所尊重的伦理要求。在法律上,社会公共秩序和良好风尚通常合称为"公序良俗"。广告渗入社会的方方面面,影响着每个人的生活,妨碍社会公共秩序或者违背社会良好风尚的广告宣传,格调低下、有伤风化、内容粗俗,容易给社会造成不良影响。因此,法律明确要求广告中不得含有妨碍社会公共秩序和违背社会良好风尚的内容。

(八) 不得含有淫秽、色情、赌博、迷信、恐怖、暴力的内容

由于受到不同社会形态、法律制度、民族风俗、宗教信仰、经济生活、文化背景、审美观念、社会发展水平等诸多因素的相互影响,各国认定淫秽和色情的标准并不统一。随着道德标准和法律制度的变化,认定标准也会不断发生变化。在我国,淫秽和色情通常是违法道德准则的性行为和下流的动作或者作品中与此有关的内容。赌博是一种用财物做赌注,以营利为目的的不良行为。迷信是指相信星占、卜筮、风水、命相、鬼神等的一种思想。恐怖是指以人们自己不能控制的恐惧为特征的一种心理状态。暴力是指侵犯他人人身、财产等权利的强暴行为。有淫秽、色情、赌博、迷信、恐怖、暴力的内容是与社会主义精神文明建设格格不入的，为了保护公众，特别是青少年的身心健康，维护社会公德，坚持社会主义精神文明建设，广告中不得含有淫秽、色情、赌博、迷信、恐怖、暴力等内容。

（九）不得含有民族、种族、宗教、性别歧视的内容

宪法规定，中华人民共和国各民族一律平等。国家保障各少数民族的合法权利和利益，维护和发展各民族的平等、团结、互助关系。禁止对任何民族的歧视和压迫，禁止破坏民族团结和制造民族分裂的行为。我国是个多民族国家，维护民族团结是宪法规定的每个公民的义务。作为广告活动的主体，也应该自觉履行这一法律义务，广告中不得有不利于民族团结的内容，不得进行民族歧视。我国现存的宗教主要有佛教、道教、伊斯兰教、天主教和基督教等，宗教历史悠久，影响的人群非常广泛。宪法规定，中华人民共和国公民有宗教信仰自由。宪法还规定，中华人民共和国妇女在政治的、经济的、文化的、社会的和家庭生活等各方面享有同男子平等的权利。因此，广告中不得含有宗教歧视和性别歧视的内容。

（十）不得妨碍环境、自然资源或者文化遗产保护

环境和自然资源的保护，是我国的重要政策。宪法规定，国家保护和改善生活环境和生态环境，防治污染和其他公害。国家保障自然资源的合理利用，保护珍贵的动物和植物。禁止任何组织或者个人用任何手段侵占或者破坏自然资源。物质和非物质文化遗产是一国历史与文化传统的反映，对于国人了解自己国家的国情有着不可替代的作用。同时物质和非物质文化遗产均属于不可再生资源，一旦这些遗产消失将会产生不可挽回的后果。所以，必须要加强对物质和非物质文化遗产的保护。广告中不得含有妨碍环境、自然资源或者文化遗产保护的内容。

（十一）不得有法律、行政法规规定禁止的其他情形

法律、行政法规规定禁止的其他情形，是指除《广告法》以外的

其他法律、行政法规规定的情况。比如，《妇女权益保障法》第三十八条规定："妇女的肖像受法律保护。未经本人同意，不得以营利为目的，通过广告、商标、展览橱窗、书刊、杂志等形式使用妇女肖像。"再比如，《人民币管理条例》规定，未经中国人民银行批准，不得在宣传品、出版物或者其他商品上使用人民币图样。因此，未经许可在广告中不得使用人民币图样。

三、互联网广告内容应当具有可识别性

广告只是互联网的"副产品"，互联网信息并不全都是广告。广告信息与非广告信息在同一媒体上发布，如果不加区分或不宜区分，很容易导致对消费者的误导。现实中，确有商家和媒体故意在广告中采用含混的方式介绍和推销商品或者服务，误导和欺骗消费者。要求广告内容具有可识别性，不但有利于保护消费者的合法权益，具有可识别性的广告更有利于广告监督管理机关及时、准确地依法实施监督管理。

广告具有可识别性是为了使消费者能够对广告推销商品或者服务的目的有比较清楚的认知，避免产生误解，并谨慎消费。这应当成为大众传播媒介的一项重要义务。为此，《广告法》第十四条规定："广告应当具有可识别性，能够使消费者辨明其为广告。大众传播媒介不得以新闻报道形式变相发布广告。通过大众传播媒介发布的广告应当显著标明'广告'，与其他非广告信息相区别，不得使消费者产生误解。"《互联网广告管理暂行办法》第七条也规定："互联网广告应当具有可识别性，显著标明'广告'，使消费者能够辨明其为广告。"考虑到互联网广告的形式非常多样化，对于不同类型的互联网广告，其标注的具体方式可以根据互联网广告的特性来决定，但必须让消费者能辨别出这是广告。此外，《互联网广告管理暂行办法》对付费搜索广告做了专门的要求，即"付费搜索广告应当与自然搜索结果明显区分"。

四、互联网广告不得含有贬低其他商品或服务的内容

贬低是指给予不公正的评价,含有贬低内容的广告是指对相同的或者近似的一个或者一组商品或者服务进行不公正的评价。贬低通常是针对竞争对象所进行的,广告的内容表现为,散布竞争对象的商品或者服务在质量、工艺、技术、价格等方面存在的不足或者问题,产生诋毁他人商业信誉的效果,以削弱其竞争能力。从行为人主观上来看,制作、发布此类广告时在主观上是故意的。含有贬低内容的广告损害的是竞争对象的商业信誉和商品或者服务的声誉。判断广告是否构成贬低他人商品或者服务,应当从广告中是否含有指名或者不指名、特指或者泛指、直接的或者间接地故意降低他人商品或者服务的评价,损害他人商品或者服务的商业信誉的内容来判决。含有贬低其他商品或服务的内容的互联网广告属于损害他人合法权益的不正当竞争行为,违背了广告的基本准则,受到法律的禁止。

五、互联网广告不得损害未成年人和残疾人的身心健康

广告的作用已经不再局限于单纯的商品推销,它往往被认为是时尚和流行的象征,与社会大众的生活息息相关,对社会大众产生着潜移默化的影响,在社会生活中发挥了越来越重要的作用。广告作为商业社会的产物,来源于社会大众的价值观念、道德观念和社会行为,同时,广告反过来也对社会大众的价值观念、道德观念和社会行为有着潜移默化的影响,对于社会大众的消费方式甚至是生活方式,都起着一定的导向及暗示的作用。因此,广告必须承担一定的社会责任,做到有所为有所不为。

根据《未成年人保护法》第二条的规定,未成年人是指"未满十八周岁的公民"。广告对于未成年人有着和成年人不同的意义。未成年人群体由于自身的心智发育尚不健全,对事物缺乏必要的认知和理

性判断、辨别的能力，分不清广告世界和现实世界，而在成长过程中，其思维方式和行为方式最显著的一个特征就是模仿，因而很容易受到周围成人世界的影响，而广告内容就不可避免地成为了他们模仿的对象，有可能对未成年人的身心健康产生不可估量的负面影响。《广告法》第四十条规定，在针对未成年人的大众传播媒介上不得发布医疗、药品、保健食品、医疗器械、化妆品、酒类、美容广告，以及不利于未成年人身心健康的网络游戏广告。针对不满十四周岁的未成年人的商品或者服务的广告不得含有下列内容：（一）劝诱其要求家长购买广告商品或者服务；（二）可能引发其模仿不安全行为。

残疾人是指任何由于先天性或非先天性的身心缺陷，不能保证自己可以取得正常的个人生活和社会生活上的一切或部分必需品的人。广告内容不得有对残疾人施加不良导向和影响的语言、文字、图像等。常见的损害残疾人身心健康的违法行为主要有：第一，广告中有损坏残疾人的人格尊严，如广告中使残疾人在名义、形象上直接或间接地受到讽刺、挖苦、讥笑。第二，广告中有歧视、侮辱、侵害残疾人的语言、文字、形象和表现。

第二节 互联网广告的特殊准则

广告内容除了应当遵守通用的一般准则外，对于特殊的商品和服务，法律还提出了一些针对性的要求，这些要求构成了广告内容的特殊准则。

一、医疗、药品和医疗器械广告内容准则

（一）禁止特殊药品、医疗器械和治疗方法做广告的规定和处方药广告准则的规定

麻醉药品、精神药品、医疗用毒性药品、放射性药品都属于特殊

药品,具有两重性,使用得当可以治病救人,但是使用不当将危害人民的生命健康。因此,我国对麻醉药品、精神药品、医疗用毒性药品、放射性药品实行特殊管理。药品类易制毒化学品以及戒毒治疗的药品、医疗器械和治疗方法也都属于国家严密监控的特殊商品和服务。因此,《广告法》明确规定,麻醉药品、精神药品、医疗用毒性药品、放射性药品等特殊药品,药品类易制毒化学品,以及戒毒治疗的药品、医疗器械和治疗方法,不得做广告。

为了保障人民的身体健康和安全,我国实行处方药和非处方药分类管理制度。处方药必须凭执业医师或执业助理医师处方才可调配、购买和使用。《药品管理法》规定,处方药可以在国务院卫生行政部门和国务院药品监督管理部门共同指定的医学、药学专业刊物上介绍,但不得在大众传播媒介发布广告或者以其他方式进行以公众为对象的广告宣传。

(二)关于医疗、药品、医疗器械广告内容准则的规定

医疗服务、药品、医疗器械与人的身体健康和生命安全密切相关,世界各国都将其列入特殊商品和服务,并制定严格的广告发布标准,以确保这些商品和服务广告信息的真实、可靠,不对消费者误导。

1. 国家工商行政管理总局和卫生部 2007 年施行的《医疗广告管理办法》第七条规定,医疗广告的表现形式不得含有以下情形:(1)涉及医疗技术、诊疗方法、疾病名称、药物的;(2)保证治愈或者隐含保证治愈的;(3)宣传治愈率、有效率等诊疗效果的;(4)淫秽、迷信、荒诞的;(5)贬低他人的;(6)利用患者、卫生技术人员、医学教育科研机构及人员以及其他社会社团、组织的名义、形象做证明的;(7)使用解放军和武警部队名义的;(8)法律、行政法规规定禁止的其他情形。

2. 国家工商行政管理总局和国家食品药品监督管理局 2007 年修订实施的《药品广告审查发布标准》第十条规定,药品广告中有关药

品功能疗效的宣传应当科学准确，不得出现下列情形：（1）含有不科学地表示功效的断言或者保证的；（2）说明治愈率或者有效率的；（3）与其他药品的功效和安全性进行比较的；（4）违反科学规律，明示或者暗示包治百病、适应所有症状的；（5）含有"安全无毒副作用"、"毒副作用小"等内容的；含有明示或者暗示中成药为"天然"药品，因而安全性有保证等内容的；（6）含有明示或者暗示该药品为正常生活和治疗病症所必需等内容的；（7）含有明示或暗示服用该药能应付现代紧张生活和升学、考试等需要，能够帮助提高成绩、使精力旺盛、增强竞争力、增高、益智等内容的；（8）其他不科学的用语或者表示，如"最新技术"、"最高科学"、"最先进制法"等。

3. 国家工商行政管理总局、原卫生部、国家食品药品监督管理局2009年施行的《医疗器械广告审查发布标准》第十条规定，医疗器械广告中有关适用范围和功效等内容的宣传应当科学准确，不得出现下列情形：（1）含有表示功效的断言或者保证的；（2）说明有效率和治愈率的；（3）与其他医疗器械产品、药品或其他治疗方法的功效和安全性对比；（4）在向个人推荐使用的医疗器械广告中，利用消费者缺乏医疗器械专业、技术知识和经验的弱点，使用超出产品注册证明文件以外的专业化术语或不科学的用语描述该产品的特征或作用机理；（5）含有无法证实其科学性的所谓"研究发现"、"实验或数据证明"等方面的内容；（6）违反科学规律，明示或暗示包治百病、适应所有症状的；（7）含有"安全"、"无毒副作用"、"无效退款"、"无依赖"、"保险公司承保"等承诺性用语，含有"唯一"、"精确"、"最新技术"、"最先进科学"、"国家级产品"、"填补国内空白"等绝对化或排他性的用语；（8）声称或暗示该医疗器械为正常生活或治疗病症所必需等内容的；（9）含有明示或暗示该医疗器械能应付现代紧张生活或升学、考试的需要，能帮助改善或提高成绩，能使精力旺盛、增强竞争力、能增高、能益智等内容。第十一条规定，医疗器械广告应当宣传和引导合理使用医疗器械，不得直接或间接怂恿公众购买使用，不得含有以下内容：（1）含有不科学的表述或者通过渲染、夸大某种健康状况或者疾病所导致的危害，引起公众对所处健康状况或所患疾病产生担忧和恐惧，或使公众误解不使用该产品会患某种疾病或加重病情的；（2）含有"家庭必备"或者类似内容的；（3）含有评比、排序、推荐、指定、选用、获奖等综合性评价内容的；（4）含有表述该产品处于"热销"、"抢购"、"试用"等的内容。

4.《广告法》第十六条规定，医疗、药品、医疗器械广告不得含有下列内容：（1）表示功效、安全性的断言或者保证；（2）说明治愈率或者有效率；（3）与其他药品、医疗器械的功效和安全性或者其他医疗机构比较；（4）利用广告代言人做推荐、证明；（5）法律、行政法规规定禁止的其他内容。药品广告的内容不得与国务院药品监督管理部门批准的说明书不一致，并应当显著标明禁忌、不良反应。处方药广告应当显著标明"本广告仅供医学药学专业人士阅读"，非处方药广告应当显著标明"请按药品说明书或者在药师指导下购买和使用"。推荐给个人自用的医疗器械的广告，应当显著标明"请仔细阅读产品说明书或者在医务人员的指导下购买和使用"。医疗器械产品注册证明文件中有禁忌内容、注意事项的，广告中应当显著标明"禁忌内容或者注意事项详见说明书"。

（三）禁止在非医疗、药品、医疗器械广告中涉及疾病治疗功能和使用医疗用语的规定

随着生活水平的提高，国民对身体健康越来越重视，在广告中有关健康保健、疾病治疗功能或者其他医疗用语对消费者的影响力比较大。一些虚假广告正是利用消费者的这种心理，在非药品、非医疗器械和非医疗广告中，故意使用与疾病或健康有关的用语来误导和欺骗消费者。为此，《广告法》第十七条明确规定："除医疗、药品、医疗器械广告外，禁止其他任何广告涉及疾病治疗功能，并不得使用医疗用语或者易使推销的商品与药品、医疗器械相混淆的用语。"

二、保健食品广告内容准则

保健食品是指具有特定保健功能，适宜于特定人群，具有调节机体功能，不以治疗疾病为目的的食品。保健食品与人的身体健康密切相关，世界各国都将其列入特殊商品和服务，并制定严格的广告发布标准，以确保广告信息的真实、可靠，不对消费者进行误导。

（一）《广告法》对保健食品广告准则的规定

根据《广告法》第十八条的规定，保健食品广告应当显著标明"本品不能代替药物"，并且不得含有下列内容：

1. 表示功效、安全性的断言或者保证；
2. 涉及疾病预防、治疗功能；
3. 声称或者暗示广告商品为保障健康所必需；
4. 与药品、其他保健食品进行比较；
5. 利用广告代言人做推荐、证明；
6. 法律、行政法规规定禁止的其他内容。

（二）《保健食品广告审查暂行规定》的要求

保健食品广告应当引导消费者合理使用保健食品，保健食品广告不得出现下列情形和内容：

1. 含有表示产品功效的断言或者保证；
2. 含有使用该产品能够获得健康的表述；
3. 通过渲染、夸大某种健康状况或者疾病，或者通过描述某种疾病容易导致的身体危害，使公众对自身健康产生担忧、恐惧，误解不使用广告宣传的保健食品会患某种疾病或者导致身体健康状况恶化；
4. 用公众难以理解的专业化术语、神秘化语言、表示科技含量的语言等描述该产品的作用特征和机理；
5. 利用和出现国家机关及其事业单位、医疗机构、学术机构、行业组织的名义与形象，或者以专家、医务人员和消费者的名义与形象为产品功效做证明；

6. 含有无法证实的所谓"科学或研究发现"、"实验或数据证明"等方面的内容；

7. 夸大保健食品功效或扩大适宜人群范围，明示或者暗示适合所有症状及所有人群；

8. 含有与药品相混淆的用语，直接或者间接地宣传治疗作用，或者借助宣传某些成分的作用明示或者暗示该保健食品具有疾病治疗的作用；

9. 与其他保健食品或者药品、医疗器械等产品进行对比，贬低其他产品；

10. 利用封建迷信进行保健食品宣传的；

11. 宣称产品为祖传秘方；

12. 含有无效退款、保险公司保险等内容的；

13. 含有"安全"、"无毒副作用"、"无依赖"等承诺的；

14. 含有最新技术、最高科学、最先进制法等绝对化的用语和表述的；

15. 声称或者暗示保健食品为正常生活或者治疗病症所必需；

16. 含有有效率、治愈率、评比、获奖等综合评价内容的；

17. 直接或者间接怂恿任意、过量使用保健食品的。

三、农药、兽药、饲料和饲料添加剂广告内容准则

农药、兽药、饲料和饲料添加剂这些特殊商品的质量不仅与农产品、畜产品的质量有关，而且关系到我们的生存环境、身体健康和公共安全。保证这些特殊商品广告内容的真实、合法、科学具有非常重要的现实意义。

(一)《广告法》规定的广告准则

根据《广告法》第二十一条的规定，农药、兽药、饲料和饲料添

第一部分 互联网广告法律基本知识

加剂广告不得含有下列内容：

1. 表示功效、安全性的断言或者保证；

2. 利用科研单位、学术机构、技术推广机构、行业协会或者专业人士、用户的名义或者形象做推荐、证明；

3. 说明有效率；

4. 违反安全使用规程的文字、语言或者画面；

5. 法律、行政法规规定禁止的其他内容。

（二）《农药广告审查发布标准》规定的广告准则

根据国家工商行政管理总局 2015 年 12 月 24 日发布的《农药广告审查发布标准》的规定，未经国家批准登记的农药不得发布广告。农药广告不得含有下列内容：

1. 表示功效、安全性的断言或者保证；

2. 利用科研单位、学术机构、技术推广机构、行业协会或者专业人士、用户的名义或者形象做推荐、证明；

3. 说明有效率；

4. 违反安全使用规程的文字、语言或者画面；

5. 法律、行政法规规定禁止的其他内容。

此外，《农药广告审查发布标准》还规定，农药广告不得贬低同类产品，不得与其他农药进行功效和安全性对比；不得含有评比、排序、推荐、指定、选用、获奖等综合性评价内容；不得使用直接或者暗示的方法，以及模棱两可、言过其实的用语，使人在产品的安全性、适用性或者政府批准等方面产生误解；不得滥用未经国家认可的研究成果或者不科学的词句、术语；不得含有"无效退款"、"保险公司保险"等承诺。

（三）《兽药广告审查发布标准》规定的广告准则

根据国家工商行政管理总局 2015 年 12 月 24 日发布的《兽药广告审查发布标准》第三条的规定，下列兽药不得发布广告：

1. 兽用麻醉药品、精神药品以及兽医医疗单位配制的兽药制剂；

2. 所含成分的种类、含量、名称与兽药国家标准不符的兽药；

3. 临床应用发现超出规定毒副作用的兽药；

4. 国务院农牧行政管理部门明令禁止使用的，未取得兽药产品批准文号或者未取得《进口兽药注册证书》的兽药。

根据《兽药广告审查发布标准》第四条的规定，兽药广告不得含有下列内容：

1. 表示功效、安全性的断言或者保证；

2. 利用科研单位、学术机构、技术推广机构、行业协会或者专业人士、用户的名义或者形象做推荐、证明；

3. 说明有效率；

4. 违反安全使用规程的文字、语言或者画面；

5. 法律、行政法规规定禁止的其他内容。

此外，《兽药广告审查发布标准》还规定：兽药广告不得贬低同类产品，不得与其他兽药进行功效和安全性对比；兽药广告中不得含有"最高技术"、"最高科学"、"最进步制法"、"包治百病"等绝对化的表示；兽药广告中不得含有评比、排序、推荐、指定、选用、获奖等综合性评价内容；兽药广告不得含有直接显示疾病症状和病理的画面，也不得含有"无效退款"、"保险公司保险"等承诺；兽药广告中兽药的使用范围不得超出国家兽药标准的规定。

四、禁止发布烟草广告的规定

根据《广告法》第二十二条的规定，禁止在大众传播媒介或者公共场所、公共交通工具、户外发布烟草广告。禁止向未成年人发送任何形式的烟草广告。禁止利用其他商品或者服务的广告、公益广告，宣传烟草制品名称、商标、包装、装潢以及类似内容。烟草制品生产者或者销售者发布的迁址、更名、招聘等启事中，不得含有烟草制品名称、商标、包装、装潢以及类似内容。《互联网广告管理暂行办法》

第五条也明确规定："禁止利用互联网发布处方药广告和烟草广告。"

五、酒类广告内容准则

酒是一种特殊的食品，在一定的条件下会损害人的身体健康。酒类广告是指含有酒类商品名称、商标、包装、制酒企业名称等内容的广告。

根据《广告法》第二十三条的规定，酒类广告不得含有下列内容：

1. 诱导、怂恿饮酒或者宣传无节制饮酒；
2. 出现饮酒的动作；
3. 表现驾驶车、船、飞机等活动；
4. 明示或者暗示饮酒有消除紧张和焦虑、增加体力等功效。

六、教育、培训广告内容准则

随着我国教育培训市场的发展，催生了不少教育培训机构，这些机构在传播教育文化知识、提供教育信息的同时，也利用广告的形式招揽生源和进行市场竞争，有些广告用语夸大其词，使用诸如"全市最佳"、"100%保证效果"、"排名第一"等绝对化用语；有些广告含有提高学习成绩、通过考试、就业前景和薪资待遇等保证性承诺；有些教育培训机构假冒"名师"或"名校"进行虚假招生宣传；有些则虚构办学资质或教育背景欺骗和误导公众。为了规范教育培训广告市场，保护消费者的合法权益，2015年修订后的《广告法》增加了有关教育、培训广告内容准则的规定。

根据《广告法》第二十四条的规定，教育、培训广告不得含有下列内容：

1. 对升学、通过考试、获得学位学历或者合格证书，或者对教育、培训的效果做出明示或者暗示的保证性承诺；

2. 明示或者暗示有相关考试机构或者其工作人员、考试命题人员参与教育、培训；

3. 利用科研单位、学术机构、教育机构、行业协会、专业人士、受益者的名义或者形象做推荐、证明。

七、招商等有投资回报预期的商品或服务广告的内容准则

近年来，投资理财活动的活跃带动了招商、投资咨询、金融服务或者有投资回报预期的商品或者服务广告的发展。与此同时，招商等有投资回报预期的商品或者服务领域虚假广告也越来越多，尤其是P2P等互联网金融类广告，诈骗案件高发频发，作案方式手段花样不断翻新。由于投资者缺乏专业的理财知识和安全防范意识，广告受众屡屡上当受骗。

为打击利用虚假广告诈骗或非法集资等违法犯罪活动，规范广告市场，教育消费者理性投资，保护投资者的合法权益，2015年修订后的《广告法》新增了对招商等有投资回报预期的商品或者服务广告的内容准则的规定。根据《广告法》第二十五条的规定，招商等有投资回报预期的商品或者服务广告，应当对可能存在的风险以及风险责任承担有合理提示或者警示，并不得含有下列内容：

1. 对未来效果、收益或者与其相关的情况作出保证性承诺，明示或者暗示保本、无风险或者保收益等，国家另有规定的除外；

2. 利用学术机构、行业协会、专业人士、受益者的名义或者形象作推荐、证明。

为了治理互联网金融行业违法违规的广告乱象，2016年4月13日，工商总局等17个部委出台《关于开展互联网金融广告及以投资理财名义从事金融活动风险专项整治工作实施方案》，要求重点查处金融理财类违法广告，包括：违反广告法相关规定，对金融产品或服务未合理提示或警示可能存在的风险以及风险责任承担的广告；对未来

效果、收益或者与其相关的情况做出保证性承诺,明示或者暗示保本、无风险或者保收益的广告;夸大或者片面宣传金融服务或者金融产品,在未提供客观证据的情况下,对过往业绩做虚假或夸大的表述的广告等。

八、房地产广告内容准则

房地产广告,是指房地产开发企业、房地产权利人、房地产中介服务机构发布的房地产项目预售、预租、出售、出租、项目转让,以及其他房地产项目介绍的广告。居民私人及非经营性售房、租房、换房广告,不属于广告法律调整的房地产广告。

(一)《广告法》规定的广告内容准则

根据《广告法》第二十六条的规定,房地产广告,房源信息应当真实,面积应当表明为建筑面积或者套内建筑面积,并不得含有下列内容:

1. 升值或者投资回报的承诺;
2. 以项目到达某一具体参照物的所需时间表示项目位置;
3. 违反国家有关价格管理的规定;
4. 对规划或者建设中的交通、商业、文化教育设施以及其他市政条件做误导宣传。

(二)《房地产广告发布规定》规定的广告准则

根据国家工商行政管理总局2015年12月24日发布的《房地产广告发布规定》第四条的规定,房地产广告,房源信息应当真实,面积应当表明为建筑面积或者套内建筑面积,并不得含有下列内容:

1. 升值或者投资回报的承诺;
2. 以项目到达某一具体参照物的所需时间表示项目位置;
3. 违反国家有关价格管理的规定;
4. 对规划或者建设中的交通、商业、文化教育设施以及其他市政条件做误导宣传。

根据《房地产广告发布规定》第五条的规定，凡下列情况的房地产，不得发布广告：

1. 在未经依法取得国有土地使用权的土地上开发建设的；

2. 在未经国家征用的集体所有的土地上建设的；

3. 司法机关和行政机关依法裁定、决定查封或者以其他形式限制房地产权利的；

4. 预售房地产，但未取得该项目预售许可证的；

5. 权属有争议的；

6. 违反国家有关规定建设的；

7. 不符合工程质量标准，经验收不合格的；

8. 法律、行政法规规定禁止的其他情形。

《房地产广告发布规定》规定，发布房地产广告，应当具有或者提供的真实、合法、有效的证明文件包括：（1）房地产开发企业、房地产权利人、房地产中介服务机构的营业执照或者其他主体资格证明；（2）建设主管部门颁发的房地产开发企业资质证书；（3）土地主管部门颁发的项目土地使用权证明；（4）工程竣工验收合格证明；（5）发布房地产项目预售、出售广告，应当具有地方政府建设主管部门颁发的预售、销售许可证证明；出租、项目转让广告，应当具有相应的产权证明；（6）中介机构发布所代理的房地产项目广告，应当提供业主委托证明；（7）确认广告内容真实性的其他证明文件。房地产预售、销售广告，必须载明的事项包括：（1）开发企业名称；（2）中介服务机构代理销售的，载明该机构名称；（3）预售或者销售许可证书号。

《房地产广告发布规定》还规定：（1）房地产广告不得含有风水、占卜等封建迷信内容，对项目情况进行的说明、渲染，不得有悖社会良好风尚。（2）房地产广告中涉及所有权或者使用权的，所有或者使用的基本单位应当是有实际意义的完整的生产、生活空间。（3）房地产广告中对价格有表示的,应当清楚表示为实际的销售价格,明示价格的有效期限。(4)房地产广告中的项目位置示意图,应当准确、清楚,比例恰当。(5)房地产广告中涉及的交通、商业、文化教育设施及其他市政条件等,如在规划或者建设中,应当在广告中注明。(6)房地产广告涉及内部结构、装修装饰的,应当真实、准确。(7)房地产广告中不得利用其他项目的形象、环境作为本项目的效果。(8)房地产广告中使用建筑设计效果图或者模型照片的,应当在广告中注明。(9)房地产广告中不得出现融资或者变相融资的内容。(10)房地产广告中涉及贷款服务的,应当载明提供贷款的银行名称及贷款额度、年期。(11)房地产广告中不得含有广告主能够为入住者办理户口、就业、升学等事项的承诺。(12)房地产广告中涉及物业管理内容的,应当符合国家有关规定;涉及尚未实现的物业管理内容,应当在广告中注明。(13)房地产广告中涉及房地产价格评估的,应当表明评估单位、估价师和评估时间;使用其他数据、统计资料、文摘、引用语的,应当真实、准确,表明出处。

九、农作物种子、林木种子、草种子、种畜禽、水产苗种和种养殖广告内容准则

2015年修订的《广告法》中新增加了有关农作物种子、林木种子、草种子、种畜禽、水产苗种和种养殖广告内容准则的规定。根据《广告法》第二十七条的规定,农作物种子、林木种子、草种子、种畜禽、水产苗种和种养殖广告关于品种名称、生产性能、生长量或者产量、品质、抗性、特殊使用价值、经济价值、适宜种植或者养殖的范围和条件等方面的表述应当真实、清楚、明白,并不得含有下列内容:

1. 做科学上无法验证的断言;
2. 表示功效的断言或者保证;

3. 对经济效益进行分析、预测或者做保证性承诺；

4. 利用科研单位、学术机构、技术推广机构、行业协会或者专业人士、用户的名义或者形象做推荐、证明。

第四章

互联网广告行为规范

广告行为规范，是指参与广告活动的主体应当遵守的行为准则，以及法律为维护广告市场秩序而做出的命令性和禁止性规定，这些规定的对象不限于广告活动的当事人。互联网广告活动除了要遵守广告活动的一般行为规范外，还应遵守互联网广告活动特有的一些行为规范。

第一节 互联网广告的行为准则

一、互联网广告合同规范

《互联网广告管理暂行办法》第九条规定："互联网广告主、广告经营者、广告发布者之间在互联网广告活动中应当依法订立书面合同。"《广告法》第三十条也要求："广告主、广告经营者、广告发布者之间在广告活动中应当依法订立书面合同。"

合同是平等主体的公民、法人、其他组织之间设立、变更、终止债权债务关系的协议。广告合同是指广告主、广告经营者、广告发布者之间在广告活动中，为了实现一定的经济目的，明确相互之间的权利和义务而签订的协议。

订立广告合同必须依照法律、行政法规和地方性法规的规定进行。广告合同的主体应当是法律认可的广告主、广告经营者、广告发布者，广告合同当事人应本着诚实信用的原则，平等互利、协商一致订立广告合同，不得利用合同形式损害消费者的合法权益。广告合同的订立包括要约和承诺两个阶段。广告合同有很多种类，不同的合同中，当事人的权利和义务也是不同的，因此合同的内容也有所差异。根据合同的内容，可以将广告合同区分为广告设计合同、广告制作合同、广告发布合同、广告委托合同和广告代理合同。

《广告法》和《互联网广告管理暂行办法》都明确要求广告合同必须是书面形式，尤其是互联网广告，广告环节和参与主体众多，法律关系复杂，更需要用书面合同的形式明确各方参与主体的权利与义务。同时，合同采用书面形式，也有利于消费者在发生消费纠纷或者侵权行为时分清各方责任。书面合同形式主要有合同书、信件和数据电文（包括电报、电传、传真、电子数据交换和电子邮件）等形式。依法缔结的合同受法律保护，广告合同签订后，当事人应当依照合同的约定，全面、适当履行合同约定的义务。

二、互联网虚假广告规制

真实性原则是广告法最为核心的原则。广告的真实性，是指广告活动必须真实地、客观地宣传有关商品或者服务的情况，而不能做虚假的传播。不得设计、制作和发布虚假广告是法律对广告活动当事人做最基本要求，也是广告活动中应当遵守的最基本的行为规范。

虚假广告不仅侵害了消费者的合法权益，对其他合法经营者的权益造成了损害，还扰乱了正常的市场经济秩序。各国法律都非常重视对虚假广告的打击和治理。根据《广告法》的规定，广告以虚假或者引人误解的内容欺骗、误导消费者的，构成虚假广告。广告有下列情形之一的，为虚假广告：（一）商品或者服务不存在的；（二）商品的性能、功能、产地、用途、质量、规格、成分、价格、生产者、有效期限、销售状况、曾获荣誉等信息，或者服务的内容、提供者、形式、质量、价格、销售状况、曾获荣誉等信息，以及与商品或者服务有关的允诺等信息与实际情况不符，对购买行为有实质性影响的；（三）使用虚构、伪造或者无法验证的科研成果、统计资料、调查结果、文摘、引用语等信息作证明材料的；（四）虚构使用商品或者接受服务的效果的；（五）以虚假或者引人误解的内容欺骗、误导消费者的其他情形。

三、涉及专利内容的互联网广告规范

（一）广告中涉及专利产品或者专利方法的，应当标明专利号和专利种类

专利权是国家依法在一定时期内授予发明创造者或者其权利继受者独占使用其发明创造的权利。专利权是一种专有权，这种权利具有独占的排他性。专利产品是指获得专利保护的产品。专利方法是指取得专利权的生产工艺、技巧等。为了避免引起社会公众的误解和保证涉及专利产品或专利方法的广告的真实性，涉及专利产品或专利方法的广告应当标明专利号和专利种类。专利号是指国家在授予专利权时在专利证书上载明的用于区别其他专利的号码。专利种类是指发明创造的分类，按照《专利法》的规定，专利分为发明专利、实用新型专利和外观设计专利三种。

（二）未取得专利权的，不得在广告中谎称取得专利权

专利权是一项国家法律赋予的权利，它不是在发明创造人完成发明创造时自动取得的，而是需要向专利管理机关提出专利申请，经专利管理机关审查核准后，方可取得。因此，未取得专利权的，不得在广告中谎称取得专利权。

(三) 禁止使用未授予专利权的专利申请和已经终止、撤销、无效的专利广告

专利申请是指专利申请人以书面形式请求国家专利管理机关授予发明创造专利权的法律行为。专利申请受国家法律临时保护。为了促进发明创造的早日实施和交流，各国法律都有此类规定，即在专利申请提出后至授予专利前，对发明创造给予一定的保护，以维护申请人的权利。我国《专利法》规定，发明专利申请公布后，申请人可以要求实施其专利的单位或者个人支付适当的费用。但是专利申请并不能表明该项发明创造一定能取得专利权。因此，为了避免消费者引起误解，法律禁止使用未授予专利权的专利申请做广告。

专利权具有时效性，专利权人只在专利有效期内享有专有权，有效期满，专利权自行失效。发明专利权的期限为二十年，实用新型专利权和外观设计专利权的期限为十年，均自申请日起计算。专利有效期满前，由于出现了法律规定的情形，也可以导致专利权的终止。主要有两种情形：一种是专利权人没有按期缴纳年费导致专利权终止；另一种是专利权人以书面形式声明放弃专利权。专利的无效是指自国务院专利行政部门公告授予专利权之日起，任何单位或者个人认为该专利权的授予不符合《专利法》有关规定的，可以请求专利复审委员会宣告该专利权无效，宣告无效的专利权视为自始即不存在。由于已经终止、撤销或无效的专利都不再得到保护，原来的专利权人就不得在其生产经营活动中宣称仍对其享有专有权。因此，法律禁止使用已经终止、撤销、无效的专利做广告。

四、互联网广告引证材料规范

广告的内容可能涉及多种学科的知识和资料，现实生活中各种数据、统计资料、调查结果、文摘、引用语在广告中被广泛使用。广告中使用各种数据、统计资料、调查结果、文摘、引用语，可以在一定

程度上增强广告的证明力和说服力,扩大商品或者服务的影响。但是如果引证内容不真实或者在使用时不表明出处,很容易给消费者造成误解。为了规范广告引用有关材料的问题,《广告法》对广告引用有关材料提出了要求:

(一)广告使用数据、统计资料、调查结果、文摘、引用语等引证内容的,应当真实、准确

真实、准确是指广告中使用的数据、统计资料、调查结果的取得方式是科学的,如广告中使用的数据是试验或测量得来的,试验或测量的方法应当是科学的;真实、准确是指广告中使用的数据、统计资料和调查结果是有据可查的。当然,即使数据、统计资料、调查结果、文摘、引用语本身是真实的、准确的,在广告中的使用也应当有一个合理的程度,以能够真实、客观地介绍商品或者服务的情况为限,而不能过多、过滥地使用,在部分使用的情况下,不得与有关材料的原义相背,不得省略对使用者不利并且可能对社会公众产生误解的内容。

(二)广告使用数据、统计资料、调查结果、文摘、引用语等引证内容的,应当表明出处

要求表明出处是为了防止广告主毫无根据地使用数据、统计资料、调查结果、文摘、引用语,可以增强社会公众对广告的信服力,同时在产生争议或者诉讼时,也便于当事人收集和提供证据。这一要求包含两层含义:一是在广告中使用数据、统计资料、调查结果、文摘、引用语必须要有出处,没有出处的不得在广告中使用;二是广告使用数据、统计资料、调查结果、文摘、引用语一定要表明出处,表明的出处应当真实、准确、明白,有据可查。

(三)引证内容有适用范围和有效期限的,应当明确表示

广告所引用的数据、统计资料、调查结果、文摘、引用语等引证内容都是基于一定的时空条件得出了结果,只能说明特定时空条件下的问题,有其使用范围和有效期限,如果用来说明超出使用范围或有

效期限的问题，违背广告的真实性原则，容易对消费者造成误导。

五、附带赠品的互联网广告规范

经营者为了推销自己的商品或者服务，鼓励消费者购买或者接受自己的商品或者服务，可以采用购买商品或者接受服务附带赠送礼品的促销手段。但是如果在进行广告宣传时，没有明确说明附带赠送什么样的礼品或者赠送礼品的数量，就会使消费者产生误解，也容易引发法律纠纷。比如，有些广告有附带赠送的内容，当消费者购买了广告的商品或接受了服务后，才发现广告中赠送的内容是附条件的，而这些条件往往并不是消费者愿意接受的。再比如，广告中宣称"买一送一"，却不明确标明赠送的品种、价值或有效期限，消费者一般都会将"买一送一"理解为赠送与所购买产品同等的产品，即以一件产品的价格购买两件同等产品。但是广告中宣称的"送一"，往往并非指同等产品，而是价格低廉、存在瑕疵或有效期将至的另类产品，有的甚至将"赠送"的商品价格暗中包括在"购买"的商品价格之内。

为了规范广告中表明附带赠送礼品的活动，《广告法》明确规定：广告中表明推销的商品或者服务附带赠送的，应当明示赠送的品种、规格、数量、有效期限和方式。这一规定包含了两层含义：首先，对广告活动主体而言，即使是赠送的礼品，该礼品也应当保证质量，不得以劣质产品作为赠品；其次，应当明确表明赠品的品种、规格、数量、有效期限和方式，不得误导消费者。

六、显著、清晰地表示必须明示的内容

对于广告中的一些重要的信息，法律、行政法规有时候会特别要求予以明示。比如，在大众媒介发布的广告中，让消费者清楚区分广告信息和非广告信息非常重要，因此《广告法》就明确规定，通过大众传播

第一部分 互联网广告法律基本知识

媒介发布的广告应当显著标明"广告",与其他非广告信息相区别,不得使消费者产生误解。《互联网广告管理暂行办法》中也明确规定"互联网广告应当具有可识别性,显著标明'广告',使消费者能够辨明其为广告。付费搜索广告应当与自然搜索结果明显区分。"再比如,清晰了解药品的禁忌和不良反应,对用药者非常重要,直接关系着消费者的生命和健康。因此,《广告法》就明确在药品广告中应当显著标明禁忌、不良反应。此外,处方药广告应当显著标明"本广告仅供医学药学专业人士阅读",非处方药广告应当显著标明"请按药品说明书或者在药师指导下购买和使用"。推荐给个人自用的医疗器械的广告,应当显著标明"请仔细阅读产品说明书或者在医务人员的指导下购买和使用"。医疗器械产品注册证明文件中有禁忌内容、注意事项的,广告中应当显著标明"禁忌内容或者注意事项详见说明书"。再比如,保健食品广告应当显著标明"本品不能代替药物"等。另外,随着新产品和服务的出现以及随着广告业的发展,法律、行政法规对广告应当明示的内容还可能出现新的要求,广告活动也必须遵守这些规定。

七、不得妨碍用户正常使用网络

(一) 利用互联网发布、发送广告,不得影响用户正常使用网络

"发布"广告与"发送"广告有一定的区别。"发布"广告的对象是不特定的社会大众,即"广而告之",如电视广告、广播电台广告、报刊杂志广告等;而"发送"广告一般是针对特定的人或受众,即"精准营销",如移动短信广告、电子邮箱广告等。传统的广告一般采用发布的方式,电子信息广告则通常采用发送的方式。互联网既是发布广告的一个大众媒介,又是发送广告的网络平台。利用互联网提供信息服务和发布广告已成为互联网企业的主要收入来源,正因为如此,用户才能免费或廉价使用网络。用户在使用网络时应当容忍互联网广告的存在,但是这种容忍是有限度的,其界限就是广告不能影响

用户正常使用网络。但是出于广告收入的考虑，互联网广告中出现了强迫用户浏览，剥夺用户选择权的广告。为此，《广告法》和《互联网广告管理暂行办法》都明确规定，利用互联网发布、发送广告，不得影响用户正常使用网络，以保障用户正常使用网络的权利。

（二）在互联网页面以弹出等形式发布的广告，应当显著标明关闭标志，确保一键关闭

随着互联网的发展和网络广告竞争的加剧，各种互联网页面广告层出不穷，甚至出现了无法关闭的恶意弹窗广告等形式，严重影响了用户对网络的正常使用，侵犯用户合法权益。为此，《广告法》和《互联网广告管理暂行办法》都明确规定，在互联网页面以弹出等形式发布的广告，应当显著标明关闭标志，确保一键关闭。首先是应设置关闭广告的功能；其次是应显著标明关闭标志；最后是关闭功能的标志能够一键执行。

八、电子信息广告发送规范

（一）未经当事人同意或者请求，不得以电子信息方式向其发送广告

电子信息的出现改变了广告的发布方式，以电子信息技术、电子媒体通过移动电话、电子邮箱等来传达广告信息成为了一种新的广告形式。但是过度泛滥的电子广告信息也扰乱了人们的正常生活。未得到用户允许的手机短信、恶意邮件等"垃圾广告"曾使得电子终端用户苦不堪言。为此，《广告法》明确规定："任何单位或者个人未经当事人同意或者请求，不得向其住宅、交通工具等发送广告，也不得以电子信息方式向其发送广告。"

（二）以电子信息方式发送广告的，应当明示发送者的真实身份和联系方式，并向接收者提供拒绝继续接收的方式

以电子信息方式发送广告本身并不违法，但应当尊重接受信息人

的生活安宁权和自由选择权。发送电子信息广告时，应当明示发送者的真实身份和联系方式，并向接收者提供拒绝继续接收的方式。这样可以方便接受者自由做出选择，并能够切实收到拒绝广告和免受打扰的效果。

（三）未经允许，不得在用户发送的电子邮件中附加广告或者广告链接

电子邮件广告是一种常见的互联网广告类型，提供电子邮箱服务（尤其是免费提供电子邮箱服务）的互联网企业可以利用邮箱登录页、邮箱底部等广告位发布广告，但是未经用户允许，擅自在用户发送的电子邮件中附加广告或者广告链接，就是对用户合法权益的侵犯，是法律所禁止的。

九、健全互联网广告业务管理制度

广告经营者和广告发布者从事广告活动，需要建立、健全一套日常的管理制度，这些制度包括广告业务的承接登记、审核、档案管理制度。建立、健全广告业务的承接登记、审核、档案管理制度具有重要的现实意义，既有利于促进对广告活动的规范管理，提高业务水平，减少违法广告；又有助于行政机关的执法和消费者的维权。这里的"建立、健全"包括两个方面：一是必须要有这些制度，二是这些制度的内容要全面完整，且行之有效。

根据《广告法》和《互联网广告管理暂行办法》对健全广告业务管理制度提出了具体的要求。《广告法》第三十四条规定："广告经营者、广告发布者应当按照国家有关规定，建立、健全广告业务的承接登记、审核、档案管理制度。"《互联网广告管理暂行办法》第十二条规定："互联网广告发布者、广告经营者应当按照国家有关规定建立、健全互联网广告业务的承接登记、审核、档案管理制度；审核查验并登记广告主的名称、地址和有效联系方式等主体身份信息，建立登记

档案并定期核实更新。"第十五条规定："广告需求方平台经营者、媒介方平台经营者、广告信息交换平台经营者以及媒介方平台的成员，在订立互联网广告合同时，应当查验合同相对方的主体身份证明文件、真实名称、地址和有效联系方式等信息，建立登记档案并定期核实更新。"

十、互联网广告其他行为规范

除了遵守上述各项行为规范外，《广告法》和《互联网广告管理暂行办法》还规定了另外一些行为规范。简要列举如下：

广告内容涉及的事项需要取得行政许可的，应当与许可的内容相符合。

互联网信息服务提供者不得以介绍健康、养生知识等形式变相发布医疗、药品、医疗器械、保健食品广告。

禁止利用互联网发布声称全部或者部分替代母乳的婴儿乳制品、饮料和其他食品广告。

广告主、广告经营者、广告发布者不得在互联网广告活动中进行任何形式的不正当竞争。

互联网广告经营者、广告发布者应当公布其收费标准和收费办法。

互联网广告发布者向广告主、广告经营者提供的覆盖率、收视率、点击率等资料应当真实。

在针对未成年人的互联网传播媒介上不得发布医疗、药品、保健食品、医疗器械、化妆品、酒类、美容广告，以及不利于未成年人身心健康的网络游戏广告。

未参与互联网广告经营活动，仅为互联网广告提供信息服务的互联网信息服务提供者，对其明知或者应知利用其信息服务发布违法广告的，应当予以制止。

任何单位或者个人不得伪造、变造或者转让广告审查批准文件。

工商行政管理部门依照本法规定行使职权，当事人应当协助、配合，不得拒绝、阻挠。

不得以欺骗方式诱使用户点击广告内容。

第二节　互联网广告自律审查

广告经营者、广告发布者依据法律、行政法规查验有关证明文件，核对广告内容。对内容不符或者证明文件不全的广告，广告经营者不得提供设计、制作、代理服务，广告发布者不得发布。这就是广告自律审查制度。

一、互联网广告自律审查的含义

广告审查是指在广告发布前，对待发布广告内容的真实性和合法性进行的审查。根据审查主体的不同，可以分为广告行政审查和广告自律审查两类。广义上的自律审查包括广告主对自己广告的合法性进行的自查。狭义上的广告自律审查仅指广告经营者、广告发布者依据法律、行政法规查验有关证明文件，核对广告内容的活动。

互联网广告自律审查，是指在互联网广告活动中，互联网广告经营者、互联网广告发布者依据法律、行政法规查验有关证明文件，核对互联网广告内容的广告审核制度。

二、互联网广告自律审查的特征

（一）自律性

广告自律审查是一项法律义务，也是行业自律的要求。《互联网广告管理暂行办法》第四条规定："鼓励和支持广告行业组织依照法律、法规、规章和章程的规定，制定行业规范，加强行业自律，促进行业发展，引导会员依法从事互联网广告活动，推动互联网广告行业诚信建设。"行业自律体现为行业成员通过自我约束、自我限制、自我协调和自我管理，使其行为符合国家法律法规、职业道德和社会公德的要求。广告的自律审查正是行业自律要求和重要内容。

（二）合法性

广告自律审查的合法性特征体现在三个方面：一是广告自律审查本身就是一项法律义务，认真开展广告自律审查是符合法律要求的。二是广告自律审查的依据是国家的法律，即法律、行政法规和规章等法律文件。三是广告自律审查的目的是保障广告的内容和形式合法。

（三）全面性

与广告行政审查的对象仅限于药品、医疗、医疗器械、保健食品、农药、兽药等有限的特殊商品或服务不同，广告自律审查是对设计、制作、代理、发布的全部广告都要进行审查。此外，进行广告自律审查时，既要审查广告内容，又要审查广告形式；既要审查广告的合法性，又要审查广告的真实性。

（四）复杂性

与传统广告的自律审查相比，互联网广告的自律审查更具复杂性。传统广告的数量是相对有限的，比如电视广告，在某一时段其广告数量几乎是恒定的，审核的工作量较少；而互联网广告的数量却非常庞大，比如百度付费搜索广告，每天需要审查的数量至少是几十万条，审核工作量非常庞大。传统广告的内容是相对静止或固定的，比如纸媒广告，其内容是处于静止状态的，审核相对容易；而互联网广告具有动态性和易变性，尤其是程序化购买广告，有时候广告最终的呈现形式审核者是无法预知的，难度较大。此外，互联网广告还涉及更多的参与者和链接环节，这些都增加了互联网广告自律审查的复杂性。

第一部分 互联网广告法律基本知识

三、互联网广告自律审查人员与机构

《广告法》第二十九条对传统广告自律审查人员和机构提出了要求:"广播电台、电视台、报刊出版单位从事广告发布业务的,应当设有专门从事广告业务的机构,配备必要的人员,具有与发布广告相适应的场所、设备,并向县级以上地方工商行政管理部门办理广告发布登记。"

早在互联网广告出现之前,我国广告行业已经建立了广告审查员制度。广告审查员制度,是指广告经营者和广告发布者设置专门人员负责查验广告主体资格以及审查广告内容真实性和合法性的措施,是广告自律审查最为重要的形式。1996年,国家工商管理局发布的《广告审查员管理办法》(工商广字〔1996〕第239号)明确指出:设立广告审查员是建立广告业务管理制度的一项内容。广告经营者、广告发布者应当依照本办法的规定,配备广告审查员,并建立相应的管理制度。广告经营者、广告发布者设计、制作、代理、发布的广告,应当经过本单位广告审查员书面同意。广告审查员应当履行的职责是:(1)依照国家法律、法规、行政规章和国家有关规定,审查本单位设计、制作、代理、发布的广告,签署书面意见;(2)负责管理本单位广告档案;(3)向本单位的负责人提出改进广告审查工作的意见和建议;(4)协助本单位负责人处理本单位遵守广告管理法规的相关事宜。2003年,国家工商行政管理总局发布了《关于广告审查员管理工作若干问题的指导意见(试行)》,又重申了广告审查员的管理工作对维护广告市场秩序具有的重要意义。

互联网广告兴起后,开展互联网广告业务的网站也都自觉建立了广告审查员队伍,专门负责互联网广告的自律审查。《互联网广告暂行办法》第十二条规定:"互联网广告发布者、广告经营者应当查验有关证明文件,核对广告内容,对内容不符或者证明文件不全的广

互联网广告法律制度理解与应用

告,不得设计、制作、代理、发布。"这是对互联网自律审查制度的专门规定。《互联网广告管理暂行办法》同时要求:"互联网广告发布者、广告经营者应当配备熟悉广告法规的广告审查人员;有条件的还应当设立专门机构,负责互联网广告的审查。"明确了互联网广告自律审查的人员和机构设置。

四、互联网广告自律审查的环节

互联网广告自律审查大体上包括承接登记、全面审核和归档三个环节。

(一)承接登记审查

广告经营者和广告发布者开展广告业务时,首先要做好承接业务的登记工作,并通过承接登记环节做基础信息的审查。《互联网广告管理暂行办法》规定:"互联网广告发布者、广告经营者应当按照国家有关规定建立、健全互联网广告业务的承接登记、审核、档案管理制度;审核查验并登记广告主的名称、地址和有效联系方式等主体身份信息,建立登记档案并定期核实更新。"针对程序化购买广告,《互联网广告管理暂行办法》要求:"广告需求方平台经营者、媒介方平台经营者、广告信息交换平台经营者以及媒介方平台的成员,在订立互联网广告合同时,应当查验合同相对方的主体身份证明文件、真实名称、地址和有效联系方式等信息,建立登记档案并定期核实更新。"

(二)全面审核

对承接的广告业务进行全面审核。广告审查员应当查验各类广告证明文件的真实性、合法性、有效性,对证明文件不全的,提出补充收取证明文件的意见;核对广告内容的真实性、合法性;检查广告形式是否符合有关规定;审查广告整体效果,确认其不致引起消费者的误解;检查广告是否符合社会主义精神文明建设的要求;签署对该广告的书面意见。

第一部分 互联网广告法律基本知识

（三）归纳整理并存档

广告的档案管理不仅是广告经营者和广告发布者日常管理制度的重要组成部分，也是工商行政管理机关对广告经营活动进行检查的主要内容。广告经营中需要保管的档案内容是非常广泛的，涉及广告业务的各个环节和流程。包括但不限于广告主出具的各种证明文件、广告活动当事人之间签订的广告合同、广告内容的修改记录、广告主对广告发布样稿的确认记录、广告审核意见、广告客户和消费者对广告发布后的反映等。按照一定的规则将审核广告及其相关材料整理归档以备后查是非常重要的。

五、互联网广告自律审查的内容

（一）广告自律审查的内容

广告自律审查的依据是法律、行政法规和规章等有效的规范性法律文件。广告自律审查的具体内容如下：

1. 查验广告主体的身份、资质和证明文件的合法性和真实性。

2. 查验各类广告证明文件的真实性、合法性、有效性，对证明文件不全的，要提出补充收取证明文件的意见。

3. 根据《广告法》以及相关法律法规的要求，核对广告内容的真实性、合法性、科学性，审查广告内容是否符合实际，是否有违法内容，表达是否容易产生误导。

4. 对广告的形式进行检查，检查是否存在国家禁止发布的形式。

5. 检查广告内容和形式是否健康，是否符合社会主义精神文明建设和弘扬中华民族优秀传统文化的要求。

6. 对广告的整体效果进行检查，确保不具备专业背景的普通消费者能够正确理解广告内容，不至于引起消费者的误解。

（二）"核实"义务与"核对"义务辨析

在《广告法》修订过程中，关于广告经营者、广告发布者应当对广告内容承担"核实"义务还是"核对"义务,有过一些争论。原《广告法》确定的是"核实"义务,即"广告经营者、广告发布者依据法律、行政法规查验有关证明文件,核实广告内容"。"核实"义务实际上要求广告经营者、广告发布者对广告主提供的文件和材料进行实质审查。这在以广播、电视、报刊、杂志为主要广告载体的传统广告中是可行的,但是随着互联网广告等新兴广告媒体的发展,以互联网为载体的互联网广告出现了一些新的特征。与20世纪90年代的广告业态相比,现代广告行业发展在用户日到达率、沟通模式、覆盖范围、信息容量、交互性等方面都具有显著不同。现代传播技术下的广告形式能够展示的内容无限,广告发布者能够提供的广告位也无限。互联网广告还可以最快速度把产品介绍精准地推送到全球各地的客户,比传统广告具有更宽的覆盖面,更庞大的受众群体。在这种情况下,广告经营者、广告发布者对广告内容承担实质审核义务就非常困难了。

修订后的《广告法》将"核实"义务修正为"核对"义务,即"广告经营者、广告发布者依据法律、行政法规查验有关证明文件,核对广告内容"。这样的规定,一方面考虑到广告业自身发展给广告经营者、广告发布者履行实质审查义务带来的困难;另一方面,是因为《广告法》已明确规定"广告主应当对广告内容的真实性负责"。这样就将广告主明确为广告内容真实性的第一责任人。广告主是广告活动的主动发起者,而广告经营者、广告发布者只是接受广告主的委托,设计、制作、发布广告。广告主、广告经营者、广告发布者三者具有不同的职能和分工,广告经营者和广告发布者是为广告主服务的辅助角色,只有广告主对自己的产品和服务最为了解,理应对其广告真实性负责,后两者依法核对相关证明文件。一旦出现违法广告行为,首先应该审查广告主是否违反了真实性义务,而广告经营者、广告发布者仅对证明文件承担审查责任。这样的责任分配更加科学合理。

《互联网广告管理暂行办法》重申了《广告法》关于广告发布者"核对广告内容"的义务,即"互联网广告发布者、广告经营者应当查验有关证明文件，核对广告内容，对内容不符或者证明文件不全的广告，不得设计、制作、代理、发布。"需要注意的是，互联网广告形式与传统广告有很大的不同，在传统的电视、纸媒广告中，广告内容与具体商品和服务的消费场景相去甚远，而互联网广告的广告内容可能与商品或服务的消费场景仅相隔一个网页。所以公众更容易将互联网广告内容与商品或服务消费场景进行混淆。因此，在互联网广告中，明确界定互联网广告发布者应尽的"核对"义务的范围非常重要。互联网广告发布者对自己平台上与广告相关的内容负有核对义务，但是对与广告内容相近似的消费场景不应负有"核对"义务。互联网广告发布者的审核义务应该仅限于在其广告发布平台上展示的内容，不包括点击广告内容链接跳转到的落地页的具体场景。另外，从互联网广告的发展趋势来看，全球互联网行业越来越重视利用系统技术来完成广告的审核，传统的依靠发布者投入人工对广告内容进行逐字核对的模式正在被智能系统审核所取代。智能系统审核主要采取的是利用数据库对敏感词、禁止词过滤的方式。因此，应当支持和鼓励互联网广告业不断开发和完善审核技术，采用技术手段来开展互联网广告自我审查。

第三节　互联网广告活动中的不当行为规制

互联网主要采用"免费服务＋广告增值"的商业模式。这种模式对用户而言真是又爱又恨。爱的是可以低价甚至免费浏览网络丰富的信息，恨的是挥之不去的各式各样的互联网广告。尤其是那些不但拖慢系统加载速度，而且还可能危及用户个人隐私的恶意广告，更背离了用户免受广告骚扰的愿望。广告拦截软件正好满足了用户的这种需求，一经问世便受到了全世界网民的欢迎，导致很多正当经营的广告也被拦截、过滤或覆盖。在互联网世界中，流量就是商机和金钱，于是就出现了利用网络通路、网络设备、应用程序等方式破坏正常广告数据传输，篡改或者遮挡他人正当经营的广告，擅自加载广告等不正当行为。广告屏蔽和流量劫持等不正当行为长远来看，会严重危及互联网广告业乃至互联网行业本身的发展，因此法律应当予以规制。

一、广告拦截等不正当行为的法律规制

美国著名的媒体产业评论家迈克尔·沃尔夫2015年9月13日在《今日美国报》题为《广告拦截神器重创数字媒体》的文章中写道："对于媒体产业以及广告业而言，广告是生存不可或缺的基本前提。但是对于受众而言，却正好相反。如果他们能够回避广告，他们就会回避，只要他们能够找到避开广告的路径，他们决不会选择回来面对广告。"

（一）广告拦截的含义

广告拦截是互联网广告中所特有的不正当行为，指利用技术手段针对他人正常经营的广告活动所进行的限制性措施。在我国，广告拦截主要发生在网络视频广告领域。随着视频网站受追捧热度的不断升温，互联网视频广告成为了视频片头捆绑的必然内容。与此同时，提供屏蔽视频广告功能的软件及浏览器也应运而生。广告拦截的途径主要有应用程序、插件、硬件三种，广告拦截的方式则主要表现为屏蔽、过滤、覆盖、快进等限制性措施。依赖广告收入维持经营的视频网站认为自己的生存受到威胁，相关纠纷频频发生。

（二）广告拦截等不正当行为的危害

早在1999年，为应对在线广告的大量传输成本所带来的浏览器速度过慢，拦截广告工具就应运而生。2015年8月，Page Fair与Adobe联合发布的《2015年全球网络广告屏蔽研究报告》显示，截至2015年第二季度末的12个月时间内，广告屏蔽工具的使用量增长了41%，全球广告屏蔽工具用户数量增长至1.98亿。不正当的广告拦截给互联

第一部分 互联网广告法律基本知识

网广告业带来的危害是明显的。

1. 引发大量的纠纷。国外著名的案例有：美国的 Zango 诉 Kaspersky 案，德国《时代周报》和《商报》等诉广告屏蔽公司 Eyeo 案。国内的著名案例有 2008 年的"迅雷诉超级兔子案"、2011 年的"扣扣保镖案"、2013 年的"优酷诉金山不正当竞争案"、2014 年的"爱奇艺诉极科极客案"等。

2. 扰乱互联网广告市场秩序。针对拦截广告，互联网广告经营者被迫反击并采取了各种救济方式，有的开发反拦截软件，有的在用户和服务器的通信方面进行了反加密措施，有的则要求用户做出排除性的选择。比如，有些视频网站自动检测到用户设备上安装了广告拦截工具后，会强迫用户观看视频广告或者干脆拒绝对该用户播出视频、拒绝提供相关互联网服务。此外，还催生了很多专业化的帮助互联网广告企业从技术上绕开广告拦截问题公司，导致市场竞争秩序变得更加混乱。

3. 滋生了借机收取保护费或敲诈等违法行为。有些广告拦截软件开发公司推出所谓"广告拦截白名单"，只要互联网广告主或广告经营者缴纳"保护费"，即可使其广告免于被拦截，广告主有被敲诈的感觉。

4. 长远看将危及整个互联网广告行业。表面上看广告拦截似乎对网络用户即消费者是有利的，免去了广告的干扰和影响，但是任何商业模式失去发展的基础，最终必然使消费者失去更多的选择。拦截广告软件的普遍使用给互联网广告业带来了巨大的损失。据估计，2015 年已造成全球数字媒体广告收入损失约 218 亿美元，2016 年这一损失预计将高达 414 亿美元。拦截广告将影响到网站经营者的广告收益，进而迫使其停止"免费服务＋广告增值"的营利模式。消费者面临的只能是两种后果，要么付费使用网络，要么不再依赖网络获取海量信息，最终将危及消费者的利益和整个互联网广告业的健康发展。

（三）广告拦截等不正当行为的法律性质

由于各国互联网发展水平不同，尤其是法律价值取向的差异，导致各国司法对待广告拦截的态度也不一致。德国法律非常注重个人隐私和数据保护，在德国《时代周报》等多家媒体企业诉德国广告屏蔽公司 Eyeo 不正当竞争、垄断和侵犯著作权等案件中，德国法院从广大用户的体验出发，认为用户的选择自由不应受阻碍，广告屏蔽并不足以破坏正常的市场竞争秩序，尚未达到需要法律予以规制的严重程度。美国社会的个人主义价值观根深蒂固，而广告屏蔽软件的兴起正是对个人隐私担忧和数字广告盛行的回应。美国法院从公共利益保护和用户选择自由的角度出发，也明确支持了屏蔽软件开发商的行为。

近些年，广告拦截在我国也引发了不少典型案例，我国司法机关在处理这些案件时，从竞争关系、商业模式、技术中立、消费者利益等角度综合衡量，基本都判定软件开发商构成了不正当竞争行为。其理由主要可以归纳为以下几个方面：

1. 互联网领域的不正当竞争不限于同业竞争。司法机关认为，互联网竞争不同于传统行业的竞争，其以"注意力竞争"为核心，跨界竞争和创新竞争是互联网竞争的常态。当前互联网经济由于行业分工细化、业务交叉重合的情况日益普遍，对竞争关系的理解不应限定为某特定细分领域的同业竞争关系，而应着重从是否存在竞争利益的角度进行考察。竞争利益主要体现在对客户群体、交易机会等市场资源的争夺中所存在的利益。

2. "免费服务＋广告增值"的互联网商业模式是正当的，其经营者的正当商业利益应当得到法律保护。司法机关认为，广告与视频节目的结合提供使网站经营者、网络用户与广告主之间各取所需，形成有序的利益分配与循环。这种商业模式也被市场普遍接受而成为当前视频网站乃至整个互联网内容服务行业较多采用的经营模式。此种广告形式与恶意广告具有本质上的不同，视频网站对提供广告加免费视频的商业模式具有可受法律保护之利益。屏蔽广告破坏了视频网站的商业模式进而损害了视频网站正当的商业利益，使消费者利益和市场秩序都受到了威胁。因此，屏蔽广告属于不正当竞争的行为。

3. 技术作为工具手段，具有价值中立性，但对技术的使用直接反映了使用人的意志，往往不具有中立性。"技术外衣"不能成为侵夺他人商业利益的武器。在拦截广告行为中，行为人推出拦截广告功能的唯一用途就是通过破坏他人已经建立的商业模式来牟利。因此，拦截广告技术不应纳入"技术中立"范畴，不适用"实质性非侵权用途"的免责条件。

《互联网广告管理暂行办法》第十六条第一款规定，互联网广告活动中不得"提供或者利用应用程序、硬件等对他人正当经营的广告采取拦截、过滤、覆盖、快进等限制措施"。

二、流量劫持等不正当行为的法律规制

随着互联网产业的繁荣，针对各大网站的流量劫持案件频频发生，这些不正当行为形成的黑色利益链，非法所得数额惊人，已经渗透到网络的各个角落，严重扰乱了互联网经营环境。

（一）流量劫持等不正当行为的含义

流量劫持等不正当行为，是指利用网络通路、网络设备、应用程序等破坏正常广告数据传输，篡改或者遮挡他人正当经营的广告，擅自加载广告等违法行为。

早在2009年，百度就曾接到用户投诉称，在百度输入关键词搜索后，总要先弹出一个持续近十秒钟的广告页面，之后才能进入相应的百度搜索结果页面。从未推出类似广告业务的百度公司调查后发现，该广告是由青岛联通与另一家公司合作推出的，其特点为无须安装客户端插件、无法屏蔽、强制弹出。百度公司遂以"不正当竞争"为由向法院起诉青岛联通。2010年山东省高级人民法院终审判决认定青岛联通流量劫持的行为构成对百度的不正当竞争。这是国内首起电信运营商因劫持其他商业网站流量而被判侵权的案件。

互联网公司之间关于流量劫持的官司屡屡发生，"流量劫持"被

当作一种竞争手段以抢夺对手市场份额，而这种竞争手段是典型的不正当竞争，让一些企业可以不需要创新产品即可通过恶意引导的手段获取用户，损害了市场的公平，侵害了用户选择权。流量劫持等不正当行为已经成为困扰互联网行业的公害，以至于2015年12月，微博、今日头条、美团大众点评网、360、腾讯、小米科技六家互联网公司联合发表了一份《六公司关于抵制流量劫持等违法行为的联合声明》，呼吁有关运营商严格打击流量劫持问题，重视互联网公司被流量劫持可能导致的严重后果。声明强调，放任流量劫持将带来以下严重后果：首先，遵守市场规则的公司商誉和利益被严重伤害；其次，用户流量被劫持，等于用户不能得到约定服务，从而导致利益受到损害；最后，劫持流量者提供的信息服务，完全脱离监管，甚至可能传播诈骗、色情等低俗甚至严重违法信息。

（二）流量劫持的主要方式与危害

流量劫持方式主要分为两类：一类是域名劫持，表现为在用户正常联网状态下，目标域名会被恶意地错误解析到其他IP地址上，造成用户无法正常使用服务；另一类是数据劫持，对于返回的内容，会在其中强行插入弹窗或嵌入式广告等其他内容，干扰用户的正常使用，对用户体验构成极大伤害。

就流量劫持的目的而言，一方面是为了经济利益，另一方面是企业对市场份额的觊觎。对个人劫持者来说，能转卖多少流量就会分得多少相应的赃款，这是比较简单的初级盈利模式。对于企业来说，流量劫持的背后不仅是对经济利益的需求，更在乎快速提升市场份额以获取资本层面的青睐，从而获得更大规模的商业利益。相比个人，企业劫持流量所产生的影响更加恶劣，会严重影响行业的创造力及良性发展。

（三）"百度诉360劫持流量案"及其意义

2012年年初，360未经百度允许恶意标注百度搜索结果、篡改百度搜索结果页面，并向用户宣传及误导用户安装其浏览器，为360浏览器导流。同时，360还利用浏览器捆绑百度的网址导航站，故意仿冒、混淆百度搜索结果，劫持百度流量。为此，百度将360诉上法庭。北京市第一中级人民法院一审判决360不正当竞争行为成立，赔偿百度经济损失及相关支出费用共计45万元，并在其网站首页连续15天刊载道歉声明。

针对一审判决结果，360提出上诉，并辩称"一审法院在不了解安全软件工作原理的情况下做出错误认定"，在网站上标注"安全标识"是安全软件的使命，是出于"用户的需求"。北京市高级人民法院终审判决书认为：360公司的行为不仅干扰了网络用户对百度搜索的正常使用，还减少了使用百度搜索框的网络用户对百度搜索结果网页的访问，构成了不正当竞争。法院认定360公司干扰他人互联网产品或服务的正常运行，并非出于保护公共利益的目的，也不产生保护公共利益的效果，终审判决维持一审原判结果。2014年11月19日，最高院裁定驳回360的再审申请。

此案入选最高人民法院公布的"十大创新性知识产权案例"，确立了"非公益必要不干扰原则"，首次在司法领域明确了安全软件的"最小特权原则"，对同类案件的处理具有示范意义。

网络服务提供者在经营过程中应当遵守公平竞争、和平共处、自愿选择、公益优先、诚实信用这五项基本原则。在互联网产品或服务竞争应当遵守的上述五项基本原则上，虽然确实出于保护网络用户等社会公众利益的需要，网络服务经营者在特定情况下不经网络用户知情并主动选择以及其他互联网产品或服务提供者同意，也可干扰他人互联网产品或服务的运行，但是应当确保干扰的必要性和合理性。否则，应当认定其违反了自愿、平等、公平、诚实信用和公共利益优先原则，违反了互联网产品或服务竞争应当遵守的基本商业道德，由此损害其他经营者合法利益，扰乱社会经济秩序，应当承担相应的责任。在未经许可的情况下直接对他人所提供的服务进行干预的行为，并不是维护公共利益的最好办法，反而有可能引起服务提供者之间的对立与冲突，不利于良好竞争秩序的形成。360劫持流量的行为干扰了百度网站的正常搜索服务以及用户对百度搜索结果的正常使用，有可能引导用户访问与其搜索目的无关的网站，而且该行为不是出于任何公共利益的需要，仅仅是为360公司网站获取更多用户访问量的手段，超出了正当商业竞争的限度。

最高院在再审裁定中于司法领域首倡"最小特权原则"。最高院认为，安全软件在计算机系统中拥有优先权限，其应当审慎运用这种"特权"，对用户以及其他服务提供者的干预行为应以"实现其功能所必需"为前提。

（四）劫持流量首次入刑

付某，陕西人，高中文化；黄某，广东人，大学文化。从2013年年底至2014年10月，付某、黄某等人租赁多台服务器，使用恶意代码修改互联网用户路由器的DNS设置，进而使用户登录"2345.com"等导航网站时，跳转至其设置的"5w.com"导航网站。两人再将获取的互联网用户流量出售给"5w.com"导航网站所有者杭州久尚科技有限公司。"2345.com"网站察觉后向警方报案，上海警方于2014年10月立案。经查，两名被告人短时间内违法所得高达75.47万余元。

上海浦东法院在审理后认为，被告人付某、黄某违反国家规定，对计算机信息系统中存储的数据进行修改，后果特别严重，依照《刑法》第二百八十六条、第二十五条第一款的规定，均已构成破坏计算机信息系统罪，分别应处五年以上有期徒刑。被告人付某、黄某具有自首情节，可以减轻处罚。依照刑法第七十二条第一款和第七十三条第二款、第三款的规定，判处被告人付某、黄某有期徒刑3年，缓刑3年。这是全国首起"流量劫持"刑案，首次在司法层面将流量劫持认定为犯罪。

第一部分 互联网广告法律基本知识

第五章

互联网广告程序化购买

随着互联网广告的发展，依靠传统的媒体排期广告投放模式已经难以适应媒体环境与用户习惯了，作为对实现目标客户精准定位需求的回应，互联网广告程序化购买模式这种代表数字营销领域规模化、精准化、程序化趋势的新型营销方式便应运而生了。如何规制这种特殊的互联网广告模式，成为互联网广告立法必须回答的一个问题。

第一节 互联网广告程序化购买模式

一、程序化购买的含义

程序化购买（Programmatic Buying）是一种新型的互联网广告经营模式，是指通过数字平台，代表广告主，自动地执行广告媒体购买的流程。与之相对的是传统的人力购买的方式。程序化购买模式通过数字化、自动化、系统化的方式改造广告主、代理公司、媒体平台，进行程序化对接，帮助其找出与受众匹配的广告信息，通过程序化购买的方式进行广告投放，并实时反馈投放报表。程序化购买把从广告主到媒体的全部投放过程进行了程序化投放，实现了整个数字广告产业链的自动化。

互联网广告程序化购买这种特殊的广告经营模式源于网络广告联盟。网络广告联盟通常是由网络媒体资源组成的联盟，广告主交钱给网络广告联盟，网络广告联盟把广告主的广告分配到会员网站上去，网络广告联盟挣取广告佣金，然后把佣金分一部分给下面的网站主。正因为如此，现在仍有人将程序化购买的组织者称为广告联盟。

程序化购买相比于传统数字营销媒介购买模式的优势在于：在每一个单一的展示机会下，把适当的广告在适当的情境中提供给适当的消费者。这种方式对广告主而言可以只对那些他们想获取的目标消费者付费，从而提高了广告预算的回报；对媒体而言，可以获得更大的收益；对消费者而言，可以只看那些与他们的特定需求和利益相关的广告。

在国际上，1996年亚马逊最早通过这种新方式，为数以万计的网站提供了额外的收入来源，且成为网络SOHO族的主要生存方式。我国的互联网广告程序化购买市场起步于2012年，随着DSP投放技术趋于成熟，程序化购买在互联网广告市场中的份额迅速扩大，并成为广告市场上的重要交易模式。Analysys易观智库发布的《中国程序化购买广告市场专题研究报告2015》显示：2014年，中国程序化购买广告市场规模为52.3亿元，增长率为141%，预计2016年，中国程序化购买市场规模将达到187.6亿元。

二、程序化购买的平台构成

程序化购买由需求方平台、供应方平台、广告交易平台，以及数据管理平台共同构成。

（一）需求方平台（DSP）

需求方平台DSP（demand-side platform），是指整合广告主需求，为广告主提供发布服务的广告主服务平台。按照服务客户类型不同，可以划分为品牌服务商和效果服务商。服务于品牌广告主的DSP提供商专注于品牌曝光,在独立性、服务经验、品牌安全方面具有优势。效果服务商主要在游戏、电商等领域的数据积累与挖掘方面具有更深入的洞察与理解。按照是否可以跨屏投放,可以分为能够进行 PC、移动两者跨屏投放,并覆盖视频资源的厂商和只能在 PC 或者移动进行单一投放的厂商。

(二)供应方平台(SSP)

供应方平台(SSP)(sell-side platform),即媒介方平台或流量平台,是指为媒介资源方提供程序化广告分配的服务平台。SSP 成员则是汇集在 SSP 平台上的媒介资源方,包括门户网站、视频网站、论坛、博客、应用软件等各类媒介资源的经营者,拥有通栏广告、启动屏广告、弹窗广告、信息流广告、全屏广告、九宫格广告等各种广告位资源。SSP 成员只需把自己的媒介资源交给 SSP,由 SSP 将这些资源放到 ADX 进行竞价,这样媒介方流量能够得到最大程度的变现。SSP 平台是对媒体的广告投放进行全方位的分析和管理的平台,其主要功能包括:管理广告位的分配,针对自身广告位的特点,选择是内部销售还是开放给广告交易平台,对于开放的广告位则需进一步管理是分配给哪个广告交易平台;筛选来自不同广告交易平台的广告请求,筛选广告主、监控广告素材;管理广告位价格,通过数据的积累对每个不同广告位的广告底价进行分析和调整。大型媒体更倾向于搭建自有供应方平台,部分门户、垂直网站以及中小型网站则选择使用服务商提供或搭建的供应方平台。

(三)广告交易平台(ADX)

广告交易平台 ADX(Ad Exchange),是指为 SSP 与 DSP 进行广告投放提供交易平台的服务者,是能够将媒体和广告主/广告代理商联系在一起的在线广告交易市场。按照是否公开可以分为公开广告交易平台与私有广告交易平台。公开广告交易平台上的广告位资源一般来自不同媒体,而私有广告交易平台上的广告位资源通常来自单一媒体。国内公开广告交易平台的代表主要有百度、阿里妈妈等,它们运营网站联盟多年,拥有大量的媒体合作伙伴,因此在运营公开广告交易平台上具有优势。私有广告交易平台的运营商以大型门户和视频网站为主，比如，大型门户媒体如腾讯、新浪、搜狐，以及视频网站如优酷土豆、爱奇艺、暴风科技等为代表，搭建的自身私有交易平台。

（四）数据管理平台（DMP）

作为广告生态系统中一个重要组成部分，数据管理平台伴随着数据驱动的广告技术和大数据云计算概念出现，数据管理平台可以实现收集、存储、集中、分析、挖掘以及运用原先隔离而分散的数据；掌控自有的企业用户数据以及营销活动数据，并使用这些数据进行决策和创新，以便更多更精准地推送广告，获得更好的广告投放回报。数据管理平台可以划分为数据管理方、数据提供方和数据交易方三种类型。数据管理方是指大型广告主利用第三方技术服务商为自己搭建的内部 DMP，其本质是自身数据的管理分析平台，通过数据来做智能的后续决策和行动，比如精准地投放广告。数据提供方主要指拥有大量数据的公司为了变现自己的数据资产建立、开放或售卖自己的数据，对接外部的平台。这些公司主要目的是为了变现自己的数据或流量，帮助广告主更好地进行投放。数据交易方是指以电子交易为主要形式，通过线上数据交易系统，建立数据标准、交换规则，撮合客户进行数据交易的平台。

三、程序化购买模式的优势

与传统数字营销媒介购买模式相比，程序化购买模式的优势是非常明显的。

一是营销成本可控。程序化购买模式通常是按效果付费的，因此与不能够保障效果的购买广告位不同，广告主可以有效控制广告费，实现广告费用与广告效果挂钩。广告主通过在具有潜在目标顾客的联盟会员网站上投放广告，诱导用户访问广告主网站及购买商品。当购买行为或注册会员等效发生就会计算费用，广告主以最小的营销费用得到最好的效果。

二是选择余地增多。无论对广告主还是媒介会员来说，在一个公共联盟营销管理系统平台上进行广告投放交易，都会扩大自己的选择余地。广告主可以根据网站的排名、拥有的潜在受众选择适合自己广告的网站；而联盟会员也可根据自己网站的风格选择适合的网络广告。

三是工作效率提高。由于这种广告投放形式完全将广告投放问题交给中间的联盟营销服务商来做，对于广告双方来说，既可以基本解决网站访问量问题，又可从繁杂的营销问题中解脱出来，商家可以集中精力进行产品开发、客户服务等主营活动，从而大大提高了工作效率。

四是效果可监测。客户的每一个点击行为和在线活动都可以被管理软件记录下来，从而可以让广告主了解广告费用的用途。另外，强大的联盟营销管理平台具有跟踪记录、分析记录，并使用这些记录分析来为产品开发和营销策略提供科学决策依据的功能。

五是结算更便捷。传统的合作营销体系是广告主与多家合作单位进行一一结算的，这样就为广告主带来了很多不便之处。而程序化购买模式的资费行为是建立在准确的数据记录基础上的，所有费用都是在联盟营销管理平台上统一结算，无须人工操作。广告主只需要确认营销效果是否与广告费用相一致，即可解决与多数联盟会员网站的结算问题。准确可靠的费用结算系统也为联盟会员提供了佣金保障，联盟会员不需为佣金不能按期到账而担心了。

第二节　互联网广告程序化购买的法律规制

互联网广告程序化购买在解决广告资源供需矛盾的同时，也提供了流量变现机会，为中小网站运营者、应用软件开发者获得收入、维持运营提供可能，因此，这种特殊交易模式发展很快。但是《广告法》中对互联网广告只做了原则性规定，程序化购买等具体问题的法律规制一直是个空白。《互联网广告管理暂行办法》首次明确了互联网广告程序化购买的合法地位，清晰划分了各参与主体的权利和义务，为程序化购买模式的监管提供了明确的法律依据。

一、程序化购买的法律地位

自程序化购买模式产生以来，关于其法律地位就一直没有明确的规定。《互联网广告管理暂行办法》第十三条首次确认了程序化购买的合法地位，即"互联网广告可以以程序化购买广告的方式，通过广告需求方平台、媒介方平台以及广告信息交换平台等所提供的信息整合、数据分析等服务进行有针对性地发布"。

二、程序化购买平台的定义

《互联网广告管理暂行办法》从法律角度对互联网广告程序化购买各方平台进行了定义。广告需求方平台是指整合广告主需求，为广告主提供发布服务的广告主服务平台；媒介方平台是指整合媒介方资源，为媒介所有者或者管理者提供程序化的广告分配和筛选的媒介服务平台；广告信息交换平台是提供数据交换、分析匹配、交易结算等服务的数据处理平台。

三、广告发布者、广告经营者身份的确认

互联网广告程序化购买模式改变了传统广告法律关系的格局，由于参与主体众多，各活动主体的法律身份和法律地位变得更为复杂。

（一）确定程序化购买中的广告发布者、广告经营者的重要性

在互联网广告程序化购买中，确定谁是广告发布者、谁是广告经

第一部分 互联网广告法律基本知识

营者是非常重要的。

首先,确定广告发布者、广告经营者是互联网广告监督管理的需要。根据国家工商行政管理总局发布的《工商行政管理机关行政处罚程序规定》(第28号令)第八条的规定,对利用互联网媒介发布违法广告的行为实施行政处罚,"由广告发布者所在地工商行政管理机关管辖"。该规定确立了"广告发布者所在地"的管辖原则。如果不能确定谁是程序化购买中的广告发布者,将直接影响互联网广告的监管。

其次,确定广告发布者、广告经营者是明确主体广告审查责任的需要。《广告法》第三十四条规定:"广告经营者、广告发布者依据法律、行政法规查验有关证明文件,核对广告内容。对内容不符或者证明文件不全的广告,广告经营者不得提供设计、制作、代理服务,广告发布者不得发布。"《互联网广告管理暂行办法》第十二条也规定:"互联网广告发布者、广告经营者应当查验有关证明文件,核对广告内容,对内容不符或者证明文件不全的广告,不得设计、制作、代理、发布。"如果不能明确谁是程序购买中的广告发布者、广告经营者,法律要求的广告自律审查将无法开展。

最后,确定广告发布者、广告经营者的身份是保护消费者合法权益的需要。身份不明会导致责任不清,一旦发生纠纷,消费者的合法权益将得不到保障。

(二)广告需求方平台的经营者是互联网广告发布者、广告经营者

在制定《互联网广告管理暂行办法》过程中,有关程序化购买中广告发布者、广告经营者身份的确定问题,也有过各种争议。几稿"草案"和"征求意见稿"中也有过各种不同的规定。最后《互联网广告管理暂行办法》将广告需求方平台的经营者确定为程序化购买中的"互联网广告发布者和广告经营者"。这主要是基于以下两个方面的考虑:

互联网广告法律制度理解与应用

一是由广告需求方平台经营者承担广告发布者和广告经营者责任更符合互联网广告程序化购买模式的特征。在广告程序化购买模式下,广告需求方平台汇集了广告主的广告需求,为其寻找优质的媒体资源、发布广告。广告需求方平台与广告主接触最多且直接发生交易,具备直接审核查验广告主身份信息、核对广告内容和证明文件的客观条件,一般情况下对广告的发布具有最终决定权。从这个角度来看,要求广告需求方平台承担广告发布者、广告经营者责任,较为合理。而媒介方平台的主要作用在于连接媒介成员与广告主,从技术层面实现媒介资源与广告需求的对接。广告信息交换平台则主要为广告需求方平台和媒介方平台提供数据交换、分析匹配、交易结算等中立的技术服务。它们都未实质性参与到广告经营活动中,不参与广告的设计、制作和代理;此外,媒介方平台和广告信息交换平台是通过广告需求方平台间接与广告主合作,无法直接接触广告主,对广告主的广告样件没有决定权和控制权。因此,媒介方平台和广告信息交换平台难以承担广告发布者、广告经营者责任。

二是由广告需求方平台经营者承担广告发布者和广告经营者责任更有利于监管部门对程序化购买的规范管理。广告需求方平台是整个广告程序化购买中的重要环节,存储并审核广告主的广告样件,为广告主寻找优质媒体资源,能够直接接触广告主。监管部门通过广告需求方平台,能够最直接、高效地规范广告发布行为。此外,在实践中,媒介方平台的成员主要是数量庞大的中小网站、中小应用软件等网络媒介资源的经营者,他们拥有一定的广告位资源,但并未自行组建专门开展广告业务的团队,不具备直接从事广告业务的能力。如果将这些中小网络媒介资源方都界定为广告发布者、广告经营者施以相应义务和责任,一方面对广告监管机构而言执法难度和成本会增大,对中小网络媒介资源的经营者而言,则会增加其运营成本和法律成本。不要求未实质性参与广告经营活动的媒介方平台和广告信息交换平台承担广告发布者、广告经营者责任,可以提供较为宽松合理的政策环境，为行业预留更大的发展空间。

四、需求方平台经营者的主要义务

根据《互联网广告管理暂行办法》的规定，作为互联网广告程序化购买中的互联网广告发布者、广告经营者，应当履行下列义务：

（一）建立、健全业务管理制度

需求方平台经营者应当按照国家有关规定建立、健全互联网广告业务的承接登记、审核、档案管理制度；审核查验并登记广告主的名称、地址和有效联系方式等主体身份信息，建立登记档案并定期核实更新。

（二）开展互联网广告自律审查

需求方平台经营者应当查验有关证明文件，核对广告内容，对内容不符或者证明文件不全的广告，不得设计、制作、代理、发布。

（三）配备广告审查专业人员或设立专门机构

需求方平台经营者应当配备熟悉广告法规的广告审查人员；有条件的还应当设立专门机构，负责互联网广告的审查。

（四）清晰标明广告来源

通过程序化购买广告方式发布的互联网广告，广告需求方平台经营者应当清晰标明广告来源。

五、程序化购买平台的共同义务

（一）订立合同时的查验义务

广告需求方平台经营者、媒介方平台经营者、广告信息交换平台经营者以及媒介方平台的成员，在订立互联网广告合同时，应当查验合同相对方的主体身份证明文件、真实名称、地址和有效联系方式等信息，建立登记档案并定期核实更新。

（二）违法广告注意义务

媒介方平台经营者、广告信息交换平台经营者以及媒介方平台成员，对其明知或者应知的违法广告，应当采取删除、屏蔽、断开链接等技术措施和管理措施，予以制止。

六、程序化购买平台经营者的法律责任

《互联网广告管理暂行办法》第二十六条规定了程序化购买平台的法律责任。程序化购买平台的经营者有下列情形之一的，责令改正，处一万元以上三万元以下的罚款：

1. 广告需求方平台经营者违反本办法第十三条第二款规定，通过程序化购买方式发布的广告未标明来源的；

2. 媒介方平台经营者、广告信息交换平台经营者以及媒介方平台成员，违反本办法第十五条第一款、第二款规定，未履行相关义务的。

需要注意的是，程序化购买平台经营者的法律责任并不限于《互联网广告管理暂行办法》第二十六条规定。程序化购买平台经营者的行为违反《广告法》的，还需要承担《广告法》规定的法律责任。比如，利用互联网广告程序化购买发布虚假广告的，广告需求方平台经营者就应当按照《广告法》的规定，承担广告发布者、广告经营者的法律责任。程序化购买平台经营者违反《广告法》、《互联网广告管理暂行办法》以外的法律、行政法规的，还需要承担相应的法律责任。

第一部分 互联网广告法律基本知识

第六章

互联网广告监督管理

互联网广告的监督管理包括行政管理和社会监督。互联网广告的行政管理，是指政府依照法律、法规和有关政策，对互联网广告行业和广告活动进行监督、检查、控制、指导等一系列活动的总称。互联网广告的社会监督则是由消费者、消费者组织和社会各界以及新闻媒体对互联网广告活动的监督、举报、批评和建议。

第一节 互联网广告行政审查

广告不仅关系到广告主、广告经营者、广告发布者的经济利益，更与消费者的生活和健康息息相关。如何保证广告信息的真实可靠，是每个国家广告立法特别关注的问题。有些国家采取前置审查制，有些国家采取事后惩罚制，还有的国家实行前置审查和事后惩罚相结合制。我国对部分特殊商品和服务实行强制性前置广告审查制。

一、互联网广告行政审查的含义

《广告法》第四十六条规定："发布医疗、药品、医疗器械、农药、兽药和保健食品广告，以及法律、行政法规规定应当进行审查的其他广告，应当在发布前由有关部门（以下称广告审查机关）对广告内容进行审查；未经审查，不得发布。"据此，互联网广告审查，是指利用互联网发布医疗、药品、医疗器械、农药、兽药和保健食品广告，以及法律、行政法规规定应当进行审查的其他广告之前，应当由广告审查机关对广告内容进行审查的行政审批制度。

二、互联网广告行政审查的意义

对特殊商品和服务的互联网广告依法进行行政审查的意义是非常重大的。首先，互联网广告行政审查是遏制互联网虚假广告产生的第一道防线。行政审查机关依法开展广告行政审查，可以有效预防虚假违法广告的。其次，广告行政审查是维护消费者合法权益的重要保障。虚假广告不仅会误导消费者的消费行为，还有可能对消费者的身体健康和财产造成损害。通过广告行政审查，核实广告内容的真实性，可以有效维护消费者的合法权益。最后，对互联网广告实行行政审查还是维护广告行业信誉、促进广告业健康发展的有效措施。广告主体受利益的驱使，发布了虚假广告，必然会丧失商业信誉。这种不信任会在民众之间迅速传播，最终形成全社会对广告行业的信任危机。严格落实广告行政审查制度可以维护广告行业的整体信誉，促进行业健康发展。

三、互联网广告行政审查的内容

（一）对广告主资格的审查

广告主是广告的提供者，每一个待发布广告都是广告主为了实现自己的经济利益或某种主观意愿而向社会公众做出的表示。广告主与广告的联系要比广告经营者、广告发布者密切得多。因此，广告是否合法必须以广告主自身的合法性为前提和基础。

(二) 对广告内容及其表现形式的审查

广告行政审查的核心是真实性和合法性。审查的重点是广告内容是否具有虚假、违法宣传或者容易误导消费者、使消费者产生歧义的画面或文字内容等。

1. 对广告内容的真实性的审查。审查机关要核实该广告内容是否与客观实际相符合、有无虚构夸大成分和隐瞒事实真相现象存在,对涉及质量标准、机构认定等部分应当要求广告主出具质量检验机构的证明文件及确认广告内容真实性的认定文件。

2. 对广告形式的真实性审查。广告的表现形式包括画面、声音、语言文字等,如其中一样与广告内容不符,都不能认定该广告经过审查。只有当广告内容与形式同样真实、可靠、合法、正当时,广告真实性的审查才算结束。

3. 要确定广告内容及表现形式与我国广告管理法律法规及政策性文件规定相符合。

4. 广告内容及表现形式还要符合其他法律,如民法、刑事诉讼法、知识产权法等的规定。

四、互联网广告行政审查机关与法律依据

广告审查机关并不是指一个专门行使广告审查权的机关,而是与法律、行政法规规定的需要进行广告审查的商品或服务"有关的部门",通常是对这些特殊商品或服务实施行政管理的主管部门。互联网广告行政审查的法律依据,除了《广告法》和《互联网广告管理暂行办法》外,因广告商品或服务的不同,还需要分别依据不同的法律开展。审查机关负责依据法律、行政法规的规定开展广告审查。

(一) 医疗广告审查机关与依据

根据《医疗广告管理办法》的规定,医疗广告,是指利用各种媒

介或者形式直接或间接介绍医疗机构或医疗服务的广告。医疗机构发布医疗广告，应当在发布前申请医疗广告审查。未取得《医疗广告审查证明》，不得发布医疗广告。医疗机构发布医疗广告，应当向其所在地省级卫生行政部门申请。非医疗机构不得发布医疗广告，医疗机构不得以内部科室名义发布医疗广告。

根据《中医药条例》的规定，发布中医医疗广告，医疗机构应当按照规定向所在地省、自治区、直辖市人民政府负责中医药管理的部门申请并报送有关材料。省、自治区、直辖市人民政府负责中医药管理的部门应当自收到有关材料之日起10个工作日内进行审查，并做出是否核发中医医疗广告批准文号的决定。对符合规定要求的，发给中医医疗广告批准文号。未取得中医医疗广告批准文号的，不得发布中医医疗广告。

(二) 药品广告审查机关与依据

《药品管理法》第五十九条规定："药品广告须经企业所在地省、自治区、直辖市人民政府药品监督管理部门批准，并发给药品广告批准文号；未取得药品广告批准文号的，不得发布。"

根据《药品广告审查办法》[①] 的规定，凡利用各种媒介或者形式发布的广告含有药品名称、药品适应症（功能主治）或者与药品有关的其他内容的，为药品广告，应当按照本办法进行审查。申请审查的药品广告，符合下列法律法规及有关规定的，方可予以通过审查：《广告法》《药品管理法》《药品管理法实施条例》[②]、《药品广告审查发布标准》国家有关广告管理的其他规定。省、自治区、直辖市药品监督管理部门是药品广告审查机关，负责本行政区域内药品广告的审查工作。

(三) 医疗器械广告审查机关与依据

根据《医疗器械监督管理条例》[③] 第四十五条规定，医疗器械广告

[①] 《药品广告审查办法》《药品广告审查发布标准》正在修订中

[②] 同上

[③] 《医疗器械监督管理条例》正在修订中

应当真实合法，不得含有虚假、夸大、误导性的内容。医疗器械广告应当经医疗器械生产企业或者进口医疗器械代理人所在地省、自治区、直辖市人民政府食品药品监督管理部门审查批准，并取得医疗器械广告批准文件。广告发布者发布医疗器械广告，应当事先核查广告的批准文件及其真实性；不得发布未取得批准文件、批准文件的真实性未经核实或者广告内容与批准文件不一致的医疗器械广告。省、自治区、直辖市人民政府食品药品监督管理部门应当公布并及时更新已经批准的医疗器械广告目录以及批准的广告内容。省级以上人民政府食品药品监督管理部门责令暂停生产、销售、进口和使用的医疗器械，在暂停期间不得发布涉及该医疗器械的广告。医疗器械广告的审查办法由国务院食品药品监督管理部门会同国务院工商行政管理部门制定。

根据《医疗器械广告管理办法》的规定，发布医疗器械广告，必须持有经过国家医药管理局或省、自治区、直辖市医药管理局或同级医药行政管理部门核发的《医疗器械广告证明》（以下简称《证明》）。未有《证明》的，不得发布广告。医疗器械广告证明出具机关在办理广告证明手续时，应当查验有关证明、审查广告内容。对不符合本办法规定的，不得出具《证明》。《证明》有效期以医疗器械生产或经营准许证的有效时间为准。医疗器械生产或经营准许证有效期满后，《证明》自动失效。

根据《医疗器械广告审查办法》的规定，通过一定媒介和形式发布的广告含有医疗器械名称、产品适用范围、性能结构及组成、作用机理等内容的，应当按照本办法进行审查。申请审查的医疗器械广告，符合下列法律法规及有关规定的，方可予以通过审查：《广告法》、《医疗器械监督管理条例》、《医疗器械广告审查发布标准》、国家有关广告管理的其他规定。省、自治区、直辖市药品监督管理部门是医疗器械广告审查机关，负责本行政区域内医疗器械广告审查工作。

（四）农药广告审查机关与依据

根据《农药管理条例》第三十四条的规定，未经登记的农药，禁止刊登、播放、设置、张贴广告。农药广告内容必须与农药登记的内容一致，并依照广告法和国家有关农药广告管理的规定接受审查。

根据《农药广告审查办法》的规定，凡利用各种媒介或形式发布关于防治农、林、牧业病、虫、草、鼠害和其他有害生物（包括病媒害虫）以及调节植物、昆虫生长的农药广告，均应当按照本办法进行审查。农药广告审查的依据包括《广告法》、《农药登记规定》及国家有关农药管理的法规、国家有关广告管理的行政法规及广告监督管理机关制定的广告审查标准。国务院农业行政主管部门和省、自治区、直辖市农业行政主管部门在同级广告监督管理机关的指导下，对农药广告进行审查。

根据《农药广告审查发布标准》的规定，未经国家批准登记的农药不得发布广告。农药广告内容应当与《农药登记证》和《农药登记公告》的内容相符，不得任意扩大范围。

（五）兽药广告审查机关与依据

根据《兽药管理条例》第三十一条的规定，兽药广告的内容应当与兽药说明书内容相一致，在全国重点媒体发布兽药广告的，应当经国务院兽医行政管理部门审查批准，取得兽药广告审查批准文号。在地方媒体发布兽药广告的，应当经省、自治区、直辖市人民政府兽医行政管理部门审查批准，取得兽药广告审查批准文号；未经批准的，不得发布。

根据《兽药广告审查办法》的规定，凡利用各种媒介或者形式发布用于预防、治疗、诊断畜禽等动物疾病，有目的地调节其生理机能并规定作用、用途、用法、用量的物质（含饲料药物添加剂）的广告，包括企业产品介绍材料等，均应当按照本办法进行审查。兽药广告审查的依据包括《广告法》、《兽药管理条例》、国家有关兽药管理的规定及兽药技术标准、国家有关广告管理的法规及广告监督管理机关制定的广告审查标准。国务院农牧行政管理机关和省、自治区、直辖市农牧行政管理机关，在同级广告监督管理机关的监督指导下，对兽药广告进行审查。

（六）保健食品广告审查机关与依据

根据《食品安全法》第七十九条的规定，省级人民政府食品药品监督管理部门为保健食品广告审批部门。

根据《保健食品广告审查暂行规定》的要求，发布保健食品广告的申请人必须是保健食品批准证明文件的持有者或者其委托的公民、法人和其他组织。国产保健食品广告的发布申请，应当向保健食品批准证明文件持有者所在地的省、自治区、直辖市（食品）药品监督管理部门提出。进口保健食品广告的发布申请，应当由该产品境外生产企业驻中国境内办事机构或者该企业委托的代理机构向其所在地省、自治区、直辖市（食品）药品监督管理部门提出。

（七）其他商品或服务广告审查机关与依据

根据新修订的《食品安全法》的规定，特殊医学用途配方食品广告适用药品广告管理的规定。特殊医学用途配方食品是为了满足进食受限、消化吸收障碍、代谢紊乱或特定疾病状态人群对营养素或膳食的特殊需要，专门加工配制而成的配方食品，应当在医生或临床营养师指导下食用。鉴于其属性特殊，特定全营养配方食品广告按处方药广告审批管理，其他类别特殊医学用途配方食品广告按非处方药审批管理。

五、互联网广告行政审查的法律责任

广告审查的法律责任是指未经行政审查机关审查擅自发布广告或提供虚假证明、伪造编造或违法转让广告审查批准文件、广告行政审查机关对违法广告内容作出审查批准决定应承担的法律责任。根据《广告法》的规定，互联网广告行政审查的法律责任主要有以下几种情况：

（一）未经依法审查发布广告的法律责任

《广告法》第四十六条规定："发布医疗、药品、医疗器械、农药、兽药和保健食品广告，以及法律、行政法规规定应当进行审查的其他广告，应当在发布前由有关部门（以下称广告审查机关）对广告内容进行审查；未经审查，不得发布。"如果违反本条规定，未经审查发布广告的，应当承担《广告法》第五十八条规定的法律责任，即"由工商行政管理部门责令停止发布广告，责令广告主在相应范围内消除影响，处广告费用一倍以上三倍以下的罚款，广告费用无法计算或者明显偏低的，处十万元以上二十万元以下的罚款；情节严重的，处广告费用三倍以上五倍以下的罚款，广告费用无法计算或者明显偏低的，处二十万元以上一百万元以下的罚款，可以吊销营业执照，并由广告审查机关撤销广告审查批准文件、一年内不受理其广告审查申请"。

（二）隐瞒真实情况或提供虚假材料申请广告审查的法律责任

《广告法》第四十七条规定："广告主申请广告审查，应当依照法律、行政法规向广告审查机关提交有关证明文件。"在广告审查时隐瞒真实情况或者提供虚假材料的，应当承担《广告法》第六十五条规定的法律责任，即"广告审查机关不予受理或者不予批准，予以警告，一年内不受理该申请人的广告审查申请；以欺骗、贿赂等不正当手段取得广告审查批准的，广告审查机关予以撤销，处十万元以上二十万元以下的罚款，三年内不受理该申请人的广告审查申请"。

（三）伪造、变造或者违法转让广告审查批准文件的法律责任

《广告法》第四十八条规定："任何单位或者个人不得伪造、变造或者转让广告审查批准文件。"违反此规定的，按照《广告法》第六十六条的规定，应当"由工商行政管理部门没收违法所得，并处一万元以上十万元以下的罚款"。

（四）广告审查机关违法审查的法律责任

《广告法》第四十七条规定："广告审查机关应当依照法律、行政法规规定作出审查决定，并应当将审查批准文件抄送同级工商行政管理部门。广告审查机关应当及时向社会公布批准的广告。"广告审查

机关对违法的广告内容做出审查批准决定的,按照《广告法》第七十二条的规定,应当"对负有责任的主管人员和直接责任人员,由任免机关或者监察机关依法给予处分;构成犯罪的,依法追究刑事责任。"

第二节　互联网广告的行政管理

广告的行政管理,是指政府依照法律、法规和有关政策,对互联网广告行业和广告活动进行监督、检查、审查、指导等一系列活动的总称。国务院工商行政管理部门主管全国的广告监督管理工作,国务院有关部门在各自的职责范围内负责广告管理相关工作。县级以上地方工商行政管理部门主管本行政区域的广告监督管理工作,县级以上地方人民政府有关部门在各自的职责范围内负责广告管理相关工作。

一、互联网广告的行政管辖

（一）行政管辖权与行政管辖

行政管辖权是行政主体之间就某一行政事务的首次处置所做的权限划分。行政管辖权明确了某一行政事务由哪一个行政主体首次处置,同时也可以使行政相对人知晓受理处置行政事务的行政主体。行政管辖包括级别管辖、地域管辖和特别管辖。级别管辖是指行政主体系统中确定上下级行政主体之间首次处理行政事务的分工和权限。如《广告法》第六条规定"国务院工商行政管理部门主管全国的广告监督管理工作","县级以上地方工商行政管理部门主管本行政区域的广告监督管理工作"。地域管辖是指行政主体系统中确定同级行政主体之间首次处理行政事务的分工和权限。如《行政处罚法》第二十条规定:"行政处罚由违法行为发生地的县级以上地方人民政府具有行政处罚权的行政机关管辖。法律、行政法规另有规定的除外。"特别管

互联网广告法律制度理解与应用

辖是级别管辖和地域管辖的一种补充,主要有共同管辖、移送管辖和指定管辖。共同管辖是指两个以上的行政主体对同一行政事务都具有法定的行政管辖权。移送管辖是指已经受理行政事务的行政主体因没有法定的管辖权,依法将此行政事务移送到有管辖权的行政主体处理的一种管辖制度。指定管辖是指上级行政主体将某一行政事务依法指定给某一行政主体管辖的一种管辖制度。

(二)互联网广告违法案件的管辖权

2004年国家工商总局发布了《关于加强广告执法办案协调工作的指导意见(试行)》,即工商广字〔2004〕第163号,首次提及互联网广告的管辖问题。《指导意见》规定"对报纸、电视、广播、杂志、互联网站等大众传播媒介的广告违法案件,由违法行为发生地县级以上工商行政管理机关管辖,实行分级管理的,适用级别管辖","工商行政管理机关在本辖区内对查处异地广告主、广告经营者确有困难的,可经由省级工商行政管理机关移送广告主、广告经营者所在地省级工商行政管理机关处理,并报国家工商行政管理总局备案"。

2007年10月1日起施行的《工商行政管理机关行政处罚程序规定》(第28号令)第八条规定:"对利用广播、电影、电视、报纸、期刊、互联网等媒介发布违法广告的行为实施行政处罚,由广告发布者所在地工商行政管理机关管辖。广告发布者所在地工商行政管理机关管辖异地广告主、广告经营者有困难的,可以将广告主、广告经营者的违法情况移交广告主、广告经营者所在地工商行政管理机关处理。"

对报纸、电视、广播、杂志等传统的大众传播媒介而言,广告发布者所在地一般是比较清楚的。利用广播发布违法广告的,广告发布者所在地就是电台所在地;利用电视发布广告的,广告发布者所在地就是电视台所在地;报纸、期刊发布广告的,广告发布者所在地就是报刊社址所在地;对于利用电影发布广告的,应将电影发行商所在地作为发布地。但是互联网广告就不同了。由于互联网的跨地域性,广告主、广告发布者和广告受众一般不在同一地区,因此管辖权问题比

第一部分 互联网广告法律基本知识

传统广告案件更为复杂。有的广告主租用其他网络公司的网络服务器，有的自己建立网站发布广告，还有的委托其他门户网站发布，或者通过电子邮件发布。最为复杂的是通过程序化购买发布的互联网广告，网络交易平台非常丰富，在不同平台上广告的具体表现形式也非常多样化，有链接广告、页面宣传展示广告、平台广告、搜索引擎排名广告、论坛广告、基于移动互联网的即时通信广告等，按类型还可以分为贴片式、嵌入式、弹窗式、漂浮式等，真可谓五花八门，令人眼花缭乱。在这种情况下，要想确定广告发布者所在地，真不是一件容易的事。因管辖不清引起的推诿、扯皮事件时有发生。

2015年修订后的《广告法》明确将"利用互联网"开展的广告活动纳入了《广告法》的调整范围，但是对违法互联网广告行政处罚的管辖并没有做出专门的规定。导致执法实践中，有关互联网广告行政管辖成了一个问题。

2016年9月1日起实施的《互联网广告管理暂行办法》结合互联网广告的特点，明确规定了对互联网广告违法行为实施行政处罚的具体管辖。根据《互联网广告管理暂行办法》第十八条的规定，对互联网广告违法行为实施行政处罚的管辖共分为三种情况：

一是以"广告发布者所在地管辖"为原则。即"对互联网广告违法行为实施行政处罚，由广告发布者所在地工商行政管理部门管辖"。这与《工商行政管理机关行政处罚程序规定》所确立的原则保持了一致。

二是特殊情况下的移送管辖。即"广告发布者所在地工商行政管理部门管辖异地广告主、广告经营者有困难的，可以将广告主、广告经营者的违法情况移交广告主、广告经营者所在地工商行政管理部门处理"。

三是特殊情况下由广告主所在地、广告经营者所在地先行管辖。即"广告主所在地、广告经营者所在地工商行政管理部门先行发现违法线索或者收到投诉、举报的，也可以进行管辖"。这一变通性规定便于消费者异地维权，有利于切断互联网广告主或者广告发布者、为广告提供服务平台的互联网信息服务提供者将违法广告删除、屏蔽或者断开链接，提高监管执法的效率。

四是由广告主所在地管辖。即"对广告主自行发布的违法广告实施行政处罚，由广告主所在地工商行政管理部门管辖"。广告主在自设网站或者其拥有合法使用权的互联网媒介上自行发布广告，这种现象是互联网广告的一种特性。这部分广告出现违法时由互联网广告的广告主所在地管辖，既方便取证，又便于日常管理。

二、工商行政管理部门查处违法互联网广告时的职权

根据《互联网广告管理暂行办法》第十九条的规定，工商行政管理部门在查处违法广告时，可以行使的职权和采取的措施如下：

（一）对涉嫌从事违法广告活动的场所实施现场检查

行政检查是指行政主体为实现行政管理目的，依法对行政相对一方是否遵守法律和行政决定所进行的督促检查行为，是行政机关依法行使法律、法规赋予的检查权力的表现形式。工商行政管理部门在进行广告监管时，对涉嫌违法从事广告活动的场所可以实施现场检查，但是应在法定权限范围内行使行政检查权，检查程序要合法，现场实施检查的执法人员不少于2人，且不得滥用检查权。检查人员不得隐瞒事实，虚构记录。检查人员在执法检查中不得收取费用，检查结果需要行政处罚的，应当按法定程序执行。

（二）询问涉嫌违法的有关当事人，对有关单位或个人进行调查

为了解事实真相，收集广告监管需要的证据和材料，工商行政管理部门可以向涉嫌广告违法的当事人进行询问。此外，还可以对了解案情有帮助的单位或者个人进行调查走访。

（三）要求涉嫌违法当事人限期提供有关证明文件

从事商业广告活动的主体通常需要具备法律规定的市场准入资格，许多广告活动需要取得广告审查机关的审核许可。在广告监管中，有时需要行政相对人提供相关证明文件，以便确认其行为合法

与否。

（四）查阅、复制与涉嫌违法广告有关的合同、票据、账簿、广告作品和其互联网广告后台数据，采用截屏、页面另存、拍照等方法确认互联网广告内容

《互联网广告管理暂行办法》明确要求：互联网广告发布者、广告经营者应当按照国家有关规定建立、健全互联网广告业务的承接登记、审核、档案管理制度；审核查验并登记广告主的名称、地址和有效联系方式等主体身份信息，建立登记档案并定期核实更新。广告需求方平台经营者、媒介方平台经营者、广告信息交换平台经营者以及媒介方平台的成员，在订立互联网广告合同时，应当查验合同相对方的主体身份证明文件、真实名称、地址和有效联系方式等信息，建立登记档案并定期核实更新。广告活动中形成的合同、票据、账簿、广告作品和互联网广告后台数据是广告档案的重要内容。工商行政管理部门在查处涉嫌违法广告时，有权查阅、复制这些档案材料。基于互联网广告的特殊性，工商行政管理部门在查处涉嫌违法广告时有权采用截屏、页面另存、拍照等方法确认互联网广告内容。

（五）责令暂停发布可能造成严重后果的涉嫌违法广告

暂停发布是广告监管主体对广告发布事后的必要保证，如果广告系虚假违法情形，一经发布对公共利益的损害便是既成事实，为防止损害的进一步扩大或恶性发展，必须及时在媒介范畴暂时停止发布。责令暂停发布广告本身不属于行政处罚的种类，而是一种行政执法措施，其目的是为了防止涉嫌违法广告一旦发布可能带来的无法挽回的严重后果。责令暂停后，如果经核实，涉嫌违法的广告并不违法，工商行政管理部门应当恢复该广告的发布。

（六）要求当事人配合和协助的权力

根据《互联网广告管理暂行办法》的规定，工商行政管理部门依法行使上述职权时，当事人应当协助、配合，不得拒绝、阻挠或者隐瞒真实情况。这是因为，工商行政管理部门与广告活动当事人之间是

一种行政管理法律关系。根据我国有关法律、行政法规的规定，行政相对人在行政关系中应履行的法律义务主要包括：服从行政管理的义务、协助公务的义务、接受行政监督的义务、提供真实信息的义务，以及遵守法定程序的义务。

第三节　互联网广告行业自律与社会监督

除了行政监管外，互联网广告业的健康发展还需要行业自律和社会监督。

一、行业自律

《互联网广告管理暂行办法》第四条规定："鼓励和支持广告行业组织依照法律、法规、规章和章程的规定，制定行业规范，加强行业自律，促进行业发展，引导会员依法从事互联网广告活动，推动互联网广告行业诚信建设。"

在互联网广告活动中，行业自律的主体是"会员"，即作为广告行业组织成员的广告主、广告经营者、广告发布者及其他参与广告活动的单位和个人。组织实施行业自律的应当是广告行业组织。目前全国性的广告行业组织有中国广告协会、中国商务广告协会和中国广告主协会，但是在互联网广告活动中，有权组织实施行业自律的主体不应限于这些全国性的行业组织，还应该包括地方各级广告行业协会及广告从业主体依法设立的各种自治组织。

行业自律的依据主要是行业普遍认可的行业规范，这些行业规范应当是依照我国法律、法规、规章和行业组织章程规定的，其具体名称可以是章程、规定、公约、准则，它们共同构成了广告行业自律的规则体系。自律方式是由行业组织引导会员以行业组织制定的行业规

第一部分 互联网广告法律基本知识

范进行自我约束、自我限制、自我协调和自我管理，使其行为符合国家法律法规、职业道德和社会公德的要求。

行业自律的目的应当是推动互联网广告行业诚信建设，促进行业发展。广告行业自律对于提高行业自身服务水平，维持广告活动的秩序，有着不可替代的作用。

首先，广告行业自律是避免广告纠纷的有效途径。广告行业组织通过自律措施促使广告主、广告经营者和广告发布者了解有关法律，增强法制观念，熟悉法律法规及各种具体实施办法规定。引导广告活动主体加强自律，合法、科学地运用广告手段，恰当地进行广告操作，杜绝广告中的不正当竞争。当出现广告纠纷时，广告行业组织也能积极发挥调解功能。

其次，广告行业自律是国家广告监督管理的重要补充。国家监管与行业的自律作为维护广告市场秩序的两大力量，在推动广告业健康发展的过程中都起着重要的作用。有效的国家监管机制和较为完备的广告行业自律体系都是推动经济发展所不可缺少的，国家对广告的监管和广告行业自律是不能相互代替的，行业自律是国家广告监督管理的重要补充，二者必须有机配合和协调。

再次，广告行业自律是广告事业健康发展的保障，如若从业人员素质良莠不齐，虚假广告屡禁不绝，行业诚信体系缺乏，终究会损害广告行业的整体声誉，妨碍行业的健康发展。通过行业自律达到广告业自身净化的目的，这既是广告行业组织义不容辞的责任，又是广告业健康发展的要求。

最后，广告行业自律还是广告法律发挥作用的社会根本保证，我国已形成由法律、法规与行政规章共同构建的较为完整的广告法律体系，但是"徒法不足以自行"，若没有行之有效的行业自律相配合，法律的作用是发挥不好的。

二、企业信用

《互联网广告管理暂行办法》第二十八条规定:"工商行政管理部门依照广告法和本办法规定所做出的行政处罚决定,应当通过企业信用信息公示系统依法向社会公示。"《广告法》第六十七条也规定:"有本法规定的违法行为的,由工商行政管理部门记入信用档案,并依照有关法律、行政法规规定予以公示。"

2014年6月,国务院印发的《国务院关于印发社会信用体系建设规划纲要(2014—2020年)的通知》中明确要求"加强广告业诚信建设,建立健全广告业信用分类管理制度,打击各类虚假广告,突出广告制作、传播环节各参与者责任,完善广告活动主体失信惩戒机制和严重失信淘汰机制。"2014年10月1日,《企业信息公示暂行条例》正式施行。《条例》要求工商行政管理部门应当通过企业信用信息公示系统,公示其在履行职责过程中产生的行政处罚信息。这对执法机关而言是一种行政管理,但对企业而言,是对企业信用制度建设的要求。

三、社会监督

《广告法》第五十四条规定:"消费者协会和其他消费者组织对违反本法规定,发布虚假广告侵害消费者合法权益,以及其他损害社会公共利益的行为,依法进行社会监督。"互联网广告活动主体在互联网广告活动中,除了接受行政监管、行业自律和加强自身的信用建设外,还要接受来自消费者、消费者组织以及媒体等的监督。社会监督也是互联网广告业健康发展的有力保障。

第七章

互联网广告法律责任

广告活动主体违反法律、法规的规定，实施广告违法行为，或不依法承担法律义务，给他人和社会造成损害的，应当依法承担法律责任。不同的广告违法行为，性质和情节不同，侵犯的社会关系不同，对社会造成的危害后果不同，承担的法律责任也不同。广告法律责任主要有行政法律责任、民事法律责任和刑事法律责任。

第一节 互联网广告行政法律责任

互联网广告的行政责任，是指广告主、广告经营者、广告发布者、其他参与广告活动的主体，或者广告监督管理机关、广告审查机关及其工作人员，不履行广告法律、法规规定的义务或者实施了广告法律、法规禁止的行为，依法应当承担的行政法律后果。广告活动主体的行政责任具体体现为违法广告的行政处罚。

一、《广告法》规定的行政处罚的种类

根据《广告法》的规定，对广告违法行为实施的行政处罚主要有

以下几种形式：

（一）罚款

罚款是指广告监督管理机关对违反广告法律、法规的广告主、广告经营者、广告发布者，强制其在一定的期限内向国家缴纳一定数额金钱的制裁方式。我国《广告法》规定的罚款形式，有定额罚款，也有按比例的罚款。

（二）没收广告费用

广告费是广告经营者、广告发布者设计、制作、代理、发布广告而收取的报酬。广告经营者、广告发布者从事违法广告活动收取的广告费用属于非法收入。没收广告费用是指广告监督管理机关将广告经营者、广告发布者的这种非法收入强行无偿收归国有，上缴国库的一种行政处罚措施。广告主不存在收取广告费的问题，这种处罚措施不适用于广告主。

（三）暂停广告发布业务

暂停广告发布业务本质上属于能力罚，是指广告监督管理机关责令从事违法广告活动的主体在一定时间段内不得从事广告发布业务的处罚措施。

（四）吊销营业执照、吊销广告发布登记证件、撤销广告审查批准文件

营业执照是市场主体开展经营性活动的资格，广告发布登记证件是广告媒体开展广告经营活动的资格，广告审查批准文件是发布法律要求进行行政审查的商品和服务广告必需的批准文件。在广告活动主体严重违法的情况下，广告监督管理机关、审批机关可以依法吊销、撤销这些经营性的资格和文件。这是一种比较严厉的行政处罚措施。

对于"责令停止发布广告"和"责令在相应范围内消除影响"这两项措施是否属于行政处罚，目前存在一些争论。笔者认为"责令停止发布广告"和"责令在相应范围内消除影响"不属于行政处罚措施。因为只要发现广告违法行为，无论对违法主体是否给予行政处罚，广告监督

管理机关都应当先行责令违法主体停止违法行为并消除不利的影响。因此,"责令停止发布广告"和"责令在相应范围内消除影响"是两项强制措施,其本身不带有惩罚性,不属于行政处罚措施。

二、《广告法》规定的行政处罚的内容

(一) 发布虚假广告行为的行政处罚

违反《广告法》规定,发布虚假广告的,由工商行政管理部门责令停止发布广告,责令广告主在相应范围内消除影响,处广告费用三倍以上五倍以下的罚款,广告费用无法计算或者明显偏低的,处二十万元以上一百万元以下的罚款;两年内有三次以上违法行为或者有其他严重情节的,处广告费用五倍以上十倍以下的罚款,广告费用无法计算或者明显偏低的,处一百万元以上二百万元以下的罚款,可以吊销营业执照,并由广告审查机关撤销广告审查批准文件、一年内不受理其广告审查申请。医疗机构有这些违法行为,情节严重的,除由工商行政管理部门依照本法处罚外,卫生行政部门可以吊销诊疗科目或者吊销医疗机构执业许可证。广告经营者、广告发布者明知或者应知广告虚假仍设计、制作、代理、发布的,由工商行政管理部门没收广告费用,并处广告费用三倍以上五倍以下的罚款,广告费用无法计算或者明显偏低的,处二十万元以上一百万元以下的罚款;两年内有三次以上违法行为或者有其他严重情节的,处广告费用五倍以上十倍以下的罚款,广告费用无法计算或者明显偏低的,处一百万元以上二百万元以下的罚款,并可以由有关部门暂停广告发布业务、吊销营业执照、吊销广告发布登记证件。

(二) 违反禁止性规定发布广告的行政处罚

《广告法》中除了第九条规定的11种禁止性情形外,还有很多禁止性规定,具体包括:(1) 广告不得损害未成年人和残疾人的身心健康;(2) 麻醉药品、精神药品、医疗用毒性药品、放射性药品等特殊

药品，药品类易制毒化学品，以及戒毒治疗的药品、医疗器械和治疗方法，不得做广告；（3）禁止在大众传播媒介或者公共场所发布声称全部或者部分替代母乳的婴儿乳制品、饮料和其他食品广告；（4）禁止发布烟草广告；（5）法律、行政法规规定禁止生产、销售的产品或者提供的服务，以及禁止发布广告的商品或者服务，任何单位或者个人不得设计、制作、代理、发布广告；（6）在针对未成年人的大众传播媒介上不得发布医疗、药品、保健食品、医疗器械、化妆品、酒类、美容广告，以及不利于未成年人身心健康的网络游戏广告。

违反上述禁止性规定发布广告的，由工商行政管理部门责令停止发布广告，对广告主处二十万元以上一百万元以下的罚款，情节严重的，并可以吊销营业执照，由广告审查机关撤销广告审查批准文件、一年内不受理其广告审查申请；对广告经营者、广告发布者，由工商行政管理部门没收广告费用，处二十万元以上一百万元以下的罚款，情节严重的，并可以吊销营业执照、吊销广告发布登记证件。

（三）违反限制性规定发布广告的行政处罚

《广告法》针对医疗、药品、医疗器械、保健食品、农药、兽药、饲料、饲料添加剂、酒类、教育、培训、招商等有投资回报预期的商品或者服务、房地产广告、农作物种子、林木种子、草种子、种畜禽、水产苗种和种养殖等商品和服务的广告内容，提出了明确的要求。此外，《广告法》还规定：（1）不得利用不满十周岁的未成年人作为广告代言人；（2）对在虚假广告中做推荐、证明受到行政处罚未满三年的自然人、法人或者其他组织，不得利用其作为广告代言人；（3）不得在中小学校、幼儿园内开展广告活动，不得利用中小学生和幼儿的教材、教辅材料、练习册、文具、教具、校服、校车等发布或者变相发布广告，但公益广告除外；（4）针对不满十四周岁的未成年人的商品或者服务的广告不得含有下列内容：第一，劝诱其要求家长购买广告商品或者服务；第二，可能引发其模仿不安全行为；（5）发布医疗、药品、医疗器械、农药、兽药和保健食品广告，以及法律、行政法规规定应当进行审查的其他广告,应当在发布前由有关部门(以下称广告审查机关)对广告内容进行审查;未经审查,不得发布。

违反上述规定的,由工商行政管理部门责令停止发布广告,责令广告主在相应范围内消除影响,处广告费用一倍以上三倍以下的罚款,广告费用无法计算或者明显偏低的,处十万元以上二十万元以下的罚款;情节严重的,处广告费用三倍以上五倍以下的罚款,广告费用无法计算或者明显偏低的,处二十万元以上一百万元以下的罚款,可以吊销营业执照,并由广告审查机关撤销广告审查批准文件、一年内不受理其广告审查申请。医疗机构违反这些规定,情节严重的,除由工商行政管理部门依照本法处罚外,卫生行政部门可以吊销诊疗科目或者吊销医疗机构执业许可证。广告经营者、广告发布者明知或者应知有本条第一款规定违法行为仍设计、制作、代理、发布的,由工商行政管理部门没收广告费用,并处广告费用一倍以上三倍以下的罚款,广告费用无法计算或者明显偏低的,处十万元以上二十万元以下的罚款;情节严重的,处广告费用三倍以上五倍以下的罚款,广告费用无法计算或者明显偏低的,处二十万元以上一百万元以下的罚款,并可以由有关部门暂停广告发布业务、吊销营业执照、吊销广告发布登记证件。

(四)违反一般广告准则的行政处罚

《广告法》规定的一般广告准则主要有:(1)广告中对商品的性能、功能、产地、用途、质量、成分、价格、生产者、有效期限、允诺等或者对服务的内容、提供者、形式、质量、价格、允诺等有表示的,应当准确、清楚、明白。广告中表明推销的商品或者服务附带赠送的,应当明示所附带赠送商品或者服务的品种、规格、数量、期限和方式。法律、行政法规规定广告中应当明示的内容,应当显著、清晰表示;(2)广告使用数据、统计资料、调查结果、文摘、引用语等引证内容的,应当真实、准确,并表明出处。引证内容有适用范围和有效期限的,应当明确表示;(3)广告中涉及专利产品或者专利方法的，应当标明专利号和专利种类。未取得专利权的，不得在广告中谎称取得专利权。禁止使用未授予专利权的专利申请和已经终止、撤销、无效的专利作广告；（4）广告不得贬低其他生产经营者的商品或者服务；（5）广告应当具有可识别性，能够使消费者辨明其为广告；（6）不得以介绍健康、养生知识等形式变相发布医疗、药品、医疗器械、保健食品广告。

违反上述规定的，由工商行政管理部门责令停止发布广告，对广告主处十万元以下的罚款；广告经营者、广告发布者明知或者应知有这些违法行为仍设计、制作、代理、发布的，由工商行政管理部门处十万元以下的罚款。违反广告可识别性要求，或者以介绍健康、养生知识等形式变相发布医疗、药品、医疗器械、保健食品广告的，由工商行政管理部门责令改正，对广告发布者处十万元以下的罚款。

（五）未按照国家有关规定健全广告业务管理制度、未对广告内容进行核对、未公布收费标准和收费办法的行政处罚

广告经营者、广告发布者未按照国家有关规定建立、健全广告业务管理制度的，或者未对广告内容进行核对的，由工商行政管理部门责令改正，可以处五万元以下的罚款。广告经营者、广告发布者未公布其收费标准和收费办法的，由价格主管部门责令改正，可以处五万元以下的罚款。

（六）广告代言人行政法律责任

广告代言人在医疗、药品、医疗器械广告中做推荐、证明的，在保健食品广告中做推荐、证明的，为其未使用过的商品或者未接受过的服务做推荐、证明的，明知或者应知广告虚假仍在广告中对商品、服务做推荐、证明的，由工商行政管理部门没收违法所得，并处违法所得一倍以上二倍以下的罚款。

（七）发布或发送影响用户正常使用网络的广告的行政处罚

利用互联网发布广告，未显著标明关闭标志，确保一键关闭的，由工商行政管理部门责令改正，对广告主处五千元以上三万元以下的

罚款。

（八）互联网信息服务提供者明知或者应知广告活动违法不予制止的行政处罚

互联网信息服务提供者明知或者应知广告活动违法不予制止的，由工商行政管理部门没收违法所得，违法所得五万元以上的，并处违法所得一倍以上三倍以下的罚款，违法所得不足五万元的，并处一万元以上五万元以下的罚款；情节严重的，由有关部门依法停止相关业务。

（九）隐瞒真实情况或者提交虚假材料申请广告审查、或者以不正当手段取得广告审查批准的行政处罚

隐瞒真实情况或者提供虚假材料申请广告审查的，广告审查机关不予受理或者不予批准，予以警告，一年内不受理该申请人的广告审查申请；以欺骗、贿赂等不正当手段取得广告审查批准的，广告审查机关予以撤销，处十万元以上二十万元以下的罚款，三年内不受理该申请人的广告审查申请。

（十）伪造、变造或者违法转让广告审查批准文件的行政处罚

伪造、变造或者转让广告审查批准文件的，由工商行政管理部门没收违法所得，并处一万元以上十万元以下的罚款。

三、《互联网广告管理暂行办法》规定的法律责任

2016年9月1日起实施的《互联网广告管理暂行办法》结合互联网广告的特殊性，对在互联网广告活动中违反《互联网广告管理暂行办法》规定的违法行为的行政法律责任也做出了具体规定。简要归纳如下：

利用互联网广告推销禁止生产、销售的产品或者提供的服务，或者禁止发布广告的商品或者服务的；利用互联网发布处方药、烟草广告的，依照《广告法》第五十七条的规定，应当由工商行政管理部门责令停止发布广告，对广告主处二十万元以上一百万元以下的罚款，情节严

重的，并可以吊销营业执照，由广告审查机关撤销广告审查批准文件、一年内不受理其广告审查申请；对广告经营者、广告发布者，由工商行政管理部门没收广告费用，处二十万元以上一百万元以下的罚款，情节严重的，并可以吊销营业执照、吊销广告发布登记证件。

未经审查发布广告的，依照《广告法》第五十八条的规定，应当由工商行政管理部门责令停止发布广告，责令广告主在相应范围内消除影响，处广告费用一倍以上三倍以下的罚款，广告费用无法计算或者明显偏低的，处十万元以上二十万元以下的罚款；情节严重的，处广告费用三倍以上五倍以下的罚款，广告费用无法计算或者明显偏低的，处二十万元以上一百万元以下的罚款，可以吊销营业执照，并由广告审查机关撤销广告审查批准文件、一年内不受理其广告审查申请。医疗机构未经审查发布广告，情节严重的，除由工商行政管理部门依照本法处罚外，卫生行政部门可以吊销诊疗科目或者吊销医疗机构执业许可证。广告经营者、广告发布者明知或者应知未经审查发布广告行为仍设计、制作、代理、发布的，由工商行政管理部门没收广告费用，并处广告费用一倍以上三倍以下的罚款，广告费用无法计算或者明显偏低的，处十万元以上二十万元以下的罚款；情节严重的，处广告费用三倍以上五倍以下的罚款，广告费用无法计算或者明显偏低的，处二十万元以上一百万元以下的罚款，并可以由有关部门暂停广告发布业务、吊销营业执照、吊销广告发布登记证件。

互联网广告发布者、广告经营者未按照国家有关规定建立、健全广告业务管理制度的，或者未对广告内容进行核对的，依照《广告法》第六十一条的规定，应当由工商行政管理部门责令改正，可以处五万元以下的罚款。

广告需求方平台经营者通过程序化购买方式发布的广告未标明来源的；广告需求方平台经营者、媒介方平台经营者、广告信息交换平台经营者以及媒介方平台的成员，在订立互联网广告合同时，未查验合同相对方的主体身份证明文件、真实名称、地址和有效联系方式等信息，并建立登记档案并定期核实更新的；媒介方平台经营者、广告信息交换平台经营者以及媒介方平台成员，对其明知或者应知的违法广告，没有采取删除、屏蔽、断开链接等技术措施和管理措施，予以制止的，应当由工商行政管理部门责令改正，处一万元以上三万元以下的罚款。

互联网信息服务提供者明知或者应知互联网广告活动违法不予制止的，依照《广告法》第六十四条的规定，应当由工商行政管理部门没收违法所得，违法所得五万元以上的，并处违法所得一倍以上三倍以下的罚款，违法所得不足五万元的，并处一万元以上五万元以下的罚款；情节严重的，由有关部门依法停止相关业务。

此外，工商行政管理部门依照《广告法》和《互联网广告管理暂行办法》所做出的行政处罚决定，应当通过企业信用信息公示系统依法向社会公示。

第二节　互联网广告民事责任与刑事责任

互联网广告活动中的法律责任除了行政责任外，如果行为违反了民事法律规定或构成犯罪的，还应当承担相应的民事法律责任或刑事法律责任。

一、互联网广告的民事责任

互联网广告的民事责任是指互联网广告主、广告经营者和广告发布者因实施广告违法行为，欺骗或者误导消费者，使购买商品或接受服务的消费者的合法权益受到损害，或者有其他侵权行为，应承担的民事法律后果。广告活动主体违反广告合同而应承担的违约责任，也属于民事法律责任。根据《民法通则》等民事法律的规定，承担民事法律责任的形式主要有：(1) 停止侵害、排除妨碍、消除危险；(2) 返还财产、恢复原状；(3) 修理、重做、更换；(4) 支付违约金；(5) 赔偿损失；(6) 消除影响、恢复名誉、赔礼道歉。

根据《广告法》第五十六条的规定，发布虚假广告，欺骗、误导消费者，使购买商品或者接受服务的消费者的合法权益受到损害的，由广告主依法承担民事责任。广告经营者、广告发布者不能提供广告主的真实名称、地址和有效联系方式的，消费者可以要求广告经营者、广告发布者先行赔偿。关系消费者生命健康的商品或者服务的虚假广告，造成消费者损害的，其广告经营者、广告发布者、广告代言人应当与广告主承担连带责任。其他商品或者服务的虚假广告，造成消费者损害的，其广告经营者、广告发布者、广告代言人，明知或者应知广告虚假仍设计、制作、代理、发布或者做推荐、证明的，应当与广告主承担连带责任。

根据《广告法》第六十九条的规定，广告主、广告经营者、广告发布者违反《广告法》的规定，在广告中损害未成年人或者残疾人的身心健康的；假冒他人专利的；贬低其他生产经营者的商品、服务的；在广告中未经同意使用他人名义或者形象的；有其他侵犯他人合法民事权益的，这些民事侵权行为均应依法承担民事责任。

二、互联网广告的刑事责任

互联网广告的刑事责任，是指广告活动主体或其他主体在互联网广告活动中，或者广告监督管理机关和广告审查机关的工作人员在执行职务过程中，实施违法行为，情节严重，触犯刑法，构成犯罪的，应当依照《刑法》所承担的刑事法律后果。互联网广告活动涉及的犯罪主要有以下几种：

(一) 虚假广告罪

根据《广告法》第五十五条的规定，广告主、广告经营者、广发布者发布虚假广告，构成犯罪的，依法追究刑事责任。这里的刑事责任指的是《刑法》第二百二十二条规定的虚假广告罪，即"广告主、广告经营者、广告发布者违反国家规定，利用广告对商品或者服务作虚假宣传，情节严重的，处二年以下有期徒刑或者拘役，并处或者单处罚金。"

（二）妨碍公务罪

《广告法》第七十一条规定："违反本法规定，拒绝、阻挠工商行政管理部门监督检查，或者有其他构成违反治安管理行为的，依法给予治安管理处罚；构成犯罪的，依法追究刑事责任。"这里涉及的是妨碍公务罪。在广告监管中，拒绝、阻挠工商行政管理部门监督检查的行为或其他违反治安管理行为，情节严重的，可能构成妨害公务罪，应受到刑事处罚。根据我国《刑法》的规定，"以暴力、威胁方法阻碍国家机关工作人员依法执行职务的，处三年以下有期徒刑、拘役、管制或者罚金。"

（三）渎职罪

《广告法》第七十二条规定："广告审查机关对违法的广告内容作出审查批准决定的，对负有责任的主管人员和直接责任人员，由任免机关或者监察机关依法给予处分；构成犯罪的，依法追究刑事责任。"第七十三条规定："工商行政管理部门对在履行广告监测职责中发现的违法广告行为或者对经投诉、举报的违法广告行为，不依法予以查处的，对负有责任的主管人员和直接责任人员，依法给予处分。工商行政管理部门和负责广告管理相关工作的有关部门的工作人员玩忽职守、滥用职权、徇私舞弊的，依法给予处分。有前两款行为，构成犯罪的，依法追究刑事责任。"这里涉及的主要是渎职罪。按照我国《刑法》规定："国家机关工作人员滥用职权或者玩忽职守，致使公共财产、国家和人民利益遭受重大损失的，处三年以下有期徒刑或者拘役；情节特别严重的，处三年以上七年以下有期徒刑。本法另有规定的，依照规定。国家机关工作人员徇私舞弊，犯前款罪的，处五年以下有期徒刑或者拘役；情节特别严重的，处五年以上十年以下有期徒刑。本法另有规定的，依照规定。"

（四）其他犯罪

1. 破坏计算机信息系统罪。根据《刑法》规定：违反国家规定，对计算机信息系统功能进行删除、修改、增加、干扰，造成计算机信息系统不能正常运行，后果严重的，处五年以下有期徒刑或者拘役；后果特别严重的，处五年以上有期徒刑。违反国家规定，对计算机信息系统中存储、处理或者传输的数据和应用程序进行删除、修改、增加的操作，后果严重的，依照前款的规定处罚。故意制作、传播计算机病毒等破坏性程序，影响计算机系统正常运行，后果严重的，依照第一款的规定处罚。

2. 伪造、变造、买卖国家机关公文、证件、印章罪。《广告法》第四十八条规定："任何单位或者个人不得伪造、变造或者转让广告审查批准文件。"我国《刑法》规定："伪造、变造、买卖或者盗窃、抢夺、毁灭国家机关的公文、证件、印章的，处三年以下有期徒刑、拘役、管制或者剥夺政治权利；情节严重的，处三年以上十年以下有期徒刑。"

3. 诈骗罪。利用虚假广告骗取数额较大的公私财物，可能构成诈骗罪。我国《刑法》规定："诈骗公私财物，数额较大的，处三年以下有期徒刑、拘役或者管制，并处或者单处罚金；数额巨大或者有其他严重情节的，处三年以上十年以下有期徒刑，并处罚金；数额特别巨大或者有其他特别严重情节的，处十年以上有期徒刑或者无期徒刑，并处罚金或者没收财产。本法另有规定的，依照规定。"

第二部分
《互联网广告管理暂行办法》释义

互联网广告管理暂行办法

(2016年7月4日国家工商行政管理总局令第87号公布)

第一条 为了规范互联网广告活动,保护消费者的合法权益,促进互联网广告业的健康发展,维护公平竞争的市场经济秩序,根据《中华人民共和国广告法》(以下简称广告法)等法律、行政法规,制定本办法。

【释义】 本条是关于立法目的和立法依据的规定。

一、立法目的

《广告法》第四十四条第一款规定:"利用互联网从事广告活动,适用本法的各项规定。"但是考虑到互联网广告的特殊性,《广告法》对互联网广告仅做了原则性规定。《互联网广告管理暂行办法》(以下简称《暂行办法》)的核心任务就是要结合互联网媒介的特殊性和互联网广告的特殊性,将《广告法》的原则性规定予以具体化。因此,《暂行办法》的立法目的应当与《广告法》的立法目的保持一致。

《广告法》第一条规定的立法目的是:"规范广告活动,保护消费者的合法权益,促进广告业的健康发展,维护社会经济秩序。"据此,《暂行办法》的立法目的也是四项,即"规范互联网广告活动,保护消费者的合法权益,促进互联网广告业的健康发展,维护公平竞争的市场经济秩序",只是在表述上更加突出了"互联网"的元素。

二、立法依据

《暂行办法》的立法依据主要是《广告法》。此外，与广告活动密切相关的其他法律、行政法规也都是制定《暂行办法》时予以考虑的立法依据。这些法律、行政法规主要有：《消费者权益保护法》、《产品质量法》、《食品安全法》、《反不正当竞争法》、《全国人民代表大会常务委员会关于加强网络信息保护的决定》、《互联网信息服务管理办法》等。此外，还参照了《工商行政管理机关行政处罚程序规定》、《互联网信息搜索服务管理规定》、《网络交易管理办法》等。

第二条　利用互联网从事广告活动，适用广告法和本办法的规定。

【释义】本条是关于适用范围的规定。

本条表明了《广告法》与《暂行办法》的关系。《广告法》第四十四条第一款规定："利用互联网从事广告活动，适用本法的各项规定。"除了这一款原则性规定外，《广告法》对互联网广告的具体规定只有第四十四条第二款和第四十五条。第四十四条第二款规定："利用互联网发布、发送广告，不得影响用户正常使用网络。在互联网页面以弹出等形式发布的广告，应当显著标明关闭标志，确保一键关闭。"第四十五条规定："公共场所的管理者或者电信业务经营者、互联网信息服务提供者对其明知或者应知的利用其场所或者信息传输、发布平台发送、发布违法广告的，应当予以制止。"如何将《广告法》对互联网广告的原则性规定具体化，使《广告法》中的各项规定都能够在互联网广告中予以落实，就成为了《互联网广告管理暂行办法》必须要完成的任务。

从立法技术上讲，在《暂行办法》中重复照搬《广告法》条文是没有必要的。《暂行办法》主要是围绕着互联网的特性和互联网广告的特点，着重解决互联网广告中的特殊性问题。比如，互联网广告的定义和范围、互联网广告发布者的确定、互联网广告程序化购买、互联网广告各主体之间的权利义务和责任划分、对违法互联网广告实施行政处罚的管辖等问题。对于传统广告和互联网广告需要共同遵守的广告内容准则，《暂行办法》除了重申禁止发布的广告、特殊商品服务的广告审查以及广告的可识别性外，其余一概予以省略。因此，《暂行办法》在表述其适用范围时，并没有表述为"利用互联网从事广告活动适用本办法"，而是表述为"利用互联网从事广告活动，适用广告法和本办法的规定"，将"广告法"与"本办法"并列适用。从法律渊源上讲，《广告法》和《暂行办法》是上位法和下位法的关系；从内容上看，《广告法》和《暂行办法》之间是原则与具体的关系，《暂行办法》是《广告法》的具体化和必要的补充，凡是《暂行办法》没有规定到的，应当优先适用《广告法》。

本条中虽然使用了"广告活动"的概念，但是这并不意味着《暂行办法》可以调整所有的互联网广告，其本意仍然是"商业广告"。一方面，《暂行办法》的调整范围不能超越《广告法》的调整范围。《广告法》第二条第一款规定："在中华人民共和国境内，商品经营者或者服务提供者通过一定媒介和形式直接或者间接地介绍自己所推销的商品或者服务的商业广告活动，适用本法。"明确将调整范围限定为"商业广告活动"。另一方面，从《暂行办法》第三条关于互联网广告的定义中，也可以看出《暂行办法》只调整商业广告，即"本办法所称互联网广告，是指通过网站、网页、互联网应用程序等互联网媒介，以文字、图片、音频、视频或者其他形式，直接或者间接地推销商品或者服务的商业广告"。所以，本条中的"广告活动"是指商业广告活动。

互联网广告的特性之一，就是其突破了传统广告传播上的时空限制。从理论上讲，每一条互联网广告的传播范围都是无国界的，网民可以看到来自世界各国网站上的广告，每条互联网广告的受众范围也是世界性的。从这一点来讲，明确《暂行办法》适用的空间范围非常重要。尤其是2016年"欧洲杯"足球赛期间，出现了引发广泛争议的"海信广告"事件，使得大家格外关注《广告法》的空间效力问题。空间效力范围这一点《暂行办法》在立法时恰恰忽略了，《暂行办法》第二条的文字表述中没有提及到其适用的空间效力范围。从条文表述的逻辑中，可以推理出其适用范围是"境内"的结论。因为《广告法》明确表述"在中华人民共和国境内……的商业广告活动"受其规范和调整。但是这里的"境内"主要是从广告发布角度而言的，广告所推销的商品或者服务可以在境内，也可以在境外；同样，广告主可以是境内的广告主，也可以是境外的广告主。

第三条　本办法所称互联网广告，是指通过网站、网页、互联网应用程序等互联网媒介，以文字、图片、音频、视频或者其他形式，直接或者间接地推销商品或者服务的商业广告。

前款所称互联网广告包括：

（一）推销商品或者服务的含有链接的文字、图片或者视频等形式的广告；

（二）推销商品或者服务的电子邮件广告；

（三）推销商品或者服务的付费搜索广告；

（四）推销商品或者服务的商业性展示中的广告，法律、法规和规章规定经营者应当向消费者提供的信息的展示依照其规定；

（五）其他通过互联网媒介推销商品或者服务的商业广告。

【释义】 本条是有关互联网广告的含义以及《暂行办法》调整的互联网广告的范围的规定。

一、互联网广告的含义

互联网广告是伴随着互联网的兴起而出现的以互联网为媒介的广

第二部分 《互联网广告管理暂行办法》释义

告。本条第一款将互联网广告定义为:"通过网站、网页、互联网应用程序等互联网媒介,以文字、图片、音频、视频或者其他形式,直接或者间接地推销商品或者服务的商业广告。"这一定义可以从三个方面来理解:

(一)《暂行办法》调整的互联网广告是以直接或者间接地推销商品或者服务为目的的商业广告

广告按照活动目的可以分为商业广告和非商业广告。商业广告又可以分为商品广告和服务广告;常见的非商业广告包括公益广告、政治广告、社团活动广告、启事广告等。互联网广告是广告的一种特殊形式,既包括商业广告,又包括非商业广告。我国的《广告法》只调整商业广告,而《暂行办法》是依据《广告法》制定的,因此《暂行办法》将其调整的互联网广告的范围也限定为商业广告。商业广告最大的特征就是"直接或间接地以推销商品或服务"为目的,以互联网为媒介发布的非商业广告,《暂行办法》不予调整。

(二)互联网广告是以互联网为媒介进行信息传播的商业广告

任何广告信息都依赖一定的媒体和形式进行传播。传统广告信息依赖的传播媒介主要有报纸、广播、电台、电视等。互联网媒介即网络媒体,是借助国际互联网信息传播平台,以计算机或移动通信设备等为终端来传播信息的一种数字化、多媒体的传播媒介。相对于报纸、广播、电台、电视等传统媒体而言,互联网媒介又被称为"新媒体"。以互联网为信息传播媒介,这是互联网广告与传统广告的最大区别,互联网广告的很多特性都是由互联网媒介的特性决定的。互联网媒介形式非常多元化,常见的互联网广告媒介形式主要有网站、网页、应用程序等。

(三)互联网广告的形式可以是文字、图片、音频、视频等单一形式,也可以是这些形式的组合

文字、图片、音频、视频等广告形式在传统广告中均已存在,互联网广告的特色在于使这些传统的广告表现形式具有了交互性,实现

了真正的个性化传播。

二、《暂行办法》调整的互联网广告的范围

（一）推销商品或者服务的含有链接的文字、图片或者视频等形式的广告

链接式广告是最常见的互联网广告类型，可以出现在各类互联网媒介中。链接式广告占用空间较少，在网页上的位置比较自由，它的主要功能是提供通向广告主指定的网页的链接服务，可以是一个小图片、小动画，也可以是一个提示性的标题或文本中的热字。从这个意义上讲，付费搜索广告也主要属于这种类型。所以，本款所列举的这几种类型并不是绝对的，相互之间存在一定的交叉关系。

（二）推销商品或者服务的电子邮件广告

电子邮件广告是指通过互联网将广告发到用户电子邮箱的网络广告形式，它针对性强，传播面广，信息量大，其形式类似于直邮广告。电子邮件广告有可能全部是广告信息，也可能在电子邮件中穿插一些实用的相关信息；可能是一次性的，也可能是多次的或者定期的。需要注意的是，提供电子邮件服务的互联网企业利用电子邮件服务的便利经营的互联网广告业务，并不一定是电子邮件广告。比如，利用邮箱登录页、邮箱底部等广告位中发布互联网广告。从表现形式上看，这些广告可以是链接式广告，甚至可以是商业展示形式的广告。只有通过电子邮件本身来发送的广告，才属于真正的电子邮件广告。

（三）推销商品或者服务的付费搜索广告

付费搜索广告，又称"搜索引擎付费广告"或"搜索引擎竞价广告"，也称为"关键词广告"。企业注册属于自己的"产品关键词"，这些"产品关键词"可以是产品或服务的具体名称，也可以是与产品或服务相关的关键词。当潜在客户通过搜索引擎寻找相应产品信息时，企业网站或网页信息出现在搜索引擎的搜索结果页面或合作网站

第二部分 《互联网广告管理暂行办法》释义

页面醒目位置。这种广告按点击次数收费，企业可以根据实际出价，自由选择竞价广告所在的页面位置。因而企业能够将自己的广告链接更加有的放矢地发布到某一页面，而只有对该内容感兴趣的网民才会点击进入，广告的针对性很强。

利用搜索引擎技术搜索的结果可以分为自然搜索结果和付费搜索结果。付费搜索结果又可以分为广告信息和非广告信息，只有商业广告信息才属于付费搜索广告的范畴。针对不同性质的搜索结果，法律对搜索服务提供商的要求是不同的。国家互联网信息办公室发布的《互联网信息搜索服务管理规定》第十一条规定："互联网信息搜索服务提供者提供付费搜索信息服务，应当依法查验客户有关资质，明确付费搜索信息页面比例上限，醒目区分自然搜索结果与付费搜索信息，对付费搜索信息逐条加注显著标识。互联网信息搜索服务的提供者提供商业广告信息服务，应当遵守相关法律法规。"由此可知，不是所有的付费搜索结果都是广告，或者都应当归《广告法》调整。是否属于付费搜索广告，关键是要看该搜索结果是否符合"直接或者间接推销商品或者服务"这一商业广告的特征。

《互联网广告管理暂行办法》出台后，媒体普遍认为《暂行办法》将付费搜索结果定性为了广告。这实际上是对第三条第二款第（三）项规定的误读。该误读与不久前媒体普遍关注的"魏则西事件"有一定的关系，心情是可以理解的，但是法律是严谨的，也是严肃的。首先，《暂行办法》第三条第二款的目的在于明确其调整的互联网广告的范围，而不是给付费搜索或者竞价排名进行定性。其次，《暂行办法》只是明确了付费搜索广告属于其调整的互联网广告范围，但是并没有给付费搜索广告本身下定义，更没有明确"付费搜索或付费搜索结果就是广告或商业广告"。付费搜索结果中的广告信息是否属于广告，应当着重从两个方面来判断：第一，商业广告信息应当带有推销目的。商业广告的核心目的是介绍商品或服务的优点，从而引发消费者产生消费愿望。如果付费搜索信息本身不带有推销目的，而仅仅是展示形象、扩大影响,则不宜统统认定为广告,否则与普通商业信息就无法区分。第二,商业广告信息应当是对具体商品或者服务的直接或间接推销。直接推销商品或者服务是指在"搜索结果"页面对商品或服务进行展示和介绍,比如,提供了购买途径、价格、促销优惠、功效作用等商业信息。对"间接推销商品或者服务"不能做无限扩大的理解。间接推销也应当是针对具体商品或服务而言的,不应包含公司形象宣传、品牌形象展示等与具体商品或服务无关联的信息。

以百度付费搜索为例。用户输入关键词后,呈现在百度页面上的简短文字描述与链接地址部分,如果符合"直接或间接推销商品或服务"的目的特征,则构成付费搜索广告。但是用户点击链接地址跳转后看到的内容,即便是广告,也不属于《暂行办法》所规定的付费搜索广告,百度对此不承担广告发布者的责任,但是依据《互联网信息搜索服务管理规定》的要求,应依法履行必要的审核义务。

(四)推销商品或者服务的商业性展示中的广告

电子商务平台的出现为我们提供了全新的购物模式。入住这些平台的商家在平台上或在自己的"网店"里精心布置和展示自己推销的商品或服务,其中很多都属于商业性展示信息。商业展示中的很多信息并不属于商业广告,如有关产品如何使用的操作说明等。但是如果商业性展示中的信息符合了商业广告的特征,则属于法律调整的互联网广告。

根据《互联网广告管理暂行规定》第三条第二款第(四)项的规定,"法律、法规和规章规定经营者应当向消费者提供的信息的展示依照其规定"。这一规定有两层含义:第一,法律、法规和规章规定经营者应当向消费者提供的信息的展示,经营者必须提供;第二,如果法律、法规和规章对这些信息应如何展示做出了明确的规定,则应当遵守该规定。这一规定并不意味着这些信息不受广告法律的调整,如果这些信息符合商业广告的特征,同样受广告法律的约束。根据《广告法》第二十八条第二款第(二)项规定,"商品的性能、功能产地、用途、质量、规格、成分、价格、生产者、有效期限、销售状况、曾获荣誉等信息，以及与商品或者服务有关的允诺等信息与实际情况不符，对购买行为有实质性影响的"，构成虚假广告，广告主、广告经营者和广告发布者应当承担虚假广告的法律责任。

（五）其他通过互联网媒介推销商品或者服务的商业广告

互联网广告媒介形式尚在发展中，随着技术的不断进步，除了网站、网页、应用程序等目前广为使用的互联网广告媒介外，将来一定还会有新的可以为广告所利用的媒介形式。利用新生互联网媒介从事的商业广告活动均属于互联网广告的范畴。这是一个兜底性规定。

第四条　鼓励和支持广告行业组织依照法律、法规、规章和章程的规定，制定行业规范，加强行业自律，促进行业发展，引导会员依法从事互联网广告活动，推动互联网广告行业诚信建设。

【释义】本条是关于互联网广告活动中行业自律的规定。

互联网广告业的发展，需要政府的监督管理，但是更需要广告行业的自律规范。国家和法律支持与鼓励广告行业开展自律。本条内容可以从以下三个方面来理解。

一、行业自律主体与组织者

在互联网广告活动中，行业自律的主体是"会员"，即作为广告行业组织成员的广告主、广告经营者、广告发布者及其他参与广告活动的单位和个人。组织实施行业自律的应当是广告行业组织，目前全国性的广告行业组织有中国广告协会、中国商务广告协会和中国广告主协会。在互联网广告活动中，有权组织实施行业自律的主体不应限于这些全国性的行业组织，还应该包括地方各级广告行业协会及广告从业主体依法设立的各种自治组织。

二、行业自律的依据和途径

行业自律的依据主要是行业普遍认可的行业规范，这些行业规范应当是依照我国法律、法规、规章和行业组织章程规定的，其具体名称可以是章程、规定、公约、准则，它们共同构成了广告行业自律的规则体系。自律方式是由行业组织引导会员以行业组织制定的行业规范进行自我约束、自我限制、自我协调和自我管理，使其行为符合国家法律法规、职业道德和社会公德的要求。

三、行业自律的目的和作用

行业自律的目的应当是推动互联网广告行业诚信建设，促进行业发展。广告行业自律对于提高行业自身服务水平，维持广告活动的秩序，有着不可替代的作用。首先，广告行业自律是避免广告纠纷的有效途径。广告行业组织通过自律措施促使广告主、广告经营者和广告发布者了解有关法律规定，增强法制观念，熟悉法律法规及各种具体实施办法。引导广告活动主体加强自律，合法、科学地运用广告手段，恰当地进行广告操作，杜绝广告中的不正当竞争。当出现广告纠纷时，广告行业组织也能积极发挥调解功能。其次，广告行业自律是国家广告监督管理的重要补充。国家监管与行业自律作为维护广告市场秩序的两大力量，在推动广告业健康发展的过程中起着重要的作用。有效的国家监管机制和较为完备的广告行业自律体系都是推动经济发展所不可缺少的。国家对广告的监管和广告行业自律是不能相互代替的，行业自律是国家广告监督管理的重要补充，二者必须有机配合和协调。再次，广告行业自律是广告事业健康发展的保障，从业人员素质良莠不齐，虚假广告屡禁不绝，行业诚信体系缺乏，终究会损害广告行业的整体声誉，妨碍行业的健康发展。通过行业自律达到广告业自身净化的目的，这既是广告行业组织义不容辞的责任，又是广告业健康发展的要求。最后，广告行业自律还是广告法律发挥作用的

第二部分 《互联网广告管理暂行办法》释义

社会根本保证，我国已形成由法律、法规与行政规章共同构建的较为完整的广告法律体系，但是"徒法不足以自行"，若没有行之有效的行业自律相配合，法律的作用是发挥不好的。

第五条 法律、行政法规规定禁止生产、销售的商品或者提供的服务，以及禁止发布广告的商品或者服务，任何单位或者个人不得在互联网上设计、制作、代理、发布广告。

禁止利用互联网发布处方药和烟草的广告。

【释义】本条是关于禁止提供互联网广告服务的规定。

一、法律、行政法规规定禁止生产、销售的商品或者提供的服务，及禁止发布广告的商品或者服务，任何单位或者个人不得在互联网上设计、制作、代理、发布广告

这一款是对《广告法》第三十七条规定内容的重申。《广告法》第三十七条规定："法律、行政法规规定禁止生产、销售的产品或者提供的服务，以及禁止发布广告的商品或者服务，任何单位或者个人不得设计、制作、代理、发布广告。"理解这一款内容的含义，关键是要弄清楚法律、行政法规禁止生产、销售的产品或者提供的服务有哪些，以及法律、行政法规规定禁止发布广告的商品或者服务有哪些。

（一）法律、行政法规规定禁止生产、销售的产品或者提供的服务不得设计、制作、发布广告

法律、行政法规禁止生产、销售或者提供服务的产品，主要有：

1.《食品安全法》第三十四条规定的食品、食品添加剂、食品相关产品。包括：（1）用非食品原料生产的食品或者添加食品添加剂以外的化学物质和其他可能危害人体健康物质的食品，或者用回收食品作为原料生产的食品；（2）致病性微生物，农药残留、兽药残留、生物毒素、重金属等污染物质以及其他危害人体健康的物质含量超过食

151

品安全标准限量的食品、食品添加剂、食品相关产品；（3）用超过保质期的食品原料、食品添加剂生产的食品、食品添加剂；（4）超范围、超限量使用食品添加剂的食品；（5）营养成分不符合食品安全标准的专供婴幼儿和其他特定人群的主辅食品；（6）腐败变质、油脂酸败、霉变生虫、污秽不洁、混有异物、掺假掺杂或者感官性状异常的食品、食品添加剂；（7）病死、毒死或者死因不明的禽、畜、兽、水产动物肉类及其制品；（8）未按规定进行检疫或者检疫不合格的肉类，或者未经检验或者检验不合格的肉类制品；（9）被包装材料、容器、运输工具等污染的食品、食品添加剂；（10）标注虚假生产日期、保质期或者超过保质期的食品、食品添加剂；（11）无标签的预包装食品、食品添加剂；（12）国家为防病等特殊需要明令禁止生产经营的食品；（13）其他不符合法律、法规或者食品安全标准的食品、食品添加剂、食品相关产品。

2.《药品管理法》第三十八条、第四十二条、第四十八条规定的药品。包括：（1）禁止进口疗效不确定、不良反应大或者其他原因危害人体健康的药品；（2）已被撤销批准文号或者进口药品注册证书的药品；（3）禁止生产（包括配制）、销售假药；（4）禁止生产、销售劣药；（5）其他不符合药品标准规定的。

3.《产品质量法》第二十九条规定："生产者不得生产国家明令淘汰的产品。"第三十五条规定："销售者不得销售国家明令淘汰并停止销售的产品和失效、变质的产品。"

4.《清洁生产促进法》第二十四条规定："禁止生产、销售和使用有毒、有害物质超过国家标准的建筑和装修材料。"

5.《标准化法》第十四条规定："强制性标准，必须执行。不符合强制性标准的产品，禁止生产、销售和进口。"

6.《盐业管理条例》第十七条规定："禁止利用盐土、硝土和工业废渣、废液加工制盐。"

7. 法律、行政法规规定禁止提供的服务。

第二部分 《互联网广告管理暂行办法》释义

（二）法律、行政法规规定禁止发布广告的商品或者服务，不得设计、制作、发布广告

1. 根据《广告法》第十五条的规定，麻醉药品、精神药品、医疗用毒性药品、放射性药品等特殊药品，药品类易制毒化学品，以及戒毒治疗的药品、医疗器械和治疗方法，不得做广告。

2. 其他法律、法规规定的禁止发布广告的商品或服务。

二、禁止利用互联网发布处方药广告

为了保障人民的身体健康和安全，我国自 2000 年 1 月 1 日起，实行处方药和非处方药分类管理制度。《处方药与非处方药分类管理办法（试行）》规定，根据药品品种、规格、适应症、剂量及给药途径不同，对药品分别按处方药与非处方药进行管理。处方药必须凭执业医师或执业助理医师处方才可调配、购买和使用；非处方药不需要凭执业医师或执业助理医师处方即可自行判断、购买和使用。

根据《广告法》第十五条第二款的规定，除了麻醉药品、精神药品、医疗用毒性药品、放射性药品等特殊药品、戒毒治疗的药品不得做广告外，其他处方药"只能在国务院卫生行政部门和国务院药品监督管理部门共同指定的医学、药学专业刊物上作广告"。《药品管理法》第六十条也规定："处方药可以在国务院卫生行政部门和国务院药品监督管理部门共同指定的医学、药学专业刊物上介绍，但不得在大众传播媒介发布广告或者以其他方式进行以公众为对象的广告宣传。"

互联网属于大众传播媒介，所以，不得利用互联网发布处方药广告。

三、禁止利用互联网发布烟草广告

《广告法》第二十二条第一款规定："禁止在大众传播媒介或者公共场所、公共交通工具、户外发布烟草广告。禁止向未成年人发送任何形式的烟草广告。"互联网属于大众传播媒介，因此，不得利用

互联网广告法律制度理解与应用

互联网发布烟草广告。

第六条　医疗、药品、特殊医学用途配方食品、医疗器械、农药、兽药、保健食品广告等法律、行政法规规定须经广告审查机关进行审查的特殊商品或者服务的广告，未经审查，不得发布。

【释义】本条是关于特殊商品和服务互联网广告行政审查制度的规定。

一、广告行政审查制

　　广告不仅关系到广告主、广告经营者、广告发布者的经济利益，更与消费者的生活和健康息息相关。如何保证一些特殊商品和服务广告信息的真实可靠，是每个国家广告立法特别关注的问题。有些国家采取前置审查制，有些国家采取事后惩罚制，还有国家实行前置审查和事后惩罚相结合制。我国对部分特殊商品和服务实行强制性前置广告审查制。互联网广告行政审查，是指利用互联网发布法律、行政法规规定商品服务的广告之前，由广告审查机关对广告内容进行审查的行政审批制度。

二、互联网广告行政审查的范围

　　互联网广告中，需要进行行政审查的特殊商品与服务广告的范围包括：

　　（一）医疗、药品、医疗器械、农药、兽药、保健食品广告

　　这是《广告法》第四十六条明确要求进行广告审查的几种特殊商品和服务广告。这些商品和服务具有显著的特殊性，医疗、药品、医疗器械、保健食品直接关系消费者的生命健康，农药、兽药除了关系财产安全外，也有使用安全问题。法律、行政法规对这些广告内容的真实性、合法性给予特别关注，做了一些必要的限制，以防止由于虚假违法广告宣传误导消费者，造成人身或财产的损害。

第二部分 《互联网广告管理暂行办法》释义

(二) 特殊医学用途配方食品广告

这一类广告 2015 年新修订的《广告法》中没有规定。但是根据新修订的《食品安全法》的规定，特殊医学用途配方食品广告适用药品广告管理的规定。特殊医学用途配方食品是为了满足进食受限、消化吸收障碍、代谢紊乱或特定疾病状态人群对营养素或膳食的特殊需要，专门加工配制而成的配方食品，应当在医生或临床营养师指导下食用。鉴于其属性特殊，特定全营养配方食品广告按处方药广告审批管理，其他类别特殊医学用途配方食品广告按非处方药审批管理。《互联网广告管理暂行办法》在立法时将这一类特殊广告纳入本条的规定。

(三) 法律、行政法规规定须经广告审查机关进行审查的特殊商品或者服务的广告

这样规定，一是为了防止本条在列举时有可能出现遗漏；二是为了适应未来广告市场的发展变化，为今后对一些特殊的商品和服务广告进行审查提供相应的法律依据。比如，按照《农业转基因生物安全管理条例》第三十条的规定，农业转基因生物的广告，应当经国务院农业行政主管部门审查批准后，方可刊登、播放、设置和张贴。这类广告也应属于行政审查的范围。

三、互联网广告行政审查机关

广告审查机关并不是一个统一行使广告审查权的机构，而是与法律、行政法规规定的需要进行广告审查的商品或服务"有关的部门"，通常是对这些特殊商品或服务实施行政管理的主管部门，比如，负责医疗管理的卫生行政主管部门，负责食品、药品、医疗器械管理的食品、药品行政管理部门，负责农药、兽药管理的农业行政主管部门等。

四、互联网广告行政审查的内容和依据

广告行政审查的核心是广告的真实性和合法性。审查的重点是广告内容是否具有虚假、违法宣传或者容易误导消费者、使消费者产生歧义

的画面或文字内容等。互联网广告审查的依据除了《广告法》和《互联网广告管理暂行办法》外，因商品和服务的不同，审查时依据的其他法律也不相同。比如，医疗广告审查需要依据《医疗广告管理办法》、《中医药条例》；药品广告审查需要依据《药品管理法》、《药品广告审查办法》；医疗器械广告审查需要依据《医疗器械监督管理条例》、《医疗器械广告管理办法》、《医疗器械广告审查办法》；农药广告审查需要依据《农药管理条例》、《农药广告审查办法》；兽药广告审查需要依据《兽药管理条例》、《兽药广告审查办法》；保健食品广告审查需要依据《食品安全法》、《保健食品广告审查暂行规定》等。

五、互联网广告审查的结果

按照《广告法》的规定，广告审查机关应当依照法律、行政法规规定做出审查决定，并应当将审查批准文件抄送同级工商行政管理部门。广告审查机关应当及时向社会公布批准的广告。未经审查或审查未获通过的广告，不得发布。

第七条 互联网广告应当具有可识别性，显著标明"广告"，使消费者能够辨明其为广告。

付费搜索广告应当与自然搜索结果明显区分。

【释义】本条是关于互联网广告可识别性要求的规定。

一、互联网广告应当具有可识别性，显著标明"广告"，使消费者能够辨明其为广告

广告信息应当具有可识别性，这是《广告法》已有的要求。《广告法》第十四条第一款规定："广告应当具有可识别性，能够使消费者辨明其为广告。"该条第二款规定："大众传播媒介不得以新闻报道形式变相发布广告。通过大众传播媒介发布的广告应当显著标明'广

第二部分 《互联网广告管理暂行办法》释义

告',与其他非广告信息相区别,不得使消费者产生误解。"从这些规定中可知,要求"广告应当具有可识别性"的目的是为了防止消费者"产生误解",而且这一要求的主要对象是"大众传播媒介"。

报纸、广播、电视等传统大众传播媒介的主营业务几乎都不是广告业务,开展广告业务是这些大众传播媒介的兼营活动。但是这些大众传播媒介又都是发布广告的主要载体、渠道和平台。大众传播媒介上的信息既有广告信息又有非广告信息,两种不同的信息在同一媒体上发布,如果不加区分或不容易区分,有可能对消费者产生误导,甚至引发消费者不当消费,给消费者造成损失。因此,让消费者清晰区分大众传播媒介发布的广告信息与非广告信息,应该是大众传播媒介履行的一项重要义务。法律明确要求广告内容具有可识别性,不但有利于保护消费者的合法权益,具有可识别性的广告信息也有利于广告监督管理机关及时、准确地依法实施监督管理。这就是《广告法》规定"广告应当具有可识别性"的立法目的所在。

互联网是一个集各种信息资源为一体的资源网,与传统的大众传播媒介相比,互联网上的信息具有数量庞大、内容丰富、覆盖面广、共享程度高等特点。互联网上的信息是传统媒体信息数量的几何级倍数,而且信息内容几乎无所不包,在形式上又有文本、图像、声音、软件、数据库等多种。互联网在带给我们更大信息选择余地的同时,也给我们带来分辨信息的困难。如果不能让消费者清晰分辨广告信息与非广告信息,虚假、误导甚至欺骗等违法广告给消费者造成的危害将比以往任何媒体的危害都要大得多。要求互联网广告具有可识别性,有更加现实的意义。因此,本条第一款明确规定:"互联网广告应当具有可识别性。"

履行使互联网广告具有可识别性义务的具体方式,是给互联网广告信息显著标明"广告"。判断是否"显著"的标准,则是"消费者能够辨明其为广告"。这里有两个问题需要说明:第一个问题是,必须要显著标明"广告"这两个汉字标识,还是只要采取了使消费者能够辨明其为广告的措施就可以？统一标明"广告"这两个汉字既可以明确标准，又可以降低消费者辨别信息的成本，有其优势。但是互联网广告形式多样，既有文字也有图片，既有音频又有视频，具体标注的形式很难统一，应结合不同的广告形式来确定具体标注形式。在特定的情况下，如果有比标注"广告"字样更容易使消费者辨明广告，从立法目的上来看执法中也应视为已履行"使广告具有可识别性"的义务。因此，执法中应当允许有特例存在。第二个问题是，由于认知能力和水平的差异，在判断使"消费者能够辨明其为广告"的"显著"程度时，应当以一般人的认知和辨别能力为准，而不能以具体消费者的认知能力为准。

二、付费搜索广告应当与自然搜索结果明显区分

本条第二款是针对付费搜索广告所做的特别规定。付费搜索广告属于付费搜索信息的范畴。国家互联网信息办公室发布的《互联网信息搜索服务管理规定》第十一条规定："互联网信息搜索服务提供者提供付费搜索信息服务，应当依法查验客户有关资质，明确付费搜索信息页面比例上限，醒目区分自然搜索结果与付费搜索信息，对付费搜索信息逐条加注显著标识。互联网信息搜索服务的提供者提供商业广告信息服务，应当遵守相关法律法规。"因此，本条第二款特别要求"付费搜索广告应当与自然搜索结果明显区分"。

本条第一款要求互联网广告应当显著标明为"广告"，第二款则要求付费搜索广告应当与自然搜索结果显著区分。这给正确理解两款内容之间的关系带来了一定的困难。因为，如果已经通过对付费搜索结果加底纹、增大标识颜色等手段将付费搜索广告与自然搜索结果进行了明确区分，是否还有必要将付费搜索结果——标注为"广告"呢？从美国联邦贸易委员会（FTC）对付费搜索的管制来看，其仅要求搜索引擎公司将付费搜索结果与自然搜索结果做明确区分，至于如何标注，并不是其管制重点。

第二部分 《互联网广告管理暂行办法》释义

从本条第二款的条文表述来看，《暂行办法》其实是将互联网上的信息搜索结果分为三种情况：

一是自然搜索结果。无论其是否属于广告，搜索服务提供商对此信息无需承担直接"标识"的义务，最多尽到互联网信息服务提供者的注意义务就够了，没有广告主体的法律义务和责任。

二是付费搜索的非商业广告信息。该信息也不归《暂行办法》调整。依据《互联网信息搜索服务管理规定》的要求，互联网信息搜索服务提供者应当依法查验客户有关资质，明确付费搜索信息页面比例上限，醒目区分自然搜索结果与付费搜索信息，并对该搜索信息逐条加注显著标识。但是互联网信息搜索服务提供者无须承担广告主体的责任。

三是付费搜索的商业广告信息。该信息归《广告法》和《暂行办法》调整。互联网信息搜索服务提供者的身份是付费搜索广告的广告发布者（有时同时是广告经营者），需要承担广告发布者的义务和责任。对该信息除了"与自然搜索结果明确区分"外，还得逐条标明"广告"，使该广告信息具有可识别性。

第八条 利用互联网发布、发送广告，不得影响用户正常使用网络。在互联网页面以弹出等形式发布的广告，应当显著标明关闭标志，确保一键关闭。

不得以欺骗方式诱使用户点击广告内容。

未经允许，不得在用户发送的电子邮件中附加广告或者广告链接。

【释义】本条是关于在互联网广告活动中保障用户正常使用网络权利的规定。

一、用户有正常使用网络的权利

互联网实行的是"免费服务＋广告增值"的经营模式，用户在互联网媒体上浏览海量的信息几乎是免费的，而互联网企业则主要依靠广告收入来维持和发展。因此，用户在使用互联网时，应当允许或者容忍互联网广告的存在。但是互联网广告活动本身也必须讲究方式方法，同时还应该有度。互联网广告的底线就是不得影响用户正常使用网络，不得骚扰用户的正常生活，更不能利用欺骗的手段强迫或变相强迫用户浏览广告。这正是本条的立法宗旨所在。

二、利用互联网发布、发送广告，不得影响用户正常使用网络。在互联网页面以弹出等形式发布的广告，应当显著标明关闭标志，确保一键关闭

本条第一款中的规定是对《广告法》要求的重申。《广告法》第四十四条规定："利用互联网发布、发送广告，不得影响用户正常使用网络。在互联网页面以弹出等形式发布的广告，应当显著标明关闭标志，确保一键关闭。"随着互联网的发展和网络广告市场竞争的加剧，不正当的互联网广告形式花样不断翻新，有些互联网广告要么不能正常关闭，要么提供欺骗性链接，甚至提供虚假关闭按钮，点击关闭以后又不断跳出新的广告页面，强迫用户浏览观看，严重影响了用户对网络的正常使用，侵犯用户合法权益。《暂行办法》作为专门规范互联网广告的第一个法律文件，对《广告法》中"不得影响用户正常使用网络"这项必须遵守的一般性义务予以了重申，从保护消费者权益的角度出发，要求发布或发送广告要充分考虑用户体验。

传统广告一般都称为"发布广告"，但是本款中提到利用互联网"发布广告"和"发送广告"两种形式，这两者之间其实是有一定区别的。"发布广告"的对象通常是不特定的社会大众，即"广而告之"，如电视广告、广播电台广告、报刊杂志广告等；而"发送广告"一般是针对特定的人或受众，即"精准营销"，如移动短信广告、电子邮箱广告等。传统的广告一般采用发布的形式，电子信息广告则通常采用发送的方式。互联网既是一个发布广告的大众媒介，又是一个发送广告的网络

第二部分 《互联网广告管理暂行办法》释义

平台。互联网程序化广告交易利用大数据定位用户需求，这种基于大数据的精准营销模式在整个互联网广告市场中的占比越来越高。

网络用户是否有拒绝互联网广告的权利？这个问题早在《广告法》修订过程中就已经反复讨论过。受手机垃圾短信骚扰的影响，有一种意见认为，所有互联网广告都应为消费者提供拒绝广告的途径和关闭广告内容的方式，建议所有互联网广告都应当提供拒绝选项，将是否接受互联网广告的选择权完全交给用户。在《广告法》修订过程中公开征求意见的"草案"中就曾规定，"在电子邮箱、即时通信工具等互联网私人空间"发布广告的，应当提供拒绝选项。但是一方面，考虑到互联网广告存在的必要性；另一方面，考虑到在所有互联网广告类型中，对用户最具骚扰性的主要是会遮挡、妨碍网页显示内容，影响正常浏览的弹出类广告，公众反映最强烈的也是这一类互联网广告。因此，修订后的《广告法》从平衡用户权益与促进互联网行业发展的角度，将允许用户选择，且将需要"一键关闭"的范围严格限定在"弹出类广告"。

《暂行办法》在起草和讨论过程中，要求赋予用户拒绝互联网广告权利的呼声再次出现。考虑到《广告法》是《暂行办法》的上位法，对于给公民或企业设定义务的规定，《暂行办法》不宜超越《广告法》的规定随意扩大义务范围。最终《暂行办法》第一款只是重申了《广告法》"在互联网页面以弹出等形式发布的广告，应当显著标明关闭标志，确保一键关闭"的要求。"一键关闭"的要求具体表现为三个方面：一是弹出类广告必须具备关闭功能；二是应当显著标明关闭标志，即有标志并且显著到正常用户可以发现；三是能够实现只要点击一次关闭标志即可执行关闭功能。

三、不得以欺骗方式诱使用户点击广告内容

互联网广告很多都实行点击计费模式，网站的广告收入直接与用户的点击量挂钩。在利益的驱使下，为了增加点击量，有些互联网广

告中设置了诱骗用户点击的功能。比如，有些广告需要点击多次才能关闭，有些广告点击关闭标志后反而会打开更多广告。对这种诱使用户虚假点击广告内容的违法行为，法律必须予以制止和打击。因此，本条第二款明确规定："不得以欺骗方式诱使用户点击广告内容。"

四、未经允许，不得在用户发送的电子邮件中附加广告或者广告链接

电子邮件广告是一类常见的互联网广告。提供电子邮件服务的互联网企业也经常利用电子邮件服务的便利经营互联网广告业务，比如，利用邮箱登录页、邮箱底部等广告位中发布互联网广告。电子邮件广告有可能全部邮件是广告信息，也可能在电子邮件中穿插一些相关的广告信息，可能是一次性的，也可能是多次的或者定期的。本款所禁止的电子邮件广告是指未经发送电子邮件的用户同意，擅自在其正常发送的电子邮件中"夹带"广告或者广告链接。因为，这种行为侵犯了用户的私人空间和隐私，法律应当予以禁止。如果用户事先允许，则不在本款禁止范围内。

第九条 互联网广告主、广告经营者、广告发布者之间在互联网广告活动中应当依法订立书面合同。

【释义】本条是关于互联网广告合同的规定。

合同是平等主体的公民、法人、其他组织之间设立、变更、终止债权债务关系的协议。互联网广告合同是指互联网广告主、广告经营者、广告发布者之间在互联网广告活动中，为了实现一定的经济目的，明确相互之间的权利和义务而签订的协议。

本条"依法订立书面合同"中的"法"是广义的法，指所有与互联网广告所推销的商品或者服务、广告内容及表现形式有关的法律规定。根据《合同法》的规定，互联网广告合同的订立包括要约和承诺两个阶段。合同的具体内容由当事人约定，具体表现为经双方当事人

第二部分 《互联网广告管理暂行办法》释义

协商一致、确定双方当事人权利义务的具体条文。

广告合同有很多种类,在不同的合同中,当事人的权利和义务不同,因此,合同的内容也有所差异。依据广告合同内容的不同,可以将广告合同区分为广告设计合同、广告制作合同、广告发布合同、广告委托合同和广告代理合同。我国《合同法》规定,当事人订立合同,可以采用书面形式、口头形式和其他形式。法律、行政法规规定采用书面形式的,应当采用书面形式。当事人约定采用书面形式的,应当采用书面形式。书面形式的合同内容明确肯定,有据可查,对于防止争议和解决纠纷有积极意义。书面形式一般是指当事人双方以合同书、书信、电报、电传、传真等形式达成协议。修订后的《广告法》要求广告合同必须采取书面形式。《暂行办法》也要求互联网广告活动主体在广告活动中应当依法订立书面形式的合同。一方面是因为互联网广告发布过程链条长,参与主体多,需要用书面合同的形式明确各方参与主体的权利与义务;另一方面,在发生消费纠纷或者侵权行为时,书面合同更容易分清各方责任。

第十条　互联网广告主应当对广告内容的真实性负责。

广告主发布互联网广告需具备的主体身份、行政许可、引证内容等证明文件,应当真实、合法、有效。

广告主可以通过自设网站或者拥有合法使用权的互联网媒介自行发布广告,也可以委托互联网广告经营者、广告发布者发布广告。

互联网广告主委托互联网广告经营者、广告发布者发布广告,修改广告内容时,应当以书面形式或者其他可以被确认的方式通知为其提供服务的互联网广告经营者、广告发布者。

【释义】本条是关于互联网广告主的权利和义务的规定。

一、互联网广告主应当对广告内容的真实性负责

广告真实性原则是《广告法》最为核心的原则。所谓广告的真实

性，是指广告必须真实地、客观地宣传有关商品或者服务的情况，而不能弄虚作假。广告的真实性包括两个层面：一是广告的产品和服务应当真实，要求广告所介绍和推销的产品或服务是客观存在和真实可靠的；二是广告表现要真实，要求广告在产品和服务信息的选择和传递方式上要全面和真实。产品和服务的信息有很多，广告应当把最为重要的信息传达给受众，而不能在宣传"亮点"的同时刻意规避对消费者至关重要的信息。比如，医疗器械广告不能只宣传其功效而不告知注意事项，药品广告不能只说明治疗功能而不提禁忌内容。了解注意事项和禁忌内容不仅是消费者的知情权，对消费者的生命健康也是至关重要的。广告是创意产业，广告可以采用夸张的手法，但夸张必须要有限度，即常人应当能够很容易识别出这是夸张，广告不能传达暗示性的信息或利用公众缺乏专门知识来误导公众。

广告主是指为推销商品或者服务，自行或者委托他人设计、制作、发布广告的自然人、法人或者其他组织。广告主是广告活动的发起人和原动力，对自己推销的商品或服务的真实情况最为了解，由广告主对广告内容真实性进行把关是最直接和最有效的。因此，修订后的《广告法》明确要求"广告主应当对广告内容的真实性负责"。本款规定是对《广告法》这一要求在互联网广告活动中的重申。广告主应当对广告内容的真实性负责包括两层含义：一是广告主对广告内容的真实性应当负有首要责任，如果构成虚假广告，给消费者造成损害，广告主应当首先承担法律责任；二是广告主对广告内容的真实性负有举证义务，并承担因对广告内容真实性举证不能而带来的不利后果。广告主对广告内容真实性负责，并不意味着其他广告活动主体对广告内容的真实性可以不负责任。广告经营者和广告发布者对广告内容的真实性负有审核义务并承当相应的法律责任。

二、广告主发布互联网广告需具备的主体身份、行政许可、引证内容等证明文件，应当真实、合法、有效

《暂行办法》第九条规定："互联网广告主、广告经营者、广告

第二部分 《互联网广告管理暂行办法》释义

发布者之间在互联网广告活动中应当依法订立书面合同。"第十五条规定:"广告需求方平台经营者、媒介方平台经营者、广告信息交换平台经营者以及媒介方平台的成员,在订立互联网广告合同时,应当查验合同相对方的主体身份证明文件、真实名称、地址和有效联系方式等信息,建立登记档案并定期核实更新。"这些规定都表明,广告主在开展互联网广告活动时,应当具备必要的身份证明文件。实践中身份证明文件主要包括:营业执照、事业单位登记证、社团组织登记证、民办非企业单位登记证、自然人身份证明等。广告主应当保障这些身份证明文件真实、合法、有效。

广告主从事互联网广告活动时,有些活动内容涉及的事项按照法律、法规的要求需要取得行政许可。《广告法》第十一条第一款规定:"广告内容涉及的事项需要取得行政许可证的,应当与许可的内容相符合。"广告主发布《暂行办法》第六条规定的医疗、药品、特殊医学用途配方食品、医疗器械、农药、兽药、保健食品广告等法律、行政法规规定须经广告审查机关进行审查的特殊商品或者服务的广告时,广告主就应当依法申请行政审查,并取得广告审查批准文件,才能发布这些广告。广告主应当保证这些行政许可文件的真实、合法和有效性,不得伪造、变造或非法购买广告审查批准文件。

《广告法》第十一条第二款规定:"广告使用数据、统计资料、调查结果、文摘、引用语等引证内容的,应当真实、准确,并表明出处。"据此,在互联网广告活动中,广告主应当提供这些引证内容的证明文件,并保证其真实、合法、有效。

三、广告主可以通过自设网站或者拥有合法使用权的互联网媒介自行发布广告,也可以委托互联网广告经营者、广告发布者发布广告

《广告法》第二条第二款规定:"本法所称广告主,是指为推销商品或者服务,自行或者委托他人设计、制作、发布广告的自然人、法人或者其他组织。"从这个定义中可知,广告主可以委托他人发布

165

广告，也可以自行发布广告。但是在传统广告中，除了少量的户外广告和印刷品广告外，广告主自行发布广告的现象并不常见。因为广告主通常都不拥有大众传播媒介，报纸、广播电台、电视台等媒介资源都是独立于广告主的，广告主发布广告，通常只能委托这些传统的大众传播媒体来进行。

互联网的出现逐步改变了这种状况。在互联网广告的早期，广告主发布互联网广告也主要是采取委托方式进行的，与传统广告的发布形式并无太大区别。随着互联网的发展和自媒体的出现，广告主开始有了自己的网站、网页或自媒体平台，传统的委托发布广告的模式得到极大改观。即使广告主自己不拥有互联网媒体，但是由于链接等互联网广告形式的出现，广告主只需要在互联网媒体上拥有一个"合法使用"的广告位置，即可自行发布广告，或者通过链接方式将自己的广告链接到无限的互联网空间，并且能够实时更新。这种模式真正解决了中小企业的广告宣传难题。随着互联网的发展，尤其是移动互联网的快速普及，广告主利用微博账号、微信公众号发布互联网广告的问题引起了社会关注。微博账号、微信公众号的所有权归谁，目前争议较大。本条中使用了"拥有合法使用权的互联网媒介"这样一种表述，既明确了互联网广告主的权利，同时又回避了有关所有权争议的问题。

四、互联网广告主委托互联网广告经营者、广告发布者发布广告，修改广告内容时，应当以书面形式或者其他可以被确认的方式通知为其提供服务的互联网广告经营者、广告发布者

本款是针对互联网广告的特性所做的专门性规定。在传统广告中，对已经发布的广告，不存在广告主自行修改广告内容的问题，因为从技术上讲广告主根本做不到。在互联网广告中，由于互联网广告所特有的链接和跳转等功能，一方面给广告主随时修改已发布互联网广告内容提供了技术上的可能性；另一方面，也给互联网广告经营者、广告发布者

第二部分 《互联网广告管理暂行办法》释义

审查和保持广告内容合法性带来了困难。互联网广告经营者和广告发布者为广告主的广告提供了链接服务后，不仅对用户点击跳转后的落地网页中的广告内容无法实施有效监管，即便是对呈现在广告发布者自己网站上的广告内容，比如付费搜索广告内容，由于广告内容数量庞大，且变动频繁，互联网广告发布者对广告主擅自修改其广告内容的行为也是防不胜防。在这种情况下，如果广告主擅自修改广告内容导致广告违法时，让互联网广告经营者和广告发布者承担法律责任，显然是不公平的。为此，本款规定了广告主的通知义务，要求互联网广告主在修改广告内容时，应当以书面形式或者其他可以被确认的方式通知为其提供服务的互联网广告经营者、广告发布者。未履行通知义务，违法广告的后果由广告主自负。本款特别强调通知的方式应当是"书面形式或者其他可以被确认的方式"。修改广告内容时，广告主是否应当征得互联网广告经营者、广告发布者的同意呢？本款没有规定。这可以由双方签订的广告合同来规范。如果互联网广告经营者、广告发布者认为广告主修改广告内容可能导致广告违法，则有权拒绝发布。

第十一条 为广告主或者广告经营者推送或者展示互联网广告，并能够核对广告内容、决定广告发布的自然人、法人或者其他组织，是互联网广告的发布者。

【释义】 本条是关于互联网广告发布者的规定。

在制定《暂行办法》的过程中，如何定义互联网广告发布者，曾有过各种争论。互联网在很大程度上改变了人们对"广告发布"的传统认识。在传统媒介广告中，广告发布者的身份是比较容易识别的。通常情况下，拥有广告媒介资源并最终让广告受众感受到广告内容的主体就是广告发布者。比如，让我们看到报纸广告内容的报社，让我们听到或看到电视广告内容的电视台，让我们听到广播广告内容的电台等。在传统广告中，广告发布者的身份一般不会存在太大的争议。

互联网广告法律制度理解与应用

在互联网广告中则出现了很大的不同。尤其是在程序化购买广告中，广告主并不清楚自己的广告将会发布在哪个具体的广告位中，而媒体资源方的成员也不清楚谁的广告将会呈现在其广告位中。在这种情况下，呈现广告内容的媒介方成员无法实现对发布广告内容的事先审查，也就无法承担相应的法律责任。因此，在互联网广告中，需要采用新的标准来确定广告发布者。

本条将确认互联网广告发布者的条件归纳为三个：第一，实施了推送或者展示互联网广告内容的行为；第二，在推送或展示互联网广告之前，有能力和条件核对广告内容；第三，有权利和条件决定是否向互联网媒介呈送广告。这三个条件必须同时具备，缺一不可。正是基于这种考虑，本办法第十四条才规定，在程序化购买广告中，"广告需求方平台是指整合广告主需求，为广告主提供发布服务的广告主服务平台。广告需求方平台的经营者是互联网广告发布者、广告经营者。"

根据本条对互联网广告发布者的定义，可以将互联网广告发布者分为三种类型：一是为广告主或者广告经营者推送互联网广告，并能够核对广告内容、决定呈送广告内定的互联网广告发布者；二是为广告主或者广告经营者展示互联网广告，并能够核对广告内容、决定呈送广告内容的互联网广告的发布者；三是为广告主或者广告经营者既推送又展示互联网广告，并能够核对广告内容、决定呈送广告内容的互联网广告的发布者。根据互联网广告发布者的法律身份的不同，可以分为：自然人发布者、法人型发布者和其他组织型的发布者。另外，根据《暂行办法》关于互联网广告的定义和范围，互联网广告发布者还可以分为：推销商品或者服务的链接式互联网广告发布者；推销商品或者服务的电子邮件广告发布者；推销商品或者服务的付费搜索广告发布者；推销商品或者服务的商业性展示中的广告发布者；其他形式的互联广告发布者。

第二部分 《互联网广告管理暂行办法》释义

第十二条　互联网广告发布者、广告经营者应当按照国家有关规定建立、健全互联网广告业务的承接登记、审核、档案管理制度；审核查验并登记广告主的名称、地址和有效联系方式等主体身份信息，建立登记档案并定期核实更新。

互联网广告发布者、广告经营者应当查验有关证明文件，核对广告内容，对内容不符或者证明文件不全的广告，不得设计、制作、代理、发布。

互联网广告发布者、广告经营者应当配备熟悉广告法规的广告审查人员；有条件的还应当设立专门机构，负责互联网广告的审查。

【释义】本条是关于互联网广告经营者、广告发布者的权利和义务的规定。

一、按照国家有关规定建立、健全互联网广告业务的承接登记、审核、档案管理制度

《广告法》第三十四条规定："广告经营者、广告发布者应当按照国家有关规定，建立、健全广告业务的承接登记、审核、档案管理制度。"广告经营者、广告发布者从事互联网广告活动，需要建立、健全一套日常的管理制度，这些制度包括广告业务的承接登记、审核、档案管理等制度。

承接登记是指互联网广告经营者、广告发布者在接受广告主或广告经营者委托的广告业务时，应当认真了解和记录委托人的主体资格和广告业务来源及其合法性等基本信息。审核是指互联网广告经营者、广告发布者应当依据《广告法》及有关法律、行政法规对承接广告业务的内容和表现形式进行查验。互联网广告经营中需要保管的档案内容是非常广泛的，涉及广告业务的各个环节和流程。包括但不限于广告主出具的各种证明文件、广告活动当事人之间签订的广告合同、广告内容的修改记录、广告主对广告发布样稿的确认记录、广告

审核意见、广告客户和消费者对广告发布后的反映等。

与传统广告相比，互联网广告环节更多，链条更长。建立、健全广告业务的承接登记、审核、档案管理制度，既有利于促进对互联网广告活动的规范管理，提高业务水平，减少违法广告；又有利于当事人在发生纠纷时进行举证和分清责任。此外，完整而清晰的档案资料还有利于提高工商行政管理部门监管执法效率。这里的"建立、健全"包括两个方面：一是必须要有这些制度，二是这些制度的内容要全面完整，且行之有效。

二、审核查验并登记广告主的名称、地址和有效联系方式等主体身份信息，建立登记档案并定期核实更新

《暂行办法》第九条规定："互联网广告主、广告经营者、广告发布者之间在互联网广告活动中应当依法订立书面合同。"第十五条规定："广告需求方平台经营者、媒介方平台经营者、广告信息交换平台经营者以及媒介方平台的成员，在订立互联网广告合同时，应当查验合同相对方的主体身份证明文件、真实名称、地址和有效联系方式等信息、建立登记档案并定期核实更新。"这都是针对互联网广告发布链条长、参与主体众多、职责不宜区分等特点所做的规定，是对《广告法》相关要求的必要补充。尤其是在程序化购买广告模式中，参与主体更多，法律关系更为复杂。因此，在订立互联网广告合同时，认真查验合同相对方的主体身份证明文件、真实名称、地址和有效联系方式等信息、建立登记档案并定期核实更新更为重要。

三、查验有关证明文件，核对广告内容，对内容不符或者证明文件不全的广告，不得设计、制作、代理、发布

《广告法》第三十四条规定："广告经营者、广告发布者依据法律、行政法规查验有关证明文件，核对广告内容。对内容不符或者证明文件不全的广告，广告经营者不得提供设计、制作、代理服务，广

第二部分 《互联网广告管理暂行办法》释义

告发布者不得发布。"《暂行办法》第十条也规定:"广告主发布互联网广告需具备的主体身份、行政许可、引证内容等证明文件,应当真实、合法、有效。"这些规定确立了互联网广告经营者、广告发布者的广告自律审查义务:一是依据法律、行政法规查验有关证明文件;二是核对广告内容。

广告自律审查的具体内容包括:第一,查验各类广告证明文件的真实性、合法性、有效性,对证明文件不全的,要提出补充收取证明文件的意见。第二,核对广告内容的真实性、合法性、科学性,审查广告内容与证明文件是否一致,是否有违法内容,表达是否容易产生误导。第三,对广告的形式进行检查,检查是否存在国家禁止发布的形式。第四,检查广告内容和形式是否健康,是否符合社会主义精神文明建设和弘扬中华民族优秀传统文化的要求。第五,对广告的整体效果进行检查,确保不具备专业背景的普通消费者能够正确理解广告内容,不至于引起消费者的误解。

互联网广告经营者、广告发布者在自律审查时,如果发现内容不符或者证明文件不全的广告,则不得设计、制作、代理、发布。

四、配备熟悉广告法规的广告审查人员;有条件的还应当设立专门机构,负责互联网广告的审查

互联网广告自律审查具有信息量庞大、广告形式多样、法律关系复杂等特性,虽然可以借助网络技术来完成一些审查工作,但是互联网广告对审查人员的法律知识和能力的要求仍然远远高于对传统广告审查人员的要求。因此,互联网广告经营者、广告发布者必须配备熟悉相关法律的专业审查人员。实践中,大型互联网广告经营者,比如百度、腾讯、新浪等,均已设立了专门的广告审查机构,组建专业的队伍来负责互联网广告审查。配备熟悉广告法规的专业人员是互联网广告经营者必备的条件,但是设立专门机构是供互联网广告经营者、广告发布者选择的一种要求,不是强制性的。由互联网广告经营者、

发布者根据自身的情况决定是否设立。

第十三条 互联网广告可以以程序化购买广告的方式，通过广告需求方平台、媒介方平台以及广告信息交换平台等所提供的信息整合、数据分析等服务进行有针对性的发布。

通过程序化购买广告方式发布的互联网广告，广告需求方平台经营者应当清晰标明广告来源。

【释义】本条是关于互联网广告程序化购买模式的合法性及广告需求方平台经营者应当清晰表明广告来源义务的规定。

一、互联网广告程序化购买的合法性

随着互联网广告的发展，用户提出了实现目标客户精准定位的需求，互联网广告程序化购买模式作为对这种需求的回应便应运而生了。程序化购买是一种新型的互联网广告经营模式，是指通过数字平台，代表广告主，自动地执行广告媒体购买的流程，与之相对的是传统的人力购买的方式。程序化购买模式通过数字化、自动化、系统化的方式改造广告主、代理公司、媒体平台，进行程序化对接，帮助其找出与受众匹配的广告信息，通过程序化购买的方式进行广告投放，并实时反馈投放报表。在国际上，1996年亚马逊最早通过这种新方式，为数以万计的网站提供了额外的收入来源，且成为网络SOHO族的主要生存方式。我国互联网广告程序化购买市场自2012年起步后发展很快，2014年互联网广告程序化购买市场规模已达52.3亿元，增长率为141%。程序化购买把从广告主到媒体的全部投放过程进行了程序化投放，实现了整个数字广告产业链的自动化。程序化购买模式会根据广告主定义的期望受众，帮助广告主找出优选的媒体来购买受众，为广告主提出最优媒介采买计划，通过程序化购买的方式执行，并按照期望的周期反馈监测结果，并对后续投放进行优化。随着实时竞价（RTB）等广告平台投放技术的不断发展和更新，程序化购买模式已经成为互联网广告业的重要趋势，也将成为未来用户对广告支付的最主要方式之一。

互联网广告程序化购买在解决广告资源供需矛盾的同时，也提供了流量变现机会，为中小网站运营者、应用软件开发者获得收入、维持运营提供可能，因此深受互联网广告业的推崇。但是自互联网广告程序化购买模式产生以来，其法律地位一直没有明确的法律规定。《广告法》中对互联网广告只是做了原则性规定，程序化购买等具体问题的法律规制一直是个空白。法律地位悬而未决的状态，不但影响互联网广告业的发展，也给互联网广告监管带来诸多不便，消费者权益也无法得到保障。《暂行办法》作为调整互联网广告的第一个专门性法律文件，在本条第一款明确规定："互联网广告可以以程序化购买广告的方式，通过广告需求方平台、媒介方平台以及广告信息交换平台等所提供的信息整合、数据分析等服务进行有针对性地发布。"首次从法律上明确了"互联网广告程序化购买"的合法地位，并在本条第二款、第十四条和第十五条清晰划分了各参与主体的权利和义务，为程序化购买模式的监管提供了明确的法律依据，立法意义重大。

二、广告需求方平台经营者应当清晰标明广告来源

互联网广告程序化购买中，涉及大量的广告主和媒介资源提供者，他们之间是通过程序化购买平台间接进行广告交易的。程序化购买模式的自动化和系统化的特征，使得广告主们无法预知自己的广告在谁的媒介资源上发布，而提供广告媒介资源的主体也无法预知将为谁的广告服务。环节的增加和交易关系的复杂化，使得消费者也无法分辨广告的责任人，发生纠纷时给消费者维权带来困难。同时，职责不清，也不利于广告监管部门执法。因此，在互联网广告程序化购买中，明确广告来源非常重要。

《暂行办法》将程序化购买广告单列条款进行法律规定，说明程序化购买广告模式不同于一般互联网广告模式，有着更多的主体参与到广告发布行为中，其法律责任的界定也存在较大的难度。本款规定广告需求方平台具有标明广告来源的责任，其立法理念来源于《暂行办法》第十四条中对于广告需求方平台作为广告发布者的角色定位，广告发布者往往被认为有能力控制广告的内容，那么广告来源标识的责任，也同样应该由广告需求方平台来承担。另外，考虑到在互联网广告程序化购买中，广告需求方平台与广告主接触最多且直接发生交易，具备直接审核查验广告主身份信息、核对广告内容和证明文件的客观条件，通常对广告的发布具有最终决定权，因此，本条要求由广告需求方平台经营者承担清晰标明广告来源的义务，这样的规定既实际又可行。

第十四条 广告需求方平台是指整合广告主需求，为广告主提供发布服务的广告主服务平台。广告需求方平台的经营者是互联网广告发布者、广告经营者。

媒介方平台是指整合媒介方资源，为媒介所有者或者管理者提供程序化的广告分配和筛选的媒介服务平台。

广告信息交换平台是提供数据交换、分析匹配、交易结算等服务的数据处理平台。

【释义】本条是关于互联网广告程序化购买平台构成的规定。

一、互联网广告程序化购买平台的构成

互联网广告程序化购买模式由广告需求方平台、媒介方平台和广告信息交换平台共同构成。

需求方平台 DSP（demand-side platform），是指整合广告主需求，为广告主提供发布服务的广告主服务平台。该平台为广告主提供了一

第二部分 《互联网广告管理暂行办法》释义

种跨媒介、跨平台、跨移动终端的广告投放和发布的服务，用数据分析的方式帮助广告主用最优的价格拿到广告位置，将广告推送出去。需求方平台的出现，解决了众多中小企业主利用互联网发布广告的难题。

媒介方平台 SSP（Supply Side Platform），是指整合媒介方资源，为媒介所有者或者管理者提供程序化的广告分配和筛选的媒介服务平台。媒介方平台成员则是汇集在媒介方平台上的媒介资源方，包括门户网站、视频网站、论坛、博客、应用软件等各类媒介资源的经营者，拥有通栏广告、启动屏广告、弹窗广告、信息流广告、全屏广告、九宫格广告等各种广告位资源。媒介方平台成员只需把自己的媒介资源交给媒介方平台，由媒介方平台将这些资源放到广告信息交换平台进行竞价，这样媒介方流量能够得到最大程度的变现。媒介方平台是对媒体的广告投放进行全方位的分析和管理的平台，其主要功能包括：一是管理广告位的分配，针对自身广告位的特点，选择是内部销售还是开放给广告交易平台，对于开放的广告位则需进一步管理是分配给哪个广告交易平台；二是筛选来自不同广告交易平台的广告请求，筛选广告主、监控广告素材；三是管理广告位价格，通过数据的积累对每个不同广告位的广告底价进行分析和调整。大型媒体更倾向于搭建自有供应方平台，部分门户、垂直网站以及中小型网站则选择使用服务商提供或搭建的供应方平台。

广告信息交换平台 ADX（AD Exchange），是提供数据交换、分析匹配、交易结算等服务的数据处理平台。该平台是为媒介方平台与需求方平台进行广告投放提供交易平台的服务者，是能够将媒体和广告主/广告代理商联系在一起的在线广告交易市场。按照是否公开可以分为公开广告交易平台与私有广告交易平台。公开广告交易平台上的广告位资源一般来自不同媒体，而私有广告交易平台上的广告位资源通常来自单一媒体。国内公开广告交易平台的代表主要有百度、阿里妈妈等，它们运营网站联盟多年，拥有大量的媒体合作伙伴，因此在运营公开广告交易平台上具有优势。私有广告交易平台的运营商以大型门户和视频网站为主，比如，大型门户媒体如腾讯、新浪、搜狐，以及视频网站如优酷土豆、爱奇艺、暴风科技等为代表，搭建的自身私有交易平台。作为互联网广告生态系统中一个重要组成部分，数据管理是伴随着数据驱动的广告技术和大数据云计算概念而出现的，数据管理可以实现收集、存储、集中、分析、挖掘以及运用原先隔离而分散的数据。通过使用这些数据进行决策和创新，可以更多更精准地推送广告，获得更好的广告投放回报。

二、广告需求方平台的经营者是互联网广告发布者、广告经营者

互联网广告程序化购买模式改变了传统广告法律关系的格局，由于参与主体众多，各活动主体的法律身份和法律地位变得更为复杂。在互联网广告程序化购买中，确定谁是广告发布者、谁是广告经营者是非常重要的。首先，确定广告发布者、广告经营者有利于确定互联网广告的行政管辖。其次，确定广告发布者、广告经营者有利于广告审查责任的落实。最后，确定广告发布者、广告经营者的身份也有利于保护消费者合法权益。身份不明会导致责任不清，一旦发生纠纷，消费者的合法权益将得不到保障。

程序化购买广告中的法律主体的界定是非常重要的。在制定《暂行办法》的过程中，有关程序化购买中广告发布者、广告经营者身份的确定问题也有过各种争议。"草案"和"征求意见稿"中也有过各种不同的表述。在广告活动中，广告需求平台、媒介方平台、广告信息交换平台发挥着各自的作用。广告信息交换平台处于中心地带，需求平台与媒介方平台处于交换平台的两侧，交换平台通过算法匹配着两侧的需求与供给。在交换平台中，一条广告需求在毫秒级别的时间下达成交易，并通过媒介网站向适合的网民展示。广告发布者与经营者是承担广告内容审核责任的主体，也是广告发布中最重要的角色。程序化广告中三个角色，哪一方被定义为广告发布者与经营者，决定

第二部分 《互联网广告管理暂行办法》释义

着广告内容的审核责任由谁来承担。立法者遵循了第十一条对于广告发布者的定义，认为有能力对广告进行审核并具有发布决定权的角色应当是广告发布者。在程序化购买广告中，广告需求平台对广告具有审核和决定权，当广告主向广告需求平台提交一条广告物料时，广告需求平台是有能力对广告内容进行审核的，而信息交换平台仅仅是一个实时撮合交易的平台，达成交易仅需要几毫秒，没有任何审核的能力。媒介方平台则更加不具有审核的能力，通常媒介方平台仅为一个可以提供的广告位的被动接受者，它甚至不清楚广告位中被推送的广告将来自于哪一家广告需求平台。最后《暂行办法》将广告需求方平台的经营者确定为程序化购买中的"互联网广告发布者和广告经营者"。

《暂行办法》将广告需求方平台的经营者确定为程序化购买中的互联网广告发布者和广告经营者，主要是基于以下两个方面的考虑：

一是由广告需求方平台经营者承担广告发布者和广告经营者责任更符合互联网广告程序化购买模式的特征。在广告程序化购买模式下，广告需求方平台汇集了广告主的广告需求，为其寻找优质的媒体资源发布广告。广告需求方平台与广告主接触最多且直接发生交易，具备直接审核查验广告主身份信息、核对广告内容和证明文件的客观条件，一般情况都对广告的发布具有最终决定权。从这个角度来看，要求广告需求方平台承担广告发布者、广告经营者责任，较为合理。而媒介方平台的主要作用在于连接媒介成员与广告主，从技术层面实现媒介资源与广告需求的对接。广告信息交换平台则主要为广告需求方平台和媒介方平台提供数据交换、分析匹配、交易结算等中立的技术服务。它们都未实质性参与到广告经营活动中，不参与广告的设计、制作和代理；此外，媒介方平台和广告信息交换平台是通过广告需求方平台间接与广告主进行广告交易的，无法直接接触广告主，对广告主的广告样件没有决定权和控制权。因此，媒介方平台和广告信息交换平台难以承担广告发布者、广告经营者责任。

互联网广告法律制度理解与应用

二是由广告需求方平台经营者承担广告发布者和广告经营者责任更有利于主管部门对程序化购买的规范管理。广告需求方平台是整个广告程序化购买中的重要环节，存储并审核广告主的广告样件，为广告主寻找优质媒体资源，能够直接接触广告主。主管部门通过广告需求方平台，能够最直接、高效地规范广告发布行为。此外，在实践中，媒介方平台的成员主要是数量庞大的中小网站、中小应用软件等网络媒介资源的经营者，他们拥有一定的广告位资源，但并未自行组建专门开展广告业务的团队，不具备直接从事广告业务的能力。如果将这些中小网络媒介资源方都界定为广告发布者、广告经营者施以相应义务和责任，一方面对广告监管机构而言执法难度和成本会增大，对中小网络媒介资源的经营者而言，则会增加其运营成本和法律成本。不要求未实质性参与广告经营活动的媒介方平台和广告信息交换平台承担广告发布者、广告经营者责任，可以提供较为宽松合理的政策环境，为行业预留更大的发展空间。

通过程序化购买方式发布互联网广告，广告需求方平台的经营者是发布者。这一点也需要结合实际情况判断。在一条程序化交易的广告当中，有一家或多家广告需求方平台，哪一家是发布者，《暂行办法》并未指出。参考广告发布者的定义，即推送或者展示互联网广告，并能够核对广告内容的为发布者，可以将离广告主更近的一端作为发布者。

第十五条 广告需求方平台经营者、媒介方平台经营者、广告信息交换平台经营者以及媒介方平台的成员，在订立互联网广告合同时，应当查验合同相对方的主体身份证明文件、真实名称、地址和有效联系方式等信息，建立登记档案并定期核实更新。

媒介方平台经营者、广告信息交换平台经营者以及媒介方平台成员，对其明知或者应知的违法广告，应当采取删除、屏蔽、断开链接等技术措施和管理措施，予以制止。

第二部分 《互联网广告管理暂行办法》释义

【释义】本条是关于互联网广告程序化购买平台经营者义务的规定。

一、查验合同主体信息

《暂行办法》第九条要求："互联网广告主、广告经营者、广告发布者之间在互联网广告活动中应当依法订立书面合同。"互联网广告程序化购买的一大特点，就是将原来广告主与广告发布者之间的直接广告交易变成了间接广告交易。在传统媒体广告或者在非经程序化购买的互联网广告中，广告主与广告发布者之间、广告经营者与广告发布者之间往往存在直接的合同关系。通过缔结广告合同，彼此可以查验对方的身份及其他相关信息。但是在互联网广告程序化购买中，广告主只与广告需求方平台打交道，广告主只需要与广告需求方平台的经营者之间签订委托合同即可，广告主与媒介方平台经营者、广告主与媒介方平台的成员之间都不需要签订广告合同。同样，媒介方平台的成员也只需要与媒介方平台建立合同关系，无须与广告需求方平台或者广告需求方平台的成员之间订立互联网广告合同。实践中，广告需求方平台与媒介方平台交易时，也都无法获取对方成员的信息。这就为查验、登记广告活动主体信息带了现实的困难。活动中的任何一方，都只能查验、登记与自己直接建立合同关系的相对方的信息，而无法对合同相对方之外的主体履行该义务。因此，本条第一款规定："广告需求方平台经营者、媒介方平台经营者、广告信息交换平台经营者以及媒介方平台的成员，在订立互联网广告合同时，应当查验合同相对方的主体身份证明文件、真实名称、地址和有效联系方式等信息，建立登记档案并定期核实更新。"这样的要求是符合互联网广告实际的，有利于各平台的专业化运营和针对性监管。如果一个活动主体在互联网广告程序化购买中同时参与几个环节，具有多重法律身份，则应当以不同的法律主体身份在订立合同时履行相应查验、登记合同相对方信息的义务。需要注意的是，在如今互联网程序化购买广告市场中，参与主体更多的是签署电子合约，提供电子化的身份证

互联网广告法律制度理解与应用

明文件，以便更高效地提供广告服务。

二、制止明知或应知的违法广告

预防、制止和打击违法广告活动，是互联网广告互动主体共同的义务。在互联网广告程序化购买中，各平台负有同样的义务。媒介方平台经营者、广告信息交换平台经营者以及媒介方平台成员，对明知或者应知的违法广告，应当予以制止。采取的制止措施可以是删除、屏蔽、断开链接等技术措施或管理措施。媒介方平台经营者、广告信息交换平台经营者以及媒介方平台成员只对明知或应知的违法广告删除即可免责，这样的规定大大减弱了媒介方平台经营者、广告信息交换平台经营者以及媒介方平台成员的法律责任，为广大中小网站的发展开了绿灯。但是一个现实问题是，媒介方平台经营者、广告信息交换平台经营者以及媒介方平台成员都是民事主体，没有认定互联网广告违法的权力。《广告法》和《暂行办法》也都没有对"明知或者应知"做出更为详细的规定。除了特别明显违法的广告外，其他广告违法性的认定是个难题。实践中，工商行政管理等监管部门通知某广告属于违法的、消费者组织发出通知书函或者广告行业组织发出预警提示且有违法证据证明的，媒介方平台经营者、广告信息交换平台经营者以及媒介方平台成员应当采取措施予以制止。

第十六条 互联网广告活动中不得有下列行为：

（一）提供或者利用应用程序、硬件等对他人正当经营的广告采取拦截、过滤、覆盖、快进等限制措施；

（二）利用网络通路、网络设备、应用程序等破坏正常广告数据传输，篡改或者遮挡他人正当经营的广告，擅自加载广告；

（三）利用虚假的统计数据、传播效果或者互联网媒介价值，诱导错误报价，谋取不正当利益或者损害他人利益。

第二部分 《互联网广告管理暂行办法》释义

【释义】本条是关于互联网广告市场中不正当行为的禁止性规定。

广告屏蔽、流量劫持、诱导报价等是扰乱互联网广告市场正常秩序的几种典型的不正当行为。这些不正当行为的主体有的是参与互联网广告互动的主体，有的是商业竞争对手，还有的是软件开发商或互联网服务提供商等。本条明确将这些不正当行为列入了禁止的范围。

一、不得提供或者利用应用程序、硬件等对他人正当经营的广告采取拦截、过滤、覆盖、快进等限制措施

本条第一款禁止的主要是针对正常经营的广告活动所采取的违法广告屏蔽行为。互联网广告实践中，违法广告屏蔽的途径主要有应用程序、插件、硬件三种。违法广告屏蔽的方式主要有拦截、过滤、覆盖、快进等限制措施。我国互联网市场上的违法广告屏蔽主要集中在网络视频领域，并且引发了不少诉讼。例如，2008年的迅雷诉超级兔子案、2011年的扣扣保镖案、2013年的优酷诉金山不正当竞争案以及2014年爱奇艺诉极科极客不正当竞争案等。这些案件涉及软件和软件之间的竞争、视频软件和安全插件之间的竞争以及软件和硬件之间的竞争等。利用互联网技术手段对正当经营的广告违法进行拦截、过滤、覆盖、快进等，表面上看会受到网络用户的欢迎，但从长远角度分析，必将破坏正常的互联网广告经营模式，危及整个行业的发展，最终受害的仍然是广大互联网用户。在大量的司法判例中，我国司法机关从竞争关系、商业模式、技术中立、消费者利益等角度综合衡量，基本都判定广告屏蔽构成不正当竞争。因此，本条第一款明确禁止在互联网广告活动中提供或者利用应用程序、硬件等对他人正当经营的广告采取拦截、过滤、覆盖、快进等限制措施。

二、不得利用网络通路、网络设备、应用程序等破坏正常广告数据传输，篡改或者遮挡他人正当经营的广告，擅自加载广告

在互联网广告活动中，流量就是利益的代名词。随着互联网广告

的发展，针对各大网站的流量劫持案件频频发生，主要表现为利用网络通路、网络设备、应用程序等破坏正常广告数据传输，篡改或者遮挡他人正当经营的广告，擅自加载广告。这些不正当行为形成的黑色利益链非法所得数额惊人，已经渗透到网络的各个角落，严重扰乱了互联网经营环境。比较典型的案例有百度诉青岛联通案、百度诉奇虎360案等。流量劫持方式主要分为两类：一类是域名劫持，表现为在用户正常联网状态下，目标域名会被恶意地错误解析到其他IP地址上，造成用户无法正常使用服务；另一类是数据劫持，对于返回的内容，会在其中强行插入弹窗式或嵌入式广告等其他内容，干扰用户的正常使用，对用户体验构成极大伤害。鉴于这种不正当行为给行业带来的极大危害，本条第二款明确禁止在互联网广告活动利用网络通路、网络设备、应用程序等破坏正常广告数据传输，篡改或者遮挡他人正当经营的广告，擅自加载广告。

三、不得利用虚假的统计数据、传播效果或者互联网媒介价值，诱导错误报价，谋取不正当利益或者损害他人利益

《广告法》第三十六条也规定："广告发布者向广告主、广告经营者提供的覆盖率、收视率、点击率、发行量等资料应当真实。"广告发布者接受委托发布广告时，广告主、广告经营者通常会要求广告主公开自己发布广告的有效范围。其中，点击率是随着互联网广告的兴起而出现的一个概念，指网站页面上广告被点击的次数与被显示次数之比，反映了网页广告内容的受关注程度，经常用来衡量广告的吸引程度，点击率高表明访问量高。此外，互联网广告的收费方式与传统广告不完全相同，除了按展示计费或按销售计费外，最常见的是按点击计费。比如，付费搜索广告就是按点击来收取费用的。为了增加点击率，有的网站就通过设置虚假的关闭标志或者其他欺骗方式，来诱使用户点击广告内容。这种行为不仅影响用户正常使用网络，对广告主的合法权益也是一种侵犯。因此，本条第三款明确规定在互联网

第二部分 《互联网广告管理暂行办法》释义

广告中,不得利用虚假的统计数据、传播效果或者互联网媒介价值,诱导错误报价,谋取不正当利益或者损害他人利益。

第十七条 未参与互联网广告经营活动,仅为互联网广告提供信息服务的互联网信息服务提供者,对其明知或者应知利用其信息服务发布违法广告的,应当予以制止。

【释义】本条是关于互联网信息服务提供者制止明知或应知违法广告义务的规定。

互联网信息服务提供者是仅提供信息服务的互联网服务提供者。其服务模式包括两种:一种是为网络用户提供信息技术服务,另一种是为网络用户提供信息内容服务。百度、淘宝、京东等在很多情况下都属于互联网信息服务提供者。《广告法》第四十五条规定:"公共场所的管理者或者电信业务经营者、互联网信息服务提供者对其明知或者应知的利用其场所或者信息传输、发布平台发送、发布违法广告的,应当予以制止。"确立了互联网信息服务提供者在互联网广告中的地位和对违法广告应尽的注意义务。

提供信息服务的互联网信息服务提供者并不直接参与互联网广告的经营活动,其本身属于第三方平台。但是互联网信息服务提供者的身份并不是一成不变的,在符合条件的情况下,互联网信息服务提供者的身份有可能转化为互联网广告发布者或者互联网广告经营者。比如,在付费搜索广告中的地位就可能是广告发布者,而在程序化购买广告中,则可能充当互联网广告经营者,这时应当依法履行互联网广告发布者或经营者的相关义务并承担相应的责任。

在不参与互联网广告经营的情况下,互联网信息服务提供者对互联网广告的注意义务远低于广告发布者或广告经营者。《广告法》和《暂行办法》都只要求"对其明知或者应知利用其信息服务发布违法广告的,应当予以制止"。如何认定"明知"或"应知",《广告法》

183

和本办法中均没有明确规定。最高人民法院 2012 年发布了《关于审理侵害信息网络传播权民事纠纷案件适用法律若干问题的规定》，其中第九条规定："人民法院应当根据网络用户侵害信息网络传播权的具体事实是否明显，综合考虑以下因素，认定网络服务提供者是否构成应知：基于网络服务提供者提供服务的性质、方式及其引发侵权的可能性大小，应当具备的管理信息的能力；传播的作品、表演、录音录像制品的类型、知名度及侵权信息的明显程度；网络服务提供者是否主动对作品、表演、录音录像制品进行了选择、编辑、修改、推荐等；网络服务提供者是否积极采取了预防侵权的合理措施；网络服务提供者是否设置便捷程序接收侵权通知并及时对侵权通知作出合理的反应；网络服务提供者是否针对同一网络用户的重复侵权行为采取了相应的合理措施；其他相关因素。"第十三条规定："网络服务提供者接到权利人以书信、传真、电子邮件等方式提交的通知，未及时采取删除、屏蔽、断开链接等必要措施的，人民法院应当认定其明知相关侵害信息网络传播权行为。"第十二条规定："有下列情形之一的，人民法院可以根据案件具体情况，认定提供信息存储空间服务的网络服务提供者应知网络用户侵害信息网络传播权：将热播影视作品等置于首页或者其他主要页面等能够为网络服务提供者明显感知的位置的；对热播影视作品等的主题、内容主动进行选择、编辑、整理、推荐，或者为其设立专门的排行榜的；其他可以明显感知相关作品、表演、录音录像制品为未经许可提供，仍未采取合理措施的情形。"这些规定虽然不是针对互联网广告活动而言的，但是在实践中，尤其是在认定互联网信息服务提供者"明知"或者"应知"时可以参考。

第十八条 对互联网广告违法行为实施行政处罚，由广告发布者所在地工商行政管理部门管辖。广告发布者所在地工商行政管理部门管辖异地广告主、广告经营者有困难的，可以将广告主、广告经营者的违法情况移交广告主、广告经营者所在地工商行政管理部门处理。

第二部分 《互联网广告管理暂行办法》释义

广告主所在地、广告经营者所在地工商行政管理部门先行发现违法线索或者收到投诉、举报的，也可以进行管辖。

对广告主自行发布的违法广告实施行政处罚，由广告主所在地工商行政管理部门管辖。

【释义】本条是关于互联网广告违法案件管辖的规定。

一、互联网广告行政管辖的确立

2004年国家工商管理总局发布了《关于加强广告执法办案协调工作的指导意见（试行）》，即工商广字[2004]第163号，首次提及互联网广告的管辖问题。其中规定："对报纸、电视、广播、杂志、互联网站等大众传播媒介的广告违法案件，由违法行为发生地县级以上工商行政管理机关管辖，实行分级管理的，适用级别管辖。""工商行政管理机关在本辖区内对查处异地广告主、广告经营者确有困难的，可经由省级工商行政管理机关移送广告主、广告经营者所在地省级工商行政管理机关处理，并报国家工商行政管理总局备案。"

2007年10月1日起施行的《工商行政管理机关行政处罚程序规定》（第28号令）第八条规定："对利用广播、电影、电视、报纸、期刊、互联网等媒介发布违法广告的行为实施行政处罚，由广告发布者所在地工商行政管理机关管辖。广告发布者所在地工商行政管理机关管辖异地广告主、广告经营者有困难的，可以将广告主、广告经营者的违法情况移交广告主、广告经营者所在地工商行政管理机关处理。"

对报纸、电视、广播、杂志等传统的大众传播媒介而言，广告发布者所在地一般是比较清楚的。利用广播发布违法广告的，电台所在地就是广告发布者所在地；利用电视发布广告的，电视台所在地就是广告发布者所在地；利用报纸、期刊发布广告的，报刊社址所在地就是广告发布者所在地。但是互联网广告就不同了，由于互联网具有跨地域性，广告主、广告发布者和广告受众一般不在同一地区，因此，管辖权问题比传统广告案件显得更为复杂。有的广告主租用其他网络公司的网络服务器发布广告，有的自己建立网站发布广告，还有的委托其他门户网站发布，或者通过电子邮件发布广告。最为复杂的是通过互联网程序化购买模式发布的互联网广告，网络交易平台非常丰富，在不同平台上广告的具体表现形式也非常多样化，有链接广告、页面宣传展示广告、平台广告、搜索引擎排名广告、论坛广告、基于移动互联网的即时通信广告等；按类型还可以分为贴片式、嵌入式、弹窗式、漂浮式等，真可谓五花八门，眼花缭乱。在这种情况下，要想确定广告发布者所在地，真不是一件容易的事。因管辖不清引起的推诿、扯皮事件时有发生。

2015年修订后的《广告法》明确将互联网广告活动纳入其调整范围，但是对违法互联网广告行政处罚的管辖并没有做出专门的规定。导致执法实践中，有关互联网广告行政管辖成了一个问题。《暂行办法》结合互联网广告的特点，明确规定了对互联网广告违法行为实施行政处罚的具体管辖。

二、对互联网广告违法行为实施行政处罚的管辖分工

（一）以广告发布者所在地管辖为原则

本条第一款规定："对互联网广告违法行为实施行政处罚，由广告发布者所在地工商行政管理部门管辖。"这与《工商行政管理机关行政处罚程序规定》所确立的原则保持了一致。

（二）特殊情况下的移送管辖

本条第一款规定："广告发布者所在地工商行政管理部门管辖异地广告主、广告经营者有困难的，可以将广告主、广告经营者的违法情况移交广告主、广告经营者所在地工商行政管理部门处理。"这是从执法实际出发所做的变通。

（三）广告主所在地、广告经营者所在地先行管辖

本条第二款规定："广告主所在地、广告经营者所在地工商行政

第二部分 《互联网广告管理暂行办法》释义

管理部门先行发现违法线索或者收到投诉、举报的,也可以进行管辖。"这一变通性规定既便于消费者维权,也有利于工商执法部门搜集证据和提高监管执法的效率。

(四)广告主所在地管辖

本条第三款规定:"对广告主自行发布的违法广告实施行政处罚,由广告主所在地工商行政管理部门管辖。"广告主在自设网站或者其拥有合法使用权的互联网媒介上自行发布广告,这种现象是互联网广告的一种特性。这部分广告出现违法时由互联网广告的广告主所在地管辖,既方便取证,又便于以最快的方式终止广告主在全国范围内的违法广告。

第十九条 工商行政管理部门在查处违法广告时,可以行使下列职权:

(一)对涉嫌从事违法广告活动的场所实施现场检查;

(二)询问涉嫌违法的有关当事人,对有关单位或者个人进行调查;

(三)要求涉嫌违法当事人限期提供有关证明文件;

(四)查阅、复制与涉嫌违法广告有关的合同、票据、账簿、广告作品和互联网广告后台数据,采用截屏、页面另存、拍照等方法确认互联网广告内容;

(五)责令暂停发布可能造成严重后果的涉嫌违法广告。

工商行政管理部门依法行使前款规定的职权时,当事人应当协助、配合,不得拒绝、阻挠或者隐瞒真实情况。

【释义】本条是关于工商行政管理部门查处违法互联网广告时可行使的职权的规定。

一、工商行政管理部门在查处违法广告时可以行使的职权

(一)对涉嫌从事违法广告活动的场所实施现场检查

工商管理部门在进行广告监管时,对涉嫌违法从事广告活动的场

所可以实施现场检查，但是应在法定权限范围内行使行政检查权，检查程序要合法，现场实施检查的执法人员不少于2人，且不得滥用检查权。检查人员不得隐瞒事实，虚构记录。检查人员在执法检查中不得收取费用，检查结果需要行政处罚的，应当按法定程序执行。

（二）询问涉嫌违法的有关当事人，对有关单位或个人进行调查

为了解事实真相，收集广告监管需要的证据和材料，工商行政管理部门可以向涉嫌广告违法的当事人进行询问。此外，还可以对了解案情有帮助的单位或者个人进行调查走访。

（三）要求涉嫌违法当事人限期提供有关证明文件

从事商业广告活动的主体通常需要具备法律规定的市场准入资格，许多广告活动需要取得广告审查机关的审核许可。在广告监管中，有时需要行政相对人提供相关证明文件，以便确认其行为合法与否。

（四）查阅、复制与涉嫌违法广告有关的合同、票据、账簿、广告作品和其互联网广告后台数据，采用截屏、页面另存、拍照等方法确认互联网广告内容

《暂行办法》第十二条明确要求，互联网广告发布者、广告经营者应当按照国家有关规定建立、健全互联网广告业务的承接登记、审核、档案管理制度；审核查验并登记广告主的名称、地址和有效联系方式等主体身份信息，建立登记档案并定期核实更新。第十五条明确要求，广告需求方平台经营者、媒介方平台经营者、广告信息交换平台经营者以及媒介方平台的成员，在订立互联网广告合同时，应当查验合同相对方的主体身份证明文件、真实名称、地址和有效联系方式等信息，建立登记档案并定期核实更新。广告活动中形成的合同、票据、账簿、广告作品和互联网广告后台数据是广告档案的重要内容。工商行政管理部门在查处涉嫌违法广告时，有权查阅、复制这些档案材料。基于互联网广告的特殊性，工商行政管理部门在查处涉嫌违法广告时有权采用截屏、页面另存、拍照等方法确认互联网广告内容。

第二部分 《互联网广告管理暂行办法》释义

（五）责令暂停发布可能造成严重后果的涉嫌违法广告

暂停发布是广告监管主体对涉嫌违法的广告所采取的一项预防性措施，目的在于防止损害的进一步扩大或恶性发展。责令暂停发布广告本身不属于行政处罚的种类，而是一种行政强制措施。责令暂停后，如果经核实，涉嫌违法的广告并不违法，工商行政管理部门应当恢复该广告的发布。

二、当事人配合和协助的义务

工商行政管理部门依法行使上述职权时，当事人应当协助、配合，不得拒绝、阻挠或者隐瞒真实情况。这是因为，工商行政管理部门与广告活动当事人之间是一种行政管理法律关系。根据我国有关法律、行政法规的规定，行政相对人在行政关系中应履行的法律义务主要包括：服从行政管理的义务、协助公务的义务、接受行政监督的义务、提供真实信息的义务以及遵守法定程序的义务。

第二十条 工商行政管理部门对互联网广告的技术监测记录资料，可以作为对违法的互联网广告实施行政处罚或者采取行政措施的电子数据证据。

【释义】本条是关于电子数据证据的规定。

广告监测是指工商行政管理部门依法对各类媒体广告发布情况进行的检查活动，《广告法》第四十九条第二款规定："工商行政管理部门应当建立健全广告监测制度，完善监测措施，及时发现和依法查处违法广告行为。"电子数据是指通过电子邮件、电子数据交换、网上聊天记录、博客、微博客、手机短信、电子签名、域名等形式或者存储在电子介质中的信息。工商行政管理部门对互联网广告的技术监测记录资料，对判断广告活动和广告内容真实性、合法性，以及确定广告活动主题和活动情况均有重要的证据价值。因此，本条规定这些电

互联网广告法律制度理解与应用

子数据可以作为对违法的互联网广告实施行政处罚或者采取行政措施的证据。

　　第二十一条 违反本办法第五条第一款规定，利用互联网广告推销禁止生产、销售的产品或者提供的服务，或者禁止发布广告的商品或者服务的，依照广告法第五十七条第五项的规定予以处罚；违反第二款的规定，利用互联网发布处方药、烟草广告的，依照广告法第五十七条第二项、第四项的规定予以处罚。

【释义】本条是关于违反禁令发布互联网广告的法律责任的规定。

　　《暂行办法》第五条第一款规定："法律、行政法规规定禁止生产、销售的商品或者提供的服务，以及禁止发布广告的商品或者服务，任何单位或者个人不得在互联网上设计、制作、代理、发布广告。"违者，依照《广告法》第五十七条第五项的规定，应当"由工商行政管理部门责令停止发布广告，对广告主处二十万元以上一百万元以下的罚款，情节严重的，并可以吊销营业执照，由广告审查机关撤销广告审查批准文件，一年内不受理其广告审查申请；对广告经营者、广告发布者，由工商行政管理部门没收广告费用，处二十万元以上一百万元以下的罚款，情节严重的，并可以吊销营业执照、吊销广告发布登记证件"。

　　《暂行办法》第五条第二款规定："禁止利用互联网发布处方药和烟草的广告。"违者，依照《广告法》第五十七条第二项、第四项的规定，应当"由工商行政管理部门责令停止发布广告，对广告主处二十万元以上一百万元以下的罚款，情节严重的，并可以吊销营业执照，由广告审查机关撤销广告审查批准文件，一年内不受理其广告审查申请；对广告经营者、广告发布者，由工商行政管理部门没收广告费用，处二十万元以上一百万元以下的罚款，情节严重的，并可以吊销营业执照、吊销广告发布登记证件"。

第二部分 《互联网广告管理暂行办法》释义

第二十二条　违反本办法第六条规定，未经审查发布广告的，依照广告法第五十八条第一款第十四项的规定予以处罚。

【释义】本条是关于未经广告审查机关审查，擅自发布特殊商品或者服务广告的法律责任的规定。

《暂行办法》第六条规定："医疗、药品、特殊医学用途配方食品、医疗器械、农药、兽药、保健食品广告等法律、行政法规规定须经广告审查机关进行审查的特殊商品或者服务的广告，未经审查，不得发布。"违者，依照《广告法》第五十八条第一款第十四项的规定："由工商行政管理部门责令停止发布广告，责令广告主在相应范围内消除影响，处广告费用一倍以上三倍以下的罚款，广告费用无法计算或者明显偏低的，处十万元以上二十万元以下的罚款；情节严重的，处广告费用三倍以上五倍以下的罚款，广告费用无法计算或者明显偏低的，处二十万元以上一百万元以下的罚款，可以吊销营业执照，并由广告审查机关撤销广告审查批准文件，一年内不受理其广告审查申请。"

第二十三条　互联网广告违反本办法第七条规定，不具有可识别性的，依照广告法第五十九条第三款的规定予以处罚。

【释义】本条是关于不具有可识别性互联网广告的法律责任的规定。

《暂行办法》第七条规定："互联网广告应当具有可识别性，显著标明'广告'，使消费者能够辨明其为广告。"违者，依照《广告法》第五十九条第三款的规定："由工商行政管理部门责令改正，对广告发布者处十万元以下的罚款。"

互联网广告法律制度理解与应用

第二十四条 违反本办法第八条第一款规定,利用互联网发布广告,未显著标明关闭标志并确保一键关闭的,依照广告法第六十三条第二款的规定进行处罚;违反第二款、第三款规定,以欺骗方式诱使用户点击广告内容的,或者未经允许,在用户发送的电子邮件中附加广告或者广告链接的,责令改正,处一万元以上三万元以下的罚款。

【释义】本条是关于未显著标明关闭标志并确保一键关闭的、以欺骗方式诱使用户点击广告内容的、擅自在用户发送的电子邮件中附加广告或者广告链接的法律责任的规定。

《暂行办法》第八条第一款规定:"在互联网页面以弹出等形式发布的广告,应当显著标明关闭标志,确保一键关闭。"违者,依照《广告法》第六十三条第二款的规定:"由工商行政管理部门责令改正,对广告主处五千元以上三万元以下的罚款。"

《暂行办法》第八条第二款和第三款规定:"不得以欺骗方式诱使用户点击广告内容;未经允许,不得在用户发送的电子邮件中附加广告或者广告链接。"违者,责令改正,处一万元以上三万元以下的罚款。

第二十五条 违反本办法第十二条第一款、第二款规定,互联网广告发布者、广告经营者未按照国家有关规定建立、健全广告业务管理制度的,或者未对广告内容进行核对的,依照广告法第六十一条第一款的规定予以处罚。

【释义】本条是关于未依法健全广告业务管理制度、未对广告内容进行核对的法律责任的规定。

《暂行办法》第十二条第一款和第二款规定:"互联网广告发布

第二部分 《互联网广告管理暂行办法》释义

者、广告经营者应当按照国家有关规定建立、健全互联网广告业务的承接登记、审核、档案管理制度；审核查验并登记广告主的名称、地址和有效联系方式等主体身份信息，建立登记档案并定期核实更新；互联网广告发布者、广告经营者应当查验有关证明文件，核对广告内容，对内容不符或者证明文件不全的广告，不得设计、制作、代理、发布。"违者，依照《广告法》第六十一条第一款的规定："由工商行政管理部门责令改正，可以处五万元以下的罚款。"

第二十六条　有下列情形之一的，责令改正，处一万元以上三万元以下的罚款：

（一）广告需求方平台经营者违反本办法第十三条第二款规定，通过程序化购买方式发布的广告未标明来源的；

（二）媒介方平台经营者、广告信息交换平台经营者以及媒介方平台成员，违反本办法第十五条第一款、第二款规定，未履行相关义务的。

【释义】本条是关于互联网广告程序化购买中的法律责任的规定。

《暂行办法》第十三条第二款规定："通过程序化购买广告方式发布的互联网广告，广告需求方平台经营者应当清晰标明广告来源。"第十五条规定："广告需求方平台经营者、媒介方平台经营者、广告信息交换平台经营者以及媒介方平台的成员，在订立互联网广告合同时，应当查验合同相对方的主体身份证明文件、真实名称、地址和有效联系方式等信息，建立登记档案并定期核实更新。媒介方平台经营者、广告信息交换平台经营者以及媒介方平台成员，对其明知或者应知的违法广告，应当采取删除、屏蔽、断开链接等技术措施和管理措施，予以制止。"违者，应责令改正，处一万元以上三万元以下的罚款。

第二十七条　违反本办法第十七条规定，互联网信息服务提供者明知或者应知互联网广告活动违法不予制止的，依照广告法第六十四条规定予以处罚。

【释义】本条是关于互联网信息服务提供者的法律责任的规定。

《暂行办法》第十七条规定："未参与互联网广告经营活动，仅为互联网广告提供信息服务的互联网信息服务提供者，对其明知或者应知利用其信息服务发布违法广告的，应当予以制止。"违者，依照《广告法》第六十四条规定："由工商行政管理部门没收违法所得，违法所得五万元以上的，并处违法所得一倍以上三倍以下的罚款，违法所得不足五万元的，并处一万元以上五万元以下的罚款；情节严重的，由有关部门依法停止相关业务。"

第二十八条　工商行政管理部门依照广告法和本办法规定所做出的行政处罚决定，应当通过企业信用信息公示系统依法向社会公示。

【释义】本条是互联网广告活动主体信用管理的规定。

2014年6月，国务院印发的《国务院关于印发社会信用体系建设规划纲要（2014—2020年）的通知》中明确要求："加强广告业诚信建设，建立健全广告业信用分类管理制度，打击各类虚假广告，突出广告制作、传播环节各参与者责任，完善广告活动主体失信惩戒机制和严重失信淘汰机制。"2014年10月1日，《企业信息公示暂行条例》正式施行，要求工商行政管理部门应当通过企业信用信息公示系统，公示其在履行职责过程中产生的行政处罚信息。《广告法》第六十七条也规定："有本法规定的违法行为的，由工商行政管理部门记入信用档案，并依照有关法律、行政法规规定予以公示。"这对执法机关

第二部分 《互联网广告管理暂行办法》释义

而言是一种行政管理,但对企业而言,是对企业信用制度建设的要求。

第二十九条 本办法自 2016 年 9 月 1 日起施行。

【释义】本条是关于实施时间的规定。

# 第三部分
互联网广告典型案例

第三部分 互联网广告典型案例

百度诉青岛奥商案

基本案情

原告北京百度网讯科技有限公司（以下简称百度公司）诉称：其拥有的百度网站是中文搜索引擎网站。三被告青岛奥商网络技术有限公司（以下简称奥商网络公司）、中国联合网络通信有限公司青岛市分公司（以下简称联通青岛公司）、中国联合网络通信有限公司山东省分公司（以下简称联通山东公司）在山东省青岛地区，利用网通的互联网接入网络服务，在百度公司网站的搜索结果页面强行增加广告的行为，损害了百度公司的商誉和经济效益，违背了诚实信用原则。请求判令被告的行为构成不正当竞争行为，判令在报上刊登声明以消除影响，并共同赔偿原告经济损失480万元和因本案的合理支出10万元。被告奥商网络公司辩称其不存在不正当竞争行为；被告联通青岛公司辩称原告没有证据证明其实施了被指控行为，原告与其不存在竞争关系；被告联通山东公司辩称原告没有证据证明其实施了被指控的不正当竞争或侵权行为，承担连带责任没有法律依据。

案件初审

法院认为：在互联网上登录搜索引擎网站进行关键词搜索时，正常出现的应该是搜索引擎网站搜索结果页面，不应弹出与搜索引擎网站无关的其他页面，但是在联通青岛公司所提供的网络接入服务网络区域内，却出现了与搜索结果无关的广告页面强行弹出的现象。这种广告页面的弹出并非接入互联网的公证处计算机本身安装程序所导致,联通青岛公司既没有证据证明在其他网络接入服务商网络区域内会出现同样情况,又没有对在其网络接入服务区域内出现的上述情况给予合理解释,可以认定在联通青岛公司提供互联网接入服务的区域内,对于网络服务对象针对百度网站所发出的搜索请求进行了人为干预,使干预者想要发布的广告页面在正常搜索结果页面出现前强行弹出。奥商网络公司是该干预行为的受益者,在其没有提供证据证明存在其他主体为其实施上述广告行为的情况下,可以认定奥商网络公司是上述干预行为的实施主体。奥商网络公司这种干预行为不是通过在客户端计算机安装插件、程序等方式实现,而是在特定网络接入服务区域内均可实现,因此这种行为如果没有网络接入服务商的配合则无法实现。联通青岛公司没有证据证明奥商网络公司是通过非法手段干预其互联网接入服务而实施上述行为,联通青岛公司也是上述行为的受益人。因此,可以认定联通青岛公司也是上述干预行为的实施主体。

根据《反不正当竞争法》第二条有关经营者的规定,经营者的确定并不要求原、被告属同一行业或服务类别,只要是从事商品经营或者营利性服务的市场主体,就可成为经营者。联通青岛公司、奥商网络公司与百度公司均属于从事互联网业务的市场主体,属于反不正当竞争法意义上的经营者。虽然联通青岛公司是互联网接入服务经营者,百度公司是搜索服务经营者,服务类别上不完全相同,但是联通青岛公司实施的在百度搜索结果出现之前弹出广告的商业行为,与百度公司的付费搜索模式存在竞争关系。在市场竞争中存在商业联系的经营者,违反诚信原则和公认商业道德,不正当地妨碍了其他经营者正当经营,并损害其他经营者合法权益的,可以依照《反不正当竞争法》第二条的原则性规定,认定为不正当竞争。尽管在互联网上发布广告、进行商业活动与传统商业模式有较大差异,但是从事互联网业务的经营者仍应当通过诚信经营、公平竞争来获得竞争优势,不能未经他人许可,利用他人的服务行为或市场份额来进行商业运作并从中获利。联通青岛公司与奥商网络公司实施的行为,是利用了百度网站搜索引擎在我国互联网用户中被广泛使用的优势,利用技术手段,让使用联通青岛公司提供互联网接入服务的网络用户,在登录百度网站进行关键词搜索时,在正常搜索结果显示前强行弹出奥商公司发布的与搜索的关键词及内容有紧密关系的广告页面。这种行为诱使本可能通过百度公司搜索结果检索相应信息的网络用户点击该广告页面,影响了百度公司向网络用户提供付费搜索服务与推广服务,属于利用百度公司提供的搜索服务来为自己牟利。该行为既没有征得百度公司同意,又违背了使用其互联网接入服务用户的意志,容易导致上网用户误以为弹出的广告页面系百度公司所为,会使上网用户对百度公司提供服务的评价降低,对百度公司的商业信誉产生不利影响,损害了百度公司的合法权益,同时也违背了诚实信用和公认的商业道德,已构成不正当竞争。

山东省青岛市中级人民法院于2009年9月2日做出(2009)青民三初字第110号民事判决,判决奥商网络公司、联通青岛公司停止针对百度公司的不正当竞争行为,在各自网站首页位置上刊登声明以消除影响,声明刊登时间应为连续的十五天;奥商网络公司、联通青岛公司赔偿百度公司经济损失二十万元。

案件终审

奥商网络公司、联通青岛公司不服原审判决,向山东省高级人民法院提起上诉。

山东省高级人民法院二审认为:虽然联通青岛公司是互联网接入服务经营者,百度公司是搜索服务经营者,服务类别上不完全相同,但联通青岛公司实施的在百度搜索结果出现之前弹出广告的商业行为与百度公司的付费搜索模式存在竞争关系。联通青岛公司利用百度网站搜索引擎在我国互联网用户中的市场知名度，利用技术手段，在百度搜索结果出现之前强行弹出其投放的与搜索的关键词及内容有紧密关系的广告页面，诱使本可能通过百度公司搜索结果检索相应信息的网络用户点击该广告页面，影响了百度公司按照自己意志向网络用户提供付费搜索服务与推广服务，也会导致百度网站上付费搜索客户流失，属于利用百度公司的市场知名度来为自己牟利的行为。这种行为破坏了百度公司的商业运作模式，损害了百度公司的经济利益，还会导致上网用户误以为弹出的广告页面系百度公司所为，使上网用户对百度公司所提供服务的评价降低，对百度公司的商业信誉产生一定不利影响，同时也违背了诚实信用、公平交易的市场行为准则和公认的商业道德。因此，原审判决认定联通青岛公司、奥商网络公司的行为构成不正当竞争，并无不当。原审判决认定事实清楚，适用法律正确，应予维持。山东省高级人民法院于2010年3月20日做出（2010）鲁民三终字第5—2号民事判决，驳回上诉，维持原判。

典型意义

1993年颁布的《反不正当竞争法》在对市场经济保驾护航，规制不正当竞争行为方面发挥了极其重要的作用。但随市场经济的快速发展，市场主体类型、不正当竞争行为的种类越来越多样化、复杂化，《反不正当竞争法》未明确禁止的新型不正当竞争行为的出现严重侵蚀了市场经济运行机制和市场主体的利益。因此，对于那些没有在具体条文中规定，但是当事人认为构成不正当竞争的行为，人民法院直接适用《反不正当竞争法》第二条原则性规定予以判断和规范，科学界定自由、公平竞争与不正当竞争的关系，按照公认的商业标准和普遍认识，认定构成不正当竞争是非常必要的。本案中，奥商网络公司和联通青岛公司利用百度网站搜索引擎在我国互联网用户中的市场知名度，利用技术手段，在百度搜索结果出现之前强行弹出其投放的与搜索的关键词及内容有紧密关系的广告页面,诱使本可能通过百度公司搜索结果检索相应信息的网络用户点击该广告页面,影响了百度公司按照自己意志向网络用户提供付费搜索服务与推广服务,也会导致百度网站上付费搜索客户流失,属于利用百度公司的市场知名度来为自己牟利的行为。这种行为破坏了百度公司的商业运作模式,损害了百度公司的经济利益,还会导致上网用户误以为弹出的广告页面系百度公司所为,使上网用户对百度公司所提供服务的评价降低,对百度公司的商业信誉产生一定不利影响,同时也违背了诚实信用、公平交易的市场行为准则和公认的商业道德。本案裁决中,关于《反不正当竞争法》上的竞争关系不以经营者属同一行业或服务类别为限的认定以及对《反不正当竞争法》原则条款的正确运用和把握,进一步深化和丰富了对《反不正当竞争法》的理解,对规范网络竞争秩序具有很好的导向作用。

腾讯诉奇虎案

基本案情

北京奇虎科技有限公司、奇智软件（北京）有限公司针对腾讯科技（深圳）有限公司、深圳市腾讯计算机系统有限公司的QQ软件专门开发了"360扣扣保镖"软件，在相关网站上宣传扣扣保镖软件全面保护QQ软件用户安全，并提供下载。在安装了扣扣保镖软件后，该软件会自动对QQ软件进行体检，以红色字体警示用户QQ存在严重的健康问题，以绿色字体提供一键修复帮助，同时将"没有安装360安全卫士，电脑处于危险之中；升级QQ安全中心；阻止QQ扫描我的文件"列为危险项目；查杀QQ木马时，显示"如果您不安装360安全卫士，将无法使用木马查杀功能"，并以绿色功能键提供360安全卫士的安装及下载服务；经过一键修复，扣扣保镖将QQ软件的安全沟通界面替换成扣扣保镖界面。腾讯公司等以上述行为构成不正当竞争为由，向广东省高级人民法院提起诉讼。

案件初审

关于被告扣扣保镖是否能够破坏原告QQ软件及其服务的安全性、完整性，使原告丧失增值业务的交易机会及广告收入，从而构成不正当竞争的问题，一审法院认为：

《反不正当竞争法》第二条规定，经营者在市场交易中，应当遵循自愿、平等、公平、诚实信用的原则，遵守公认的商业道德。违反

第三部分 互联网广告典型案例

本法规定，损害其他经营者的合法权益，扰乱社会经济秩序的行为属于不正当竞争。在本案中要判断被告的行为是否构成不正当竞争，关键在于厘清被告的行为是否违反了诚实信用原则和互联网业界公认的商业道德，并损害了原告的合法权益。

根据工信部颁布的《规范互联网信息服务市场秩序若干规定》第五条的规定，互联网信息服务提供者不得实施下列侵犯其他互联网信息服务提供者合法权益的行为：包括"欺骗、误导或者强迫用户使用或者不使用其他互联网信息服务提供者的服务和产品；恶意修改或者欺骗、误导、强迫用户修改其他互联网服务提供者的服务或者产品参数"。《互联网终端软件服务行业自律公约》第十八条规定：终端软件在安装、运行、升级、卸载等过程中，不应恶意干扰或者破坏其他合法终端软件的正常使用。第十九条规定，除恶意广告外，不得针对特定信息服务提供商拦截、屏蔽其合法信息内容及页面。（恶意广告指频繁弹出的对用户造成干扰的广告类信息以及不提供关闭方式的漂浮广告、弹窗广告、视窗广告）可见，无论是互联网行政管理的部门规章还是互联网业界公认的商业道德，都禁止互联网信息服务提供者欺骗、误导或者强迫用户使用或者不使用其他服务者的服务和产品，或者恶意修改或者欺骗、误导、强迫用户修改其他服务者提供的服务或者产品参数，也禁止针对特定信息服务提供商的合法广告进行拦截。

本案中，被告针对原告的 QQ 软件专门开发了扣扣保镖。在安装了 QQ 软件的电脑上安装运行扣扣保镖后，该软件就会自动对 QQ 进行体检，进而宣布 QQ 存在严重的健康问题。同时，扣扣保镖使用 Hook 技术挂钩 LoadlibraryW 函数、Coloadlibrary 函数或 SetWindowsPos 等函数，阻止 QQ.exe 进程加载特定插件、扫描模块以及弹出窗口，从而屏蔽 QQ 软件使用的插件，清理 QQ 软件产生的临时、缓存文件及其他相关文件，过滤 QQ 软件的信息窗口，等等。另外，被告还向网络用户宣称，QQ 软件存在扫描用户隐私的行为，如果网络用户点击"查看 QQ 扫描了哪些文件"的链接后即可调用"360 隐私保护器"。扣扣保镖针对QQ软件进行所谓"体检"后给出的结论，配合奇虎公司在互联网上发布的关于QQ软件正在扫描用户隐私等不实宣称，必然会使不具备网络专业知识的网络用户陷入惶惑和恐慌，产生对QQ软件的不信任感；再加上用户希望既要免费使用QQ软件提供的即时通信服务，又无须受广告和推销产品插件打扰的心态，必然会使用扣扣保镖提供的上述功能，删除QQ的功能插件，屏蔽QQ发布的广告、游戏，停止使用QQ提供的各种功能和服务，修改QQ提供给用户的安全中心功能和安全扫描功能。上述行为的后果将使原告损失广告收入、游戏收入和增值服务交易机会，给原告造成严重的经济损失；同时还将使原告的软件运行产生障碍，用户体验产生改变，给原告的企业和品牌声誉造成损害。

被告抗辩主张原告的商业模式具有掠夺性和侵害性，为了保护广大用户和其他经营者的利益，被告作为安全工具的开发和经营者责任重大，有权对抗和改变原告的行为。法院认为：要判断该主张是否成立，其一是要廓清互联网安全软件的权力边界是什么，其二是要判断原告的QQ软件及其服务是否具有非法性从而不受保护。

首先，安全软件是一种可以对病毒、木马等一切已知的对计算机有危害的程序代码进行清除，并辅助用户管理电脑安全的程序工具，分为杀毒软件、系统工具和反流氓软件。杀毒软件的任务是实时监控和扫描磁盘，大部分杀毒软件还具有防火墙功能。系统工具的主要功能是清理垃圾、修复漏洞以及预防木马程序进入用户的系统。反流氓软件的主要功能是清理流氓软件，保护系统安全。安全软件要实现上述功能，需要判断其他程序是否属于病毒、木马程序和流氓软件并决定予以查杀、拦截和清理；需要判断哪些文件属于需要清理的垃圾、哪些属于系统需要修复的漏洞，因此其在经营中具有其他应用软件所不具备的权力。根据权力、利益与责任相符合的基本法律原则，安全软件的经营者必须具有与其权力和技术能力相匹配的谨慎责任。更为特殊的是，由于被告的商业模式是免费向用户提供安全软件，然后通过依靠免费安全软件搭建的平台向用户发布广告和提供应用软件和增值服务,从而实现盈利。在这种兼备裁判者和经营者双重角色的前提下,更加应该谨慎、理性行事,依照《规范互联网信息服务市场秩序若干规定》的相关规定和《互联网终端软件服务行业自律公约》的相关行为规范,以公开、透明的方式公平、公正地判断其他软件的性质。

其次,原告的商业模式是向用户提供免费的即时通讯服务,然后再借助即时通讯软件搭建的平台向用户提供网络社交、资讯、网游、娱乐等增值服务,并为广告客户投放商业广告,实现盈利。原告所采取的在免费即时通信服务平台上开展营利业务(广告+增值服务业务)及推广其他产品和服务的商业模式,系当前国际国内即时通信行业的商业惯例。由于用户在享受即时通信服务的时候没有支付相关费用,因此花费一定的时间浏览广告和其他推销增值服务的插件和弹窗,是其必须付出的时间成本。用户若想享有免费的即时通信服务,就必须容忍广告和其他推销增值服务的插件和弹窗的存在。那种不愿意通过交费来使用无广告、无插件的互联网服务,而通过使用破坏网络服务提供者合法商业模式、损害网络服务提供者合法权益的软件来达到既不浏览广告和相关插件,又可以免费享受即时通信服务的行为,已超出了合法用户利益的范畴。长远来看,因为QQ平台上的增值和广告业务发展得越好,研发资金越充裕,则提供给用户的免费即时通信服务将越优质和越持久。可见,腾讯在即时通信平台上发布的广告、游戏及增值服务不属于病毒、木马程序和流氓软件,被告无权假借查杀病毒或者保护用户利益之名,侵入其他网络服务提供者合法软件的运行进程,通过擅自修改他人软件的手段达到破坏他人合法经营的目的。被告一方面在自己的平台上开展综合性服务,投放广告、提供新闻弹窗服务及设置其他产品和应用的入口、开展增值服务;一方面又以保护QQ用户安全为名,提供工具鼓励和诱导用户过滤原告的广告和资讯服务、删除和破坏原告的增值服务和QQ的其他功能和服务，违背了诚实信用和平等竞争原则，具有明显的不正当竞争的恶意，是导致"3Q"大战爆发的根本原因，被告的上述行为严重损害了互联网经营秩序。

被告还抗辩主张，浏览器应用软件亦具有屏蔽广告的功能，因此其行为不违反公认的商业道德。法院认为：首先，浏览器屏蔽广告功能并不特别针对某一特定网站服务提供者的广告，而扣扣保镖是被告专门开发的一款只用于屏蔽QQ广告和功能插件的产品，是专门用于修改QQ产品和服务的工具。其次，基于浏览器与网站之间的合作关系，网站的内容必须通过浏览器进行展示，而每款浏览器都有自己的演示逻辑，网站必须遵守浏览器制定的规则，因此浏览器有权选择网站的展示内容及过滤广告。但原告具有自身独立的广告和插件的发布和展示平台，扣扣保镖未经原告同意，通过修改QQ软件的运行进程，达到改变QQ网页内容、过滤广告、清除插件的目的和效果。因此，浏览器的广告过滤功能不能成为被告开发工具过滤原告广告行为的依据。

被告抗辩主张，并非其修改原告的QQ软件，而是原告QQ软件的用户利用被告开发的技术中立的扣扣保镖软件来修改原告的QQ软件。对此法院认为：扣扣保镖确实需要由用户下载安装到用户的服务器终端并由用户自行运行，才能实施一系列损害原告利益的行为。但是从被告开发该软件的主观意图来看，该软件专门针对原告QQ软件开发，目的之一是降低原告的市场交易机会。被告董事长于2010年11月6日在公开言论中承认开发扣扣保镖的意图是冲击原告的商业模式，让原告靠QQ挣不了那么多钱。从扣扣保镖的实际运行情况来看，被告预先在软件内部嵌入"一键清理"、"升级安全模块"等操作提示按键，用户在被告的恐吓和诱导性语句的指引下，按照被告预先设置的逻辑针对QQ软件进行修改。同时，扣扣保镖中还预埋了尚未开启的阻止QQ进行正常升级和更新、劫持QQ浏览器等功能。"针对性开发"+"诱导性提示"+"预制功能逻辑"这一组合证明被告不仅实施了恐吓、诱导用户修改 QQ 软件的行为，而且为这种修改提供了实质性帮助，同时被告违反商业道德和诚实信用的主观过错明显，构成帮助用户实施侵权。被告认为其只是给 QQ 用户提供了技术中立的修改工具，并不构成侵权的主张不能成立。

综上所述，被告针对原告 QQ 软件专门开发的扣扣保镖破坏了原告合法运行的 QQ 软件及其服务的安全性、完整性，使原告丧失合法增值业务的交易机会及广告、游戏等收入，偏离了安全软件的技术目的和经营目的，主观上具有恶意，构成不正当竞争。一审判决：被告北京奇虎科技有限公司、奇智软件（北京）有限公司连带赔偿原告腾讯科技（深圳）有限公司、深圳市腾讯计算机系统有限公司经济损失及合理维权费用共计人民币 500 万元。

案件终审

奇虎公司等不服，向最高人民法院提起上诉称：上诉人的扣扣保镖软件没有破坏 QQ 软件及其服务的安全性、完整性，并未使被上诉人丧失交易机会和广告收入，不构成不正当竞争，一审法院认定事实不清、适用法律严重错误。

最高人民法院二审认为，《反不正当竞争法》第二条规定："经营者在市场交易中，应当遵循自愿、平等、公平、诚实信用的原则，遵守公认的商业道德。违反本法规定，损害其他经营者的合法权益，扰乱社会经济秩序的行为属于不正当竞争。"这些规定同样适用于互联网市场领域。本案中，认定上诉人的前述行为是否构成不正当竞争，关键在于该行为是否违反了诚实信用原则和互联网行业公认的商业道德，并损害了被上诉人的合法权益。

市场经济是由市场在资源配置中起决定性作用，自由竞争能够确保市场资源优化配置，但市场经济同时要求竞争公平、正当和有序。在市场竞争中，经营者通常可以根据市场需要和消费者需求自由选择商业模式，这是市场经济的必然要求。本案中，被上诉人为谋取市场利益，通过开发 QQ 软件，以该软件为核心搭建一个综合性互联网业务平台，并提供免费的即时通信服务，吸引相关消费者体验、使用其增值业务，同时亦以该平台为媒介吸引相关广告商投放广告，以此创造商业机会并取得相关广告收入。这种免费平台与广告或增值服务相结合的商业模式是本案争议发生时，互联网行业惯常的经营方式，也符合我国互联网市场发展的阶段性特征。事实上，本案上诉人也采用这种商业模式。这种商业模式并不违反《反不正当竞争法》的原则精神和禁止性规定，被上诉人以此谋求商业利益的行为应受保护，他人不得以不正当干扰方式损害其正当权益。上诉人专门针对 QQ 软件开发、经营扣扣保镖，以帮助、诱导等方式破坏 QQ 软件及其服务的安全性、完整性，减少了被上诉人的经济收益和增值服务交易机会，干扰了被上诉人的正当经营活动，损害了被上诉人的合法权益，违反了诚实信用原则和公认的商业道德，一审判决认定其构成不正当竞争行为并无不当。

随着市场竞争的发展和消费者需求的提高，经营者必然会不断改进商业模式和提高服务质量，但商业模式的改进和服务质量的提高应当是正当竞争和市场发展的结果，而不能通过不正当竞争的方式推进。即便后来商业模式得以改进和服务质量得到提高，也不能当然将其作为判断先前商业模式是否损害消费者权益和具有不正当性的依据。尽管天下通常并无免费的午餐，但消费者享受特定免费服务与付出多余的时间成本或者容忍其他服务方式并无当然的"对价"关系。因此，原审判决关于"由于用户在享受即时通信服务的时候没有支付相关费用，因此花费一定的时间浏览广告和其他推销增值服务的插件和弹窗，是其必须付出的时间成本。用户若想享有免费的即时通信服务，就必须容忍广告和其他推销增值服务的插件和弹窗的存在"的判断失之准确和有所不妥，但其关于"通过使用破坏网络服务提供者合法商业模式、损害网络服务提供者合法权益的软件来达到既不浏览广

第三部分 互联网广告典型案例

告和相关插件,又可以免费享受即时通信服务的行为,已超出了合法用户利益的范畴"的认定并无不当。上诉人以 QQ 软件具有侵害性为由主张其行为正当的上诉主张不能成立。

在市场经营活动中,相关行业协会或者自律组织为规范特定领域的竞争行为和维护竞争秩序,有时会结合其行业特点和竞争需求,在总结归纳其行业内竞争现象的基础上,以自律公约等形式制定行业内的从业规范,以约束行业内的企业行为或者为其提供行为指引。这些行业性规范常常反映和体现了行业内的公认商业道德和行为标准,可以成为人民法院发现和认定行业惯常行为标准与公认商业道德的重要渊源之一。当然,这些行业规范性文件同样不能违反法律原则和规则,必须公正、客观。互联网协会《自律公约》第十八条规定终端软件在安装、运行、升级、卸载等过程中,不应恶意干扰或者破坏其他合法终端软件的正常使用;第十九条规定除恶意广告外,不得针对特定信息服务提供商拦截、屏蔽合法信息内容及页面。该自律公约系互联网协会部分会员提出草案,并得到包括本案当事人在内的互联网企业广泛签署,该事实在某种程度上说明了该自律公约确实具有正当性并为业内所公认,其相关内容也反映了互联网行业市场竞争的实际和正当竞争需求。人民法院在判断其相关内容合法、公正和客观的基础上,将其作为认定互联网行业惯常行为标准和公认商业道德的参考依据,并无不当。上诉人以市场竞争为目的,未经被上诉人许可,针对被上诉人 QQ 软件,专门开发扣扣保镖,对 QQ 软件进行深度干预,干扰 QQ 软件的正常使用并引导用户安装其自己的相关产品,一审法院认定该行为违反了互联网相关行业的行业惯例和公认的商业道德并无不当。需要特别指出的是,一审法院在裁判本案时援引的是《民法通则》、《反不正当竞争法》及本院相关司法解释,对于《自律公约》的援用并不是将其作为法律规范性文件意义上的依据,实质上只是作为认定行业惯常行为标准和公认商业道德的事实依据。对于《若干规定》的援用,也仅是用于证明互联网经营行为标准和公认的商业道

211

德。因此,一审法院对于《若干规定》及《自律公约》的援用并无不当,上诉人此上诉理由不能成立。

奇虎公司等的行为破坏 QQ 软件及其服务的安全性、完整性,干扰了其正当经营活动,损害了其合法权益。奇虎公司等的行为根本目的在于依附 QQ 软件强大用户群,通过对 QQ 软件及其服务进行贬损的手段来推销、推广 360 安全卫士,从而增加奇虎公司等的市场交易机会并获取市场竞争优势,此行为本质上属于不正当地利用他人市场成果为自己谋取商业机会从而获取竞争优势的行为,违反了诚实信用和公平竞争原则,构成不正当竞争。最高人民法院判决驳回上诉,维持原判。

典型意义

近年来互联网企业之间的竞争越发激烈,各种争夺用户战、要求用户"二选一"等竞争手法频出,也不时引发法律诉讼。在互联网时代,怎样提倡公平竞争和良性的市场秩序,以及如何有效保护用户的权利,是最需要考虑的问题。这起纠纷在影响的网民数量、诉讼标的额等多方面都创出行业纪录,对互联网的发展以及相关立法都带来了诸多全新的课题。目前"免费+广告或增值服务"已经是互联网行业普遍采用的商业模式,大部分互联网服务提供者都是依托于广告、增值服务而获得盈利的,如门户网站新浪、搜索引擎百度、视频网站优酷等。本案的奇虎 360 也是以向互联网用户免费提供安全软件,同时借助 360 安全卫士、360 杀毒软件等产品推介其 360 浏览器服务,并在这些平台产品上投放广告、提供新闻弹窗服务及设置其他产品和应用入口、开展增值服务等。如果不允许上述公司在提供互联网服务时,通过向互联网用户提供广告、增值服务获得收入,那这些互联网公司都将无法生存发展,其结果必然不仅是用户无法免费享用查看新闻资讯、搜索信息、在线看视频节目等娱乐服务,更严重的危害是,互联网行业的持续发展也遭到扼杀。所以，如果不保护"免费＋广告及增值服务"的商业模式，将会危害用户利益和互联网行业发展。正如一审判决所说，一旦增值服务、广告业务被破坏，腾讯流失掉交易机会，丧失赢利能力，则免费的即时通信服务也将无以为继。相反，QQ平台上的增值和广告业务发展得越好，企业资金越充裕，则提供给用户的免费的即时通信服务也将越优质和越持久。本案中，最高人民法院指出，互联网的健康发展需要有序的市场环境和明确的市场竞争规则作为保障，竞争自由和创新自由必须以不侵犯他人合法权益为边界。最高人民法院在本案中明确了互联网市场领域技术创新、自由竞争和不正当竞争的关系。本案的裁判判决无疑将有助于推动国内互联网领域的良性竞争、加快相关立法进程，网民的切身利益由此也将得到更好的保护，在中国互联网发展史上的确具有里程碑式的意义。

爱奇艺诉极科极客案

基本案情

原告北京爱奇艺科技有限公司诉称：2013年12月，原告发现被告北京极科极客科技有限公司生产销售名为"极路由"的路由器，该路由器通过安装"屏蔽视频广告"插件过滤了"爱奇艺"网站上播放视频内容前的广告，用户一旦使用被告路由器访问爱奇艺网站，无论是通过PC电脑，还是通过IPAD终端，都可以实现屏蔽视频广告的功能。被告在官网上大肆宣传极路由具有屏蔽视频广告的功能，并将其作为最大卖点。原告认为，路由器作为用户连接网络的工具，基本功能是真实全面地将相关网络内容传输给用户，不应增加、删减或改变被访问网站向用户提供的服务内容。原告通过向用户提供免费视频内容，吸引用户访问爱奇艺网站观看视频，用户以观看视频广告为代价获得免费的视频内容。原告以向广告主收取广告费作为主要的营业收入，以该收入购买视频内容的相关版权，形成了健康、有序、互惠、合法的视频网站生态链，是目前中国视频网站采用最为普遍的商业模式，是视频网站赖以生存、发展的基础。原告播放视频广告并获取相关收益的权利，是一项应当受到保护的合法权利。被告通过一系列技术措施，主动向用户提供"视频广告过滤"功能，大大降低了广告主投放广告的曝光率，导致原告必须通过其他方式投放被屏蔽广告以弥补损失，久而久之，广告主将不再选择通过视频播放渠道投放广告，导致原告失去盈利的基础来源。被告这一行为严重破坏了视频网站现有的健康生态链，严重破坏了正常商业秩序，严重侵害了原告的正当权益。相反，被告却借此迅速获益，吸引了大量的用户购买并使用，获得了不正当经济收益。请求法院判令被告的行为构成不正当竞争并向原告赔偿经济损失。被告极科极客公司辩称：原告是一家以提供网络视频服务为主的互联网科技公司，主要提供网络服务而非销售实体产品，目标客户群为网络视频观赏者；而我公司是一家专注无线路由器研发、设计、制造、销售、服务为一体的互联网硬件科技公司，主营业务为研发生产销售智能路由器，目标客户群为路由器消费者，二者的生产、服务领域、市场领域等并无竞合之处，二者不存在竞争关系。

案件初审

  北京市海淀法院经审理查明：极科极客公司是"极路由"路由器的生产者和销售者，先后生产销售极壹、极壹S、极贰型号的"极路由"路由器。"极路由"路由器用户在极路由云平台下载安装"屏蔽视频广告"插件后，通过"极路由"路由器上网，可屏蔽爱奇艺网站视频的片前广告。海淀法院向极科极客公司送达行为保全申请书三日后，极科极客公司经营的极路由云平台上的"屏蔽视频广告"插件即不再屏蔽爱奇艺网站视频的片前广告，但仍可屏蔽其他网站视频的片前广告。此前已下载安装"屏蔽视频广告"插件的用户，可自行选择是否更新。如选择更新，则更新后的"屏蔽视频广告"插件即不再屏蔽爱奇艺网站视频的片前广告，但仍可屏蔽其他网站视频的片前广告。如选择不更新，则"屏蔽视频广告"插件仍可屏蔽包括爱奇艺网站在内的视频片前广告。

  法院认为：在互联网时代，硬件厂商可以（而且事实上已经）从事软件经营和网络服务行为，软件厂商和网络服务提供者也可以（事实上已经）从事硬件经营行为。主营业务或所处行业不同的经营者，随时可能因业务领域的拓展行为而产生竞争关系。因此，判断经营者之间有无竞争关系，应着眼于经营者的具体行为，分析其行为是否损害其他经营者的竞争利益。从主营业务来看，爱奇艺公司主营业务是网络视频播放服务，极科极客公司主营业务是硬件设备生产销售，两者貌似没有竞争关系。但是，本案被控不正当竞争行为是极科极客公司综合利用"屏蔽视频广告"插件和"极路由"路由器屏蔽爱奇艺网站视频的片前广告，此行为必将吸引爱奇艺网站的用户采用上述方法屏蔽该站视频片前广告，从而增加极科极客公司的商业利益，减少爱奇艺公司的视频广告收入，导致爱奇艺公司和极科极客公司在商业利益上此消彼长，使本不存在竞争关系的爱奇艺公司与极科极客公司因此形成了竞争关系。

极科极客公司辩称消费者有权选择是否使用"屏蔽视频广告"插件。法院认为，因"屏蔽视频广告"插件符合消费者的短期利益，且极科极客公司将其作为主要卖点之一进行宣传，可见必将有部分购买"极路由"路由器的消费者选择使用该插件，必将损害爱奇艺公司的合法利益。至于有多少消费者实际选择使用该插件，则属于确定赔偿责任的定量情节，并不影响其不正当竞争行为的定性分析。极科极客公司辩称"屏蔽视频广告"插件是技术革新，便利公众，应当鼓励。法院认为，技术革新应当鼓励，但对技术的使用不能突破法律限制。极科极客公司使用"屏蔽视频广告"插件直接干预爱奇艺公司的正常经营，以吸引客户获取商业利益，违反了《反不正当竞争法》。使用"屏蔽视频广告"插件看似符合消费者眼前利益，但长此以往必将导致视频网站经营者"免费+广告"的商业模式难以为继，从而向收费模式转变，最终也将损害消费者的长远利益。极科极客公司辩称"屏蔽视频广告"插件并非针对爱奇艺公司，而是屏蔽所有的视频广告。法院认为，《反不正当竞争法》着眼于维护竞争秩序和竞争利益，并不要求受害者唯一或特定。虽然极科极客公司实施的屏蔽视频广告的行为并非仅仅针对爱奇艺公司，但爱奇艺公司确因该行为而利益受损，即与本案具有直接利害关系，有权提起本案之诉。极科极客公司辩称"屏蔽视频广告"插件司空见惯,屏蔽视频广告是行业惯例。法院认为,同类屏蔽视频广告软件的存在及数量本身均不能自证其合法性。如某一行为被判定非法,该行为的普遍存在只能证明违法现象严重,而不能以"行业惯例"为由推论该行为因此合法。爱奇艺公司持有网络文化经营许可证和信息网络传播视听节目许可证,通过爱奇艺网站为用户提供在线视频播服务,并以片前广告获取商业利益。爱奇艺公司这一商业模式本身是合法的,由此产生的商业利益依法应予以保护。极科极客公司为获取商业利益,利用"屏蔽视频广告"插件直接干预爱奇艺公司的经营行为,超出正当竞争的合理限度,损害了爱奇艺公司的合法利益,违反了诚实信用原则和公认的商业道德。根据《反不正当竞争法》第二条的规定,极科极客公司的行为构成不正当竞争。

综合考虑极科极客公司的主观过错、侵权情节、销售数量、市场地位、侵权行为的持续时间等因素,北京市海淀法院一审判决极科极客公司赔偿爱奇艺公司经济损失及诉讼合理支出共计40万元。

案件终审

极科极客公司不服一审判决,向北京知识产权法院提起上诉。2014年12月2日,北京知识产权法院受理了该起上诉案,并依法组成合议庭对该案进行了公开开庭审理。

北京知识产权法院二审认为,经营者不应当以影响其他正当合法的经营模式为代价去获取自身利益,而应当遵循市场竞争法则。被告向用户提供可以屏蔽原告片前广告的行为,打破了正常的商业模式,会使得原告的利益受到不公平的损害。关于消费者利益,尽管被告行为可能有利于观看视频的直接消费者,但由于原告因正常的商业模式被打破而难以获得发展空间,这必将最终损害消费者利益。极科极客公司以强行改变爱奇艺公司经营模式的方式向用户提供服务,损害了爱奇艺公司的正当利益，必将导致爱奇艺公司因无法支付高额的版权使用费而难以为继，网络用户的利益最终将受到不利影响，极科极客公司的行为具有不正当性。基于被告的主观动机、实施行为对他人正常商业模式的冲击以及对消费者的最终影响等方面，法院认定被告构成了不正当竞争。2015年2月13日，北京知识产权法院判决驳回上诉，维持一审判决。

典型意义

当前，随着信息网络技术的发展，信息网络领域在给人们带来无限商机与便利的同时，也引发了日益激烈的市场竞争，以及不断增加的相关法律纠纷。利用技术手段屏蔽他人广告而引发的不正当竞争就是其中比较突出的问题之一。"极路由"路由器生产者和销售者极科极客公司利用屏蔽广告插件屏蔽爱奇艺视频网站片前广告而引发的纠纷就是比较典型的案例。

在信息网络环境中，一种行为是否符合"不正当竞争"行为的特性，其判断难度要大得多。其中一个重要原因是，案件当事人之间并不存在直接的竞争关系，而且案件被告的行为并不是像普通不正当竞争案件一样，对涉案相关的消费者具有损害性。法院经审理认为，经营者之间是否存在"竞争关系"，非一成不变之定式，而应区别其不同行为，因时因事具体分析。互联网时代的竞争，呈现出超越国界、超越业界的特点。传统的行业界线变得模糊，跨界经营的难度明显降低，混业经营的现象明显增加。在互联网时代，主营业务或所处行业不同的经营者，随时可能因业务领域的拓展行为而产生竞争关系。极科极客公司综合利用"屏蔽视频广告"插件和"极路由"路由器屏蔽爱奇艺网站视频的片前广告，导致爱奇艺公司和极科极客公司在商业利益上此消彼长，使本不存在竞争关系的爱奇艺公司与极科极客公司因此形成了竞争关系。法院通过分析网络经营者的主观恶意、被诉行为对他人合法经营模式的侵害、消费者最终利益的影响等，从而认定了被诉行为构成不正当竞争。本案判决对于网络环境下竞争关系的认定和竞争行为正当性的判断等均具有一定指导意义。

合一诉金山案

基本案情

原告合一信息技术（北京）有限公司（以下简称合一公司）诉称：合一公司是优酷网的合法经营者，面向行业广告客户提供在线网络视频的广告制作和发布服务，同时也面向终端用户提供在线网络视频点播服务。对用户所点播的网络视频合法且适当投放广告。经合一公司核实，猎豹安全浏览器（以下简称猎豹浏览器）通过一系列技术措施，主动向终端用户提供"页面广告过滤"功能。当最终用户打开该功能后访问优酷网，合一公司原本合法投放的视频广告会被过滤。金山安全公司为猎豹浏览器的开发者、版权人，贝壳公司为猎豹网站的经营人，为猎豹浏览器提供官方发布和推广平台，金山网络公司既是猎豹浏览器的版权人，又是猎豹网站的版权人。三被告共同通过猎豹浏览器所实施的行为对合一公司构成不正当竞争，造成严重的损害后果。请求法院判令三被告立即停止不正当竞争行为，消除影响并赔偿其经济损失及合理开支500万元。

被告金山安全公司及贝壳公司共同辩称：他们与合一公司不存在竞争关系。浏览器具备过滤网络广告的功能属于行业惯例，国内外主要的浏览器都具备广告过滤功能。猎豹浏览器的广告过滤功能默认是关闭的，需要用户主动开启才发生作用。互联网自律公约明确用户享有知情权、选择权，用户可以选择不看视频广告，优酷网提供不可关闭的视频广告属于强制交易。猎豹浏览器仅是提供给用户使用的工具，具有技术中立特点，并未代替用户选择过滤广告。合一公司并未因视频广告被过滤而受到任何损失,相反在合一公司公证期间,其收入不断上涨。具备视频广告过滤功能的猎豹浏览器存在时间非常短,对合一公司的影响很小。因此,不同意合一公司的诉讼请求。

案件初审

本案中,三被告的抗辩理由主要有三项:一是双方不存在竞争关系。二是否认其行为的不正当性,即猎豹浏览器仅是提供给用户使用的工具,具有技术中立特点,用户可以选择不看视频广告。三是使用浏览器过滤网络广告属于行业惯例。

海淀法院认为:我国《反不正当竞争法》第二条规定的经营者是指从事商品经营或者营利性服务的法人、其他经济组织和个人。通常认为,《反不正当竞争法》所规范的经营者应具有竞争关系。传统行业对竞争关系的理解一般限于同业间的直接竞争关系,但当前互联网经济由于行业分工细化、业务交叉重合的情况日益普遍,对竞争关系的理解则不应限定为某特定细分领域内的同业竞争关系,而应着重从是否存在竞争利益角度出发进行考察。竞争利益主要体现为对客户群体、交易机会等市场资源的争夺中所存在的利益。互联网经济被广泛称为"注意力经济"、"眼球经济",吸引并维持用户是互联网企业开展经营业务的基础。合一公司经营的优酷网通过提供各类在线视频节目吸引网络用户点播,同时吸引广告主在优酷网网页及视频节目播放过程诸位置投放广告而获得收益。用户访问量对优酷网至关重要,只有吸引更多用户点播,才能因增加曝光率而吸引更多广告主投放广告,从而带来更多广告收益。被告开发经营猎豹浏览器软件,对浏览器开发相关特色功能也是为了最大可能吸引网络用户使用该软件,因为用户使用量同样影响被告围绕猎豹浏览器开展的衍生项目收益,只有开发更多、更强的功能,才能被更广泛的用户关注并使用。扩大用户数量、维持用户忠诚度对互联网企业而言,均意味着赢得市场交易机会，获取交易利润。本案中，被告提供过滤优酷网视频广告的猎豹浏览器，影响合一公司的交易机会和广告收益，使两个原本可以在各自领域并行不悖发展的企业存在现实的竞争利益。因此，海淀法院认为，合一公司与被告间存在竞争关系。

被告强调其猎豹浏览器的视频广告过滤软件仅是工具，具有技术中立特点，并未代替用户选择过滤视频广告。法院认为：技术作为工具手段应当具有价值中立性。由于技术不是自然物，而是人类利用自然规律的成果，一定程度上受到技术开发者和提供者意志的控制和影响，并反映和体现着技术开发者和提供者的行为与目的。在对待技术中立原则问题上，既不能把技术所带来的侵权后果无条件地归责于技术提供者，窒息技术创新和发展；也不能将技术中立绝对化，简单地把技术中立作为不适当免除法律责任的挡箭牌，而应考虑具体案情及特定相关市场进行判断。认定某项技术符合价值中立性要求，海淀法院认为需要考察技术提供者不存在损害他人合法权益的主观过错。海淀法院认为猎豹浏览器具备过滤优酷网视频广告的功能，系被告对猎豹浏览器进行针对性开发配置的可能性较大。在此情况下，被告开发经营过滤优酷网视频广告的猎豹浏览器，应当知道会对优酷网正常的商业模式造成损害。

海淀法院认为，我国《反不正当竞争法》的立法目的是保障市场竞争秩序，鼓励并保护公平竞争，保护经营者和消费者的合法权益。因此，在维护竞争秩序的前提下，经营者与消费者权益均需受到保护。互联网行业近年来发展迅速、竞争激烈，公平、自由的竞争环境有利于互联网企业获得最大限度的发展空间。而这种发展空间的边界应为"互不干扰"，即除非有显而易见的特殊合法理由，如杀毒等，互联网经营者自身业务的开发拓展不应影响其他互联网经营者在正当商业模式下的经营活动。同时，商业模式的优劣理应由市场选择决定，而非由其他经营者以破坏性手段，采取"丛林法则"竞争方式进行评判。浏览器作为用户登录网站、浏览网页的工具软件，其基本功能系真实全面地将相关网站内容展现给用户，除非有特殊的合法理由，不应增加、删减或改变被访问网站向用户提供的服务内容。在此，海淀法院需要强调的是，法律评价的并不是某项技术可实现的功能，而是实现该功能进行技术开发并经营的行为。本案中，金山网络公司对具备过滤优酷网视频广告功能的猎豹浏览器软件进行开发并经营的行为，不仅不是技术上无法避免的，反而是金山网络公司作为宣传亮点为吸引更多用户使用猎豹浏览器而刻意为之，主观过错明显，其行为破坏了优酷网完整的视频服务，进而挑战合一公司基础商业模式，违背了诚实信用原则，对合一公司构成不正当竞争。

综上，海淀法院做出（2013）海民初字第13155号民事判决书，判决北京金山安全软件有限公司、北京金山网络科技有限公司共同向原告合一信息技术（北京）有限公司赔偿经济损失及合理开支共计三十万元。

案件终审

金山公司等三被告不服，向北京市第一中级人民法院提出上诉称：虽然金山公司认可猎豹浏览器的涉案版本具有屏蔽视频广告的功能，但该功能默认是关闭的，只是给用户实现自主选择权的权利，这项技术本身是中立不侵权的。反之，优酷网强制用户观看广告的行为，侵害了社会公众利益，其所谓的商业盈利模式不应受到法律保护。此外，屏蔽广告属于网络安全软件的常规功能，而且猎豹浏览器的此项功能也不是单独针对优酷网所研发的，因此不构成不正当竞争行为。一审判决认定事实不清，适用法律错误。

二审法院认为：竞争关系的存在是判断不正当竞争行为的前提条件。竞争关系的构成不取决于经营者之间是否属于同业竞争关系，亦不取决于是否属于现实存在的竞争，而应取决于经营者的经营行为是否具有"损人利己的可能性"。具体而言，取决于以下两个条件：该经营者的行为是否具有损害其他经营者利益的可能性（是否具有损人的可能性）；该经营者是否会基于这一行为而获取现实或潜在的经营利益（是否具有利己的可能性）。也就是说，如果经营者的行为不仅具有对其他经营者的利益造成损害的可能性，且该经营者同时基于这一行为而获得现实或潜在的经营利益，则可认定二者具有竞争关系。具体到本案，虽然合一公司从事视频网站的经营行为，而金山网络公司与金山安全公司从事被诉猎豹浏览器的开发及提供等经营行为，就经营内容而言二者并非同业竞争者。但因竞争关系的认定并不以是否为同业竞争者为判断依据，而被诉猎豹浏览器所具有的视频广告过滤功能不仅可能对合一公司的免费视频加广告这一经营活动及其所带来的经营利益造成损害，同时亦可能会使金山网络公司及金山安全公司由此获得更多用户从而获利，因此金山网络公司及金山安全公司实施的被诉行为具有损人利己的可能性，合一公司与金山网络公司、金山安全公司具有竞争关系。

合一公司作为优酷网站的经营者，其向用户提供免费视频服务的同时，亦会提供相应视频广告。鉴于合一公司的正常经营活动需要支出相应的成本，且其向用户提供的视频中有相当比例需要支付费用购买（影视剧更是如此）。因此，合一公司显然并无义务在用户不支付任何对价的情况下向其提供视频，否则其正常经营活动将难以维系。合一公司在向用户提供免费视频的同时附之以相应视频广告，既未违反现有相关法律规定，亦未违反商业道德以及诚实信用原则，属于合法经营活动，应受到《反不正当竞争法》的保护。

在《反不正当竞争法》中，违反诚实信用原则的行为包括两类：一类是破坏其他经营者正当经营活动的行为；第二类是不正当利用其他经营者经营利益的行为。具体到本案，金山网络公司与金山安全公司开发并向用户提供具有视频广告过滤功能的猎豹浏览器的行为同时符合这两类行为的要求，有违诚实信用原则。

金山网络公司主张被诉猎豹浏览器的视频广告过滤功能属于新技

第三部分 互联网广告典型案例

术,依据技术中立原则不应认定该技术提供行为构成不正当竞争,否则有违技术中立原则,阻碍技术创新。对此,二审法院认为:技术中立原则虽非法定原则,但因该原则有其合理性,故应予适当考虑。对于技术中立原则的正确理解,其核心在于区分"技术本身"与对技术的"使用行为"。具体而言,技术中立原则的中立指的是"技术本身"的中立,而非对技术的"使用行为"的中立。也就是说,依据技术中立原则,仅仅是不能认定某个特定的技术本身属于违法技术,但对于该技术的使用行为则不受此限。这也就意味着,如果该使用行为违反了相关法律规定,则其依然可能构成侵权或不正当竞争行为。鉴于对同一项技术可能会有多种使用行为,而对于侵权或不正当竞争行为的认定针对其中某一特定的使用行为,并不会影响对该技术的其他合法使用行为,因此对该特定行为的侵权或不正当竞争的认定不会阻碍技术的发展。具体到本案,具有中立性的是被诉猎豹浏览器为达到视频广告过滤功能而采用的具体技术手段(用以拦截或屏蔽相关信息的技术手段,如金山网络公司的专家辅助人所提出的广告过滤所采用的URL地址过滤、使用插件、底层扩展过滤技术),而非对使用上述技术的被诉猎豹浏览器的开发及提供行为。依据技术中立原则,仅是无法认定上述技术具有违法性,但却并不妨碍对使用上述技术手段的被诉浏览器的开发及提供行为是否违法予以认定。根据本案的认定,被诉浏览器中所使用的过滤技术虽然用以过滤视频广告构成不正当竞争,但其仍然具有其他的合法使用方式,因此对于本案被诉行为构成不正当竞争的认定并不违反技术中立原则。

金山网络公司主张,因合一公司网络中片头广告的时间过长且无法关闭,属于网络无法接受的恶意广告,故被诉猎豹浏览器对该广告进行过滤具有合理性。对此,二审法院认为:首先,金山网络公司并未举证证明优酷网片头视频广告符合恶意广告的法定含义或约定俗成的含义。金山网络公司提交的《互联网自律公约》中对恶意广告做出了规定,但该公约仅为部分互联网企业间签署的协议,无法据此认定

225

该约定符合同行业对恶意广告的一般认知。其次，广告时间长短以及是否可以关闭原则上不应成为恶意广告的判断因素。广告时长的设定以及广告是否可以关闭是合一公司对其经营方式所做出的选择，只要其所加载的广告未违反法律规定或商业道德，则难以据此认定其属于恶意广告。当然，用户可能不愿意接受时间较长且无法关闭的广告，但用户的接受程度亦与广告是否属于恶意广告并无必然联系。用户如果无法接受时间较长且无法关闭的广告，其并非毫无选择权，其虽然无法选择仅看视频而不看广告，但完全可以选择在广告时间做其他事情，或因此而选择看其他视频网站。在此情况下，显然不适合仅仅因广告时间较长且无法关闭而认定该广告属于恶意广告。此外，需要强调的是，广告并非互联网环境下出现的新生事物，在传统媒体（如电视、广播等）中同样会具有广告这一形式，且亦同样存在广告时间较长且无法选择不看的情形。如果消费者或经营者不会基于此而认为电视及广播节目中所播放的上述广告构成恶意广告，则其同样亦无法仅仅因为同样的情形发生在互联网环境下即认定其属于恶意广告。

金山网络公司主张，因用户对于优酷网片头广告难以接受，而被诉猎豹浏览器的视频广告过滤功能有利于用户需求，故该行为系基于公共利益，具有合法性。对此，二审法院认为：因《反不正当竞争法》所追求的合法有序的竞争秩序最终必然有利于公共利益，因此是否有利于公共利益会在一定程度上影响对具体经营行为合法性的判断。本案中，金山网络公司及金山安全公司开发并提供被诉浏览器的行为并非基于公益目的。被诉浏览器的视频广告过滤功能虽然满足了部分用户需求，但在客观上并不利于社会公共利益，反而会使用户付出更高的代价，影响视频网站行业的发展。其一，就短期来看，视频网站的主要商业模式可能因此而产生变化，从而对用户利益产生影响。目前，视频网站的商业模式主要包括两种：免费视频加广告模式；收费模式。其中，免费视频加广告的模式是视频网站最为主要的商业模式。在这一模式下，用户需要支付一定时间成本观看广告，但无须支付经济成本。因为视频网站之所以允许用户免费观看视频,并非视频网站不具有营利目的,而是因为广告收入可以在相当程度上抵消网站购买视频的费用以及其他经营成本。因此,如果法院对于提供具有视频广告过滤功能的猎豹浏览器的行为合法性予以确定,则很可能意味着视频网站难以获得广告收入,从而使得其主要商业模式由免费视频加广告变为收费模式。这一变化将使得用户观看视频所支付的对价由原来的可选择性地支付时间成本或经济成本变为只能支付经济成本,这一变化很难说对用户有利。其二,就长期来看,这一情形可能导致视频网站丧失生存空间。在市场经济中,经营者对于其商业模式的选择不能脱离消费者的接受程度,消费者难以接受的商业模式很难使得经营者的经营活动得以维系。对于视频网站而言,虽然免费视频加广告的商业模式并非视频网站可以采用的唯一方式,亦同时存在收费模式,但就目前情形看,消费者对于收费模式的接受程度相当有限。如果视频网站无法使用免费视频加广告这一模式,而网络用户又较难接受收费模式,则在未来一段时间内,将很可能出现整个视频网站行业难以维系的局面。虽然用户在互联网上获得视频的渠道不仅仅来源于视频网站,但这一情形出现必然会使得用户在互联网上获得视频内容的机会大大减少,从而客观上导致用户的利益受到损害。

最终,法院驳回上诉,维持原判。

典型意义

该案是国内首例浏览器过滤视频广告不正当竞争纠纷案。该案重点厘清了浏览器过滤视频广告的不正当性在于:商业模式的完整性应受法律保护,除非存在更优越的可替代之模式,他人不应以该模式存在缺陷而借中立技术之名破坏该商业模式,损害该商业模式经营者的正当合法利益。此外,该案审理中还出现了专家辅助人。合一公司与金山网络公司均申请专家辅助人出庭阐述己方意见。合一公司的辅助人认为：浏览器不是必须具备视频过滤功能。视频广告并没有统一的标准，模式较多，要过滤视频广告必须针对视频广告提供商的广告模式采取专门的措施。如果是恶意广告，可以对其进行拦截过滤，如果是良性广告，就不应该拦截过滤。金山网络公司的专家辅助人则认为，广告过滤功能具有普遍性，广告过滤是比较成熟，也是比较普遍的技术，这项技术不是针对特定广告内容进行拦截。目前网站上的恶意广告、低俗广告、弹窗广告等影响用户体验，过滤广告技术是满足用户需求。互联网经济是眼球经济，要吸引用户，就要提升用户体验，支持用户各种需求。

2013年新修订的《民事诉讼法》规定："当事人可以申请人民法院通知有专门知识的人出庭，就鉴定人作出的鉴定意见或者专业问题提出意见。"这就是新设立的专家辅助人出庭制度。专家辅助人是指具有某学科专业知识，并受到当事人、公诉人、辩护人和诉讼代理人的聘请，在法庭审理案件过程中，运用自己的专业知识对案件涉及的专门性问题进行分析，提出意见，辅助聘请人进行诉讼的人。在互联网广告这种专业性较强的司法案件中，专家辅助人出庭制度有利于提高诉讼效率和节约司法成本。

爱奇艺诉聚网视案

基本案情

北京爱奇艺科技有限公司（以下简称爱奇艺公司）向上海市杨浦区人民法院起诉称：深圳聚网视科技有限公司（以下简称聚网视公司）开发了"VST全聚合"软件，通过其官方网站等途径提供涉案软件的下载和运营，该软件具有"视频广告过滤功能"，用户在网络机顶盒、安卓智能电视、安卓手机、安卓平板中安装该软件后，可以直接通过该软件观看"爱奇艺"平台的视频内容，而不再需要观看视频广告，这一行为降低了广告主在爱奇艺公司处投放广告的曝光率，导致爱奇艺公司网站在用户中的受关注度下降，进而导致爱奇艺公司的利益受损。此外，涉案软件聚合了包括爱奇艺公司在内的多家大型知名视频网站的视频内容，导致爱奇艺公司网站访问量以及爱奇艺公司播放器客户端下载量的下降，聚网视公司却无须支付高昂的视频作品版权许可费。聚网视公司的行为严重破坏了正常商业秩序，侵害了爱奇艺公司的正当权益。聚网视公司辩称：爱奇艺公司与聚网视公司不处于同一行业，不存在竞争关系；聚网视公司没有实施爱奇艺公司所主张的不正当竞争行为；聚网视公司免费向用户提供涉案软件，并没有从中获利，相反，涉案软件由于为用户的观看带来了便利，吸引了更多的用户观看爱奇艺公司的视频，给爱奇艺公司带来了收益；聚网视公司使用的技术本身是创新、中立的，不应限制这种技术的发展，也不应剥夺用户享受新技术的权利。

案件初审

上海市杨浦区人民法院一审认为,爱奇艺公司、聚网视公司之间存在竞争关系。《反不正当竞争法》的立法目的在于维护合法有序的竞争秩序,鼓励和保护公平竞争,制止不正当竞争行为,保护经营者和消费者的合法权益。《反不正当竞争法》第二条规定,本法所称的经营者,是指从事商品经营或者营利性服务的法人、其他经济组织和个人。对于何种情况下可以界定为存在竞争关系,《反不正当竞争法》并无明确规定,而在传统经济模式下,竞争关系的范围一般在于同一商品或者服务领域的竞争者。但是随着社会经济的迅速发展,尤其是随着互联网行业的出现和蓬勃壮大,出现了很多不同于传统经济模式的经营形态。而如果竞争关系的范围囿于同一商品或者服务领域的竞争者,则难以实现《反不正当竞争法》的立法目的。因此,在新经营形态不断出现的情形下,只要双方在最终利益方面存在竞争关系,应当认定两者存在竞争关系,适用《反不正当竞争法》。本案中,虽然从企业登记的经营范围来看,爱奇艺公司的经营领域主要是视频提供,而聚网视公司的经营范围是计算机软硬件的开发销售,两者并无交集,但聚网视公司开发并经营的"VST全聚合"软件属于提供视频的软件,该软件通过聚合提供多平台视频点播,吸引用户安装其客户端,使用"VST全聚合"软件观看视频的用户越多,则聚网视公司商业利益增加越多。爱奇艺公司、聚网视公司经营模式的核心都在于争夺通过其提供的平台观看视频的网络用户数量。由于聚网视公司的"VST全聚合"软件聚合了包括爱奇艺公司在内的多个视频网站内容,使用"VST全聚合"软件观看来源于爱奇艺公司的视频内容时无须观看片前广告,将导致原本需要登录爱奇艺公司网站或使用爱奇艺公司客户端观看爱奇艺公司视频内容的用户选择通过"VST全聚合"软件观看爱奇艺公司视频内容,爱奇艺公司广告收入亦随着用户的减少而

第三部分 互联网广告典型案例

相应减少,因此,爱奇艺公司、聚网视公司在商业利益上存在此消彼长的关系,双方也因此形成了竞争关系。

法院一审认为,聚网视公司采用技术手段绕开片前广告,直接播放来源于爱奇艺公司的视频的行为构成了不正当竞争。第一,爱奇艺公司在本案中享有应受保护的利益。爱奇艺公司经营模式是免费提供视频节目的播放服务来吸引用户,用户免费观看视频节目的对价是在视频内容播放前观看长度不等的广告,或者选择成为付费会员跳开片前广告直接观看正片。爱奇艺公司通过向广告主收取网页、视频前推送的广告的费用、向用户收取成为付费会员的会员费维系其购买版权和技术服务的支出,进而实现盈利。爱奇艺公司广告收入的多少取决于收看其视频节目的用户数量及视频被点击的次数。视频观看用户越多,爱奇艺公司网站、客户端的点击率越高,广告主投放的广告相应增加,爱奇艺公司盈利也随之增加。爱奇艺公司的经营模式既未违反现有法律规定,亦未违反商业道德,因此,爱奇艺公司的合法经营活动应当受到《反不正当竞争法》的保护。第二,爱奇艺公司对于其视频内容采取了加密措施。从爱奇艺公司提供的公证书及演示内容来看,用户在向爱奇艺公司服务器发出观看视频内容的请求后,服务器根据发出请求的客户端代码(SRC值)判断请求的平台来源,从而取出一个对应的视频数据接口的密钥(Key值),结合访问请求中的访问时间值(TimeID)以及视频编号(VideoID),按照TimeID+Key+VideoID的顺序,采用MD5加密算法生成SC值,如该SC值与访问请求中生成的SC值一致,则通过验证,向用户推送其请求访问的内容。而从爱奇艺公司公证的过程来看,"Wireshark"软件抓取到的视频来源数据中只能显示访问时间值(TimeID)、视频编号(VideoID)、客户端代码(SRC值)和SC值,爱奇艺公司设置的密钥(Key值)并未公开。爱奇艺公司作为互联网视频提供者,其盈利模式就是通过用户以观看广告为对价免费观看视频,或者成为付费会员免看视频前的广告。爱奇艺公司采取的技术措施不论是否有效,但已明确表明了其拒绝他人任意分享其视频内容的态度。第三，聚网视公司"VST全聚合"软件以技术手段绕开爱奇艺公司片前广告直接播放正片，构成不正当竞争。本案中聚网视公司的技术手段是使用爱奇艺公司密钥（Key值）从而绕开爱奇艺公司的片前广告，直接获取正片播放。虽然没有直接去除片前广告的行为，但客观上其技术手段实现了无须观看片前广告即可直接观看正片的目的，即爱奇艺公司所主张的"屏蔽"广告是聚网视公司采取的技术手段的结果，也是聚网视公司主观上想要追求的结果。且聚网视公司开发的"VST全聚合"软件绕开广告直接播放正片的行为直接干预并严重损害爱奇艺公司的经营，聚网视公司还在其网站上对该软件进行宣传推广，具有明显的侵权故意。因此，聚网视公司无须支付版权费用、带宽成本即能使部分不愿意观看片前广告又不愿意支付爱奇艺公司会员费的网络用户转而使用"VST全聚合"软件，挤占爱奇艺公司市场份额，不正当地取得竞争优势，进而将造成爱奇艺公司广告费以及会员费收入的减少，危及爱奇艺公司的正常经营、攫取了爱奇艺公司合法的商业利益。该种竞争行为有违诚实信用原则以及公认的商业道德，属于《反不正当竞争法》第二条所规定的不正当竞争行为。

法院一审认为，技术中立原则是指技术本身的中立，而非指任何使用技术的行为都是中立的。对于聚网视公司辩称其使用的技术本身是创新、中立的，不应限制这种技术的发展，也不应剥夺用户享受新技术的权利的主张。法院认为，技术中立原则是指技术本身的中立，而非指任何使用技术的行为都是中立的。即使在使用中立的技术时仍然应当尊重他人的合法利益，在法律允许的边界内应用新技术，而不能以技术中立为名，违反商业道德，攫取他人的合法利益。本案中，聚网视公司并未主动向原审法院展示其所使用的技术手段，因此无从判断其所使用的技术本身中立与否，而即使聚网视公司使用的是中立的技术，技术本身不违法并不代表聚网视公司的使用行为不违法。聚网视公司破解了爱奇艺公司的验证算法，并取得有效的密钥（Key

值）后绕开爱奇艺公司广告直接播放正片，破坏爱奇艺公司的合法经营活动，显然超出了法律允许的边界。

上海市杨浦区人民法院做出（2015）杨民三（知）初字第1号民事判决，判决聚网视公司赔偿爱奇艺公司经济损失30万元及合理费用6万元。

案件终审

聚网视公司不服判决，向上海知识产权法院提起上诉称：聚网视公司绕开爱奇艺公司片前广告直接播放视频的行为是技术本身无法克服的原因造成聚网视公司无法将爱奇艺公司的广告与视频完整呈现，聚网视公司没有主观故意。

上海知识产权法院认为本案的争议焦点之一是，绕开广告直接播放视频的行为是否是技术原因导致，是否具有正当性。二审法院认为，爱奇艺公司针对其不同的用户提供不同的经营模式，以此获得商业利益。对于一般用户，其提供"广告＋免费视频"的经营模式，即用户通过观看长度不等的广告获得免费视频的观看，爱奇艺公司则通过广告点击量等获取广告利益。对于会员用户，爱奇艺公司则通过收取会员费用获取商业利益，会员因其支付的对价可不看广告直接观看视频。爱奇艺公司依托上述经营模式谋求商业利益的行为应受法律保护。绕开广告直接播放爱奇艺公司视频的行为是聚网视公司采取技术手段的结果，聚网视公司凭借技术使其用户在无须付出时间成本和费用成本的情况下，观看爱奇艺公司的视频，这将导致部分爱奇艺公司用户转而成为聚网视公司的用户以及爱奇艺公司广告点击量的下降。聚网视公司通过技术让其用户观看爱奇艺公司视频，但其并未支付版权费等营运成本，相应的版权费等营运成本皆由爱奇艺公司承担。爱奇艺公司在支付成本的同时，还面临用户数量减少和广告点击量下降导致的商业利益的损失。作为技术实施方的聚网视公司是应当知道实施该技术会出现自己得利他人受损的后果，仍实施该技术，具有主观故意，违背了诚实信用原则和公认的商业道德，侵害了爱奇艺公司合法的经营活动，其行为不具有正当性，故对聚网视公司提出的该上诉理由，本院不予采信。原审认定聚网视公司采用技术手段绕开片前广告，直接播放来源于爱奇艺公司视频的行为构成不正当竞争，具有事实和法律依据，本院予以维持。

上海知识产权法院做出（2015）沪知民终字第728号民事判决书，认为原审判决认定事实清楚，适用法律正确。判决驳回上诉，维持原判。

典型意义

该案是我国法院首次认定视频聚合盗链行为构成不正当竞争的案件。所谓视频聚合盗链，就是利用深层链接聚集各大视频网站的海量内容，并对链接进行有目的的选择、编排、整理，用户可以在点击链接后不跳转或者不实质跳转的情况下观看被链接网站的视频内容。该类软件可以应用于网络机顶盒、智能手机和平板电脑等多个平台，并非真正意义上的链接，而是通过技术手段从正版视频网站的内容服务器中窃取数据，并在其软件播放页面进行播放。本案中，法院认定"VST全聚合"挤占了原告的市场份额，不正当地取得竞争优势，进而将造成原告广告费以及会员费收入的减少，危及原告的正常经营、攫取了原告合法的商业利益。该种竞争行为有违诚实信用原则以及公认的商业道德，属于《反不正当竞争法》第二条所规定的不正当竞争行为。

在此类案件中，技术中立往往成为侵权者为自己辩护的主要理由。本案法院认为，技术中立原则是指技术本身的中立，而非指任何使用技术的行为都是中立的。聚网视公司通过破解验证算法的方式绕开广告直接播放爱奇艺视频的行为，导致爱奇艺网站访问量以及客户

第三部分 互联网广告典型案例

端下载安装量的下降，网站网页广告和播放器客户端的广告曝光率下降。法院认定，聚网视公司的行为破坏爱奇艺公司的合法经营活动，显然超出了法律允许的边界。随着手机、PAD 终端的兴起，互联网已经从 PC 互联网竞争时代，进入移动互联网的竞争时代。面对视频聚合应用软件的挑战，视频网站都感受到了巨大危机。在此背景之下，本案作为全国首例认定视频盗链构成不正当竞争案件，尤其引人关注，被业内誉为"国内视频行业发展的里程碑事件"。

第四部分
附　录

中华人民共和国广告法

(1994年10月27日第八届全国人民代表大会常务委员会第十次会议通过 2015年4月24日第十二届全国人民代表大会常务委员会第十四次会议修订 自2015年9月1日起施行)

目 录

第一章 总 则
第二章 广告内容准则
第三章 广告行为规范
第四章 监督管理
第五章 法律责任
第六章 附 则

第一章 总 则

第一条 为了规范广告活动，保护消费者的合法权益，促进广告业的健康发展，维护社会经济秩序，制定本法。

第二条 在中华人民共和国境内，商品经营者或者服务提供者通过一定媒介和形式直接或者间接地介绍自己所推销的商品或者服务的商业广告活动，适用本法。

本法所称广告主，是指为推销商品或者服务，自行或者委托他人设计、制作、发布广告的自然人、法人或者其他组织。

本法所称广告经营者,是指接受委托提供广告设计、制作、代理服务的自然人、法人或者其他组织。

本法所称广告发布者,是指为广告主或者广告主委托的广告经营者发布广告的自然人、法人或者其他组织。

本法所称广告代言人,是指广告主以外的,在广告中以自己的名义或者形象对商品、服务作推荐、证明的自然人、法人或者其他组织。

第三条 广告应当真实、合法,以健康的表现形式表达广告内容,符合社会主义精神文明建设和弘扬中华民族优秀传统文化的要求。

第四条 广告不得含有虚假或者引人误解的内容,不得欺骗、误导消费者。

广告主应当对广告内容的真实性负责。

第五条 广告主、广告经营者、广告发布者从事广告活动,应当遵守法律、法规,诚实信用,公平竞争。

第六条 国务院工商行政管理部门主管全国的广告监督管理工作,国务院有关部门在各自的职责范围内负责广告管理相关工作。

县级以上地方工商行政管理部门主管本行政区域的广告监督管理工作,县级以上地方人民政府有关部门在各自的职责范围内负责广告管理相关工作。

第七条 广告行业组织依照法律、法规和章程的规定,制定行业规范,加强行业自律,促进行业发展,引导会员依法从事广告活动,推动广告行业诚信建设。

第二章 广告内容准则

第八条 广告中对商品的性能、功能、产地、用途、质量、成分、价格、生产者、有效期限、允诺等或者对服务的内容、提供者、形式、质量、价格、允诺等有表示的,应当准确、清楚、明白。

广告中表明推销的商品或者服务附带赠送的,应当明示所附带赠送商品或者服务的品种、规格、数量、期限和方式。

法律、行政法规规定广告中应当明示的内容，应当显著、清晰表示。

第九条 广告不得有下列情形：

（一）使用或者变相使用中华人民共和国的国旗、国歌、国徽，军旗、军歌、军徽；

（二）使用或者变相使用国家机关、国家机关工作人员的名义或者形象；

（三）使用"国家级"、"最高级"、"最佳"等用语；

（四）损害国家的尊严或者利益，泄露国家秘密；

（五）妨碍社会安定，损害社会公共利益；

（六）危害人身、财产安全，泄露个人隐私；

（七）妨碍社会公共秩序或者违背社会良好风尚；

（八）含有淫秽、色情、赌博、迷信、恐怖、暴力的内容；

（九）含有民族、种族、宗教、性别歧视的内容；

（十）妨碍环境、自然资源或者文化遗产保护；

（十一）法律、行政法规规定禁止的其他情形。

第十条 广告不得损害未成年人和残疾人的身心健康。

第十一条 广告内容涉及的事项需要取得行政许可的，应当与许可的内容相符合。

广告使用数据、统计资料、调查结果、文摘、引用语等引证内容的，应当真实、准确，并表明出处。引证内容有适用范围和有效期限的，应当明确表示。

第十二条 广告中涉及专利产品或者专利方法的，应当标明专利号和专利种类。

未取得专利权的，不得在广告中谎称取得专利权。

禁止使用未授予专利权的专利申请和已经终止、撤销、无效的专利作广告。

第十三条 广告不得贬低其他生产经营者的商品或者服务。

第十四条 广告应当具有可识别性，能够使消费者辨明其为广告。

互联网广告法律制度理解与应用

大众传播媒介不得以新闻报道形式变相发布广告。通过大众传播媒介发布的广告应当显著标明"广告",与其他非广告信息相区别,不得使消费者产生误解。

广播电台、电视台发布广告,应当遵守国务院有关部门关于时长、方式的规定,并应当对广告时长作出明显提示。

第十五条 麻醉药品、精神药品、医疗用毒性药品、放射性药品等特殊药品,药品类易制毒化学品,以及戒毒治疗的药品、医疗器械和治疗方法,不得作广告。

前款规定以外的处方药,只能在国务院卫生行政部门和国务院药品监督管理部门共同指定的医学、药学专业刊物上作广告。

第十六条 医疗、药品、医疗器械广告不得含有下列内容:

(一)表示功效、安全性的断言或者保证;

(二)说明治愈率或者有效率;

(三)与其他药品、医疗器械的功效和安全性或者其他医疗机构比较;

(四)利用广告代言人作推荐、证明;

(五)法律、行政法规规定禁止的其他内容。

药品广告的内容不得与国务院药品监督管理部门批准的说明书不一致,并应当显著标明禁忌、不良反应。处方药广告应当显著标明"本广告仅供医学药学专业人士阅读",非处方药广告应当显著标明"请按药品说明书或者在药师指导下购买和使用"。

推荐给个人自用的医疗器械的广告,应当显著标明"请仔细阅读产品说明书或者在医务人员的指导下购买和使用"。医疗器械产品注册证明文件中有禁忌内容、注意事项的,广告中应当显著标明"禁忌内容或者注意事项详见说明书"。

第十七条 除医疗、药品、医疗器械广告外,禁止其他任何广告涉及疾病治疗功能,并不得使用医疗用语或者易使推销的商品与药品、医疗器械相混淆的用语。

第十八条 保健食品广告不得含有下列内容:

（一）表示功效、安全性的断言或者保证；

（二）涉及疾病预防、治疗功能；

（三）声称或者暗示广告商品为保障健康所必需；

（四）与药品、其他保健食品进行比较；

（五）利用广告代言人作推荐、证明；

（六）法律、行政法规规定禁止的其他内容。

保健食品广告应当显著标明"本品不能代替药物"。

第十九条　广播电台、电视台、报刊音像出版单位、互联网信息服务提供者不得以介绍健康、养生知识等形式变相发布医疗、药品、医疗器械、保健食品广告。

第二十条　禁止在大众传播媒介或者公共场所发布声称全部或者部分替代母乳的婴儿乳制品、饮料和其他食品广告。

第二十一条　农药、兽药、饲料和饲料添加剂广告不得含有下列内容：

（一）表示功效、安全性的断言或者保证；

（二）利用科研单位、学术机构、技术推广机构、行业协会或者专业人士、用户的名义或者形象作推荐、证明；

（三）说明有效率；

（四）违反安全使用规程的文字、语言或者画面；

（五）法律、行政法规规定禁止的其他内容。

第二十二条　禁止在大众传播媒介或者公共场所、公共交通工具、户外发布烟草广告。禁止向未成年人发送任何形式的烟草广告。

禁止利用其他商品或者服务的广告、公益广告，宣传烟草制品名称、商标、包装、装潢以及类似内容。

烟草制品生产者或者销售者发布的迁址、更名、招聘等启事中，不得含有烟草制品名称、商标、包装、装潢以及类似内容。

第二十三条　酒类广告不得含有下列内容：

（一）诱导、怂恿饮酒或者宣传无节制饮酒；

（二）出现饮酒的动作；

（三）表现驾驶车、船、飞机等活动；

（四）明示或者暗示饮酒有消除紧张和焦虑、增加体力等功效。

第二十四条　教育、培训广告不得含有下列内容：

（一）对升学、通过考试、获得学位学历或者合格证书，或者对教育、培训的效果作出明示或者暗示的保证性承诺；

（二）明示或者暗示有相关考试机构或者其工作人员、考试命题人员参与教育、培训；

（三）利用科研单位、学术机构、教育机构、行业协会、专业人士、受益者的名义或者形象作推荐、证明。

第二十五条　招商等有投资回报预期的商品或者服务广告，应当对可能存在的风险以及风险责任承担有合理提示或者警示，并不得含有下列内容：

（一）对未来效果、收益或者与其相关的情况作出保证性承诺，明示或者暗示保本、无风险或者保收益等，国家另有规定的除外；

（二）利用学术机构、行业协会、专业人士、受益者的名义或者形象作推荐、证明。

第二十六条　房地产广告，房源信息应当真实，面积应当表明为建筑面积或者套内建筑面积，并不得含有下列内容：

（一）升值或者投资回报的承诺；

（二）以项目到达某一具体参照物的所需时间表示项目位置；

（三）违反国家有关价格管理的规定；

（四）对规划或者建设中的交通、商业、文化教育设施以及其他市政条件作误导宣传。

第二十七条　农作物种子、林木种子、草种子、种畜禽、水产苗种和种养殖广告关于品种名称、生产性能、生长量或者产量、品质、抗性、特殊使用价值、经济价值、适宜种植或者养殖的范围和条件等方面的表述应当真实、清楚、明白，并不得含有下列内容：

（一）作科学上无法验证的断言；

（二）表示功效的断言或者保证；

（三）对经济效益进行分析、预测或者作保证性承诺；

（四）利用科研单位、学术机构、技术推广机构、行业协会或者专业人士、用户的名义或者形象作推荐、证明。

第二十八条 广告以虚假或者引人误解的内容欺骗、误导消费者的，构成虚假广告。

广告有下列情形之一的，为虚假广告：

（一）商品或者服务不存在的；

（二）商品的性能、功能、产地、用途、质量、规格、成分、价格、生产者、有效期限、销售状况、曾获荣誉等信息，或者服务的内容、提供者、形式、质量、价格、销售状况、曾获荣誉等信息，以及与商品或者服务有关的允诺等信息与实际情况不符，对购买行为有实质性影响的；

（三）使用虚构、伪造或者无法验证的科研成果、统计资料、调查结果、文摘、引用语等信息作证明材料的；

（四）虚构使用商品或者接受服务的效果的；

（五）以虚假或者引人误解的内容欺骗、误导消费者的其他情形。

第三章　广告行为规范

第二十九条 广播电台、电视台、报刊出版单位从事广告发布业务的，应当设有专门从事广告业务的机构，配备必要的人员，具有与发布广告相适应的场所、设备，并向县级以上地方工商行政管理部门办理广告发布登记。

第三十条 广告主、广告经营者、广告发布者之间在广告活动中应当依法订立书面合同。

第三十一条 广告主、广告经营者、广告发布者不得在广告活动中进行任何形式的不正当竞争。

第三十二条 广告主委托设计、制作、发布广告，应当委托具有合法经营资格的广告经营者、广告发布者。

第三十三条 广告主或者广告经营者在广告中使用他人名义或者形象的，应当事先取得其书面同意；使用无民事行为能力人、限制民事行为能力人的名义或者形象的，应当事先取得其监护人的书面同意。

第三十四条 广告经营者、广告发布者应当按照国家有关规定，建立、健全广告业务的承接登记、审核、档案管理制度。

广告经营者、广告发布者依据法律、行政法规查验有关证明文件，核对广告内容。对内容不符或者证明文件不全的广告，广告经营者不得提供设计、制作、代理服务，广告发布者不得发布。

第三十五条 广告经营者、广告发布者应当公布其收费标准和收费办法。

第三十六条 广告发布者向广告主、广告经营者提供的覆盖率、收视率、点击率、发行量等资料应当真实。

第三十七条 法律、行政法规规定禁止生产、销售的产品或者提供的服务，以及禁止发布广告的商品或者服务，任何单位或者个人不得设计、制作、代理、发布广告。

第三十八条 广告代言人在广告中对商品、服务作推荐、证明，应当依据事实，符合本法和有关法律、行政法规规定，并不得为其未使用过的商品或者未接受过的服务作推荐、证明。

不得利用不满十周岁的未成年人作为广告代言人。

对在虚假广告中作推荐、证明受到行政处罚未满三年的自然人、法人或者其他组织，不得利用其作为广告代言人。

第三十九条 不得在中小学校、幼儿园内开展广告活动，不得利用中小学生和幼儿的教材、教辅材料、练习册、文具、教具、校服、校车等发布或者变相发布广告，但公益广告除外。

第四十条 在针对未成年人的大众传播媒介上不得发布医疗、药品、保健食品、医疗器械、化妆品、酒类、美容广告，以及不利于未成年人身心健康的网络游戏广告。

针对不满十四周岁的未成年人的商品或者服务的广告不得含有下列内容：

（一）劝诱其要求家长购买广告商品或者服务；

（二）可能引发其模仿不安全行为。

第四十一条 县级以上地方人民政府应当组织有关部门加强对利用户外场所、空间、设施等发布户外广告的监督管理，制定户外广告设置规划和安全要求。

户外广告的管理办法，由地方性法规、地方政府规章规定。

第四十二条 有下列情形之一的，不得设置户外广告：

（一）利用交通安全设施、交通标志的；

（二）影响市政公共设施、交通安全设施、交通标志、消防设施、消防安全标志使用的；

（三）妨碍生产或者人民生活，损害市容市貌的；

（四）在国家机关、文物保护单位、风景名胜区等的建筑控制地带，或者县级以上地方人民政府禁止设置户外广告的区域设置的。

第四十三条 任何单位或者个人未经当事人同意或者请求，不得向其住宅、交通工具等发送广告，也不得以电子信息方式向其发送广告。

以电子信息方式发送广告的，应当明示发送者的真实身份和联系方式，并向接收者提供拒绝继续接收的方式。

第四十四条 利用互联网从事广告活动，适用本法的各项规定。

利用互联网发布、发送广告，不得影响用户正常使用网络。在互联网页面以弹出等形式发布的广告，应当显著标明关闭标志，确保一键关闭。

第四十五条 公共场所的管理者或者电信业务经营者、互联网信息服务提供者对其明知或者应知的利用其场所或者信息传输、发布平台发送、发布违法广告的，应当予以制止。

第四章 监督管理

第四十六条 发布医疗、药品、医疗器械、农药、兽药和保健食品广告，以及法律、行政法规规定应当进行审查的其他广告，应当在发布前由有关部门（以下称广告审查机关）对广告内容进行审查；未经审查，不得发布。

第四十七条 广告主申请广告审查，应当依照法律、行政法规向广告审查机关提交有关证明文件。

广告审查机关应当依照法律、行政法规规定作出审查决定，并应当将审查批准文件抄送同级工商行政管理部门。广告审查机关应当及时向社会公布批准的广告。

第四十八条 任何单位或者个人不得伪造、变造或者转让广告审查批准文件。

第四十九条 工商行政管理部门履行广告监督管理职责，可以行使下列职权：

（一）对涉嫌从事违法广告活动的场所实施现场检查；

（二）询问涉嫌违法当事人或者其法定代表人、主要负责人和其他有关人员，对有关单位或者个人进行调查；

（三）要求涉嫌违法当事人限期提供有关证明文件；

（四）查阅、复制与涉嫌违法广告有关的合同、票据、账簿、广告作品和其他有关资料；

（五）查封、扣押与涉嫌违法广告直接相关的广告物品、经营工具、设备等财物；

（六）责令暂停发布可能造成严重后果的涉嫌违法广告；

（七）法律、行政法规规定的其他职权。

工商行政管理部门应当建立健全广告监测制度，完善监测措施，及时发现和依法查处违法广告行为。

第五十条 国务院工商行政管理部门会同国务院有关部门，制定大众传播媒介广告发布行为规范。

第五十一条 工商行政管理部门依照本法规定行使职权，当事人应当协助、配合，不得拒绝、阻挠。

第四部分 附 录

第五十二条 工商行政管理部门和有关部门及其工作人员对其在广告监督管理活动中知悉的商业秘密负有保密义务。

第五十三条 任何单位或者个人有权向工商行政管理部门和有关部门投诉、举报违反本法的行为。工商行政管理部门和有关部门应当向社会公开受理投诉、举报的电话、信箱或者电子邮件地址，接到投诉、举报的部门应当自收到投诉之日起七个工作日内，予以处理并告知投诉、举报人。

工商行政管理部门和有关部门不依法履行职责的，任何单位或者个人有权向其上级机关或者监察机关举报。接到举报的机关应当依法作出处理，并将处理结果及时告知举报人。

有关部门应当为投诉、举报人保密。

第五十四条 消费者协会和其他消费者组织对违反本法规定，发布虚假广告侵害消费者合法权益，以及其他损害社会公共利益的行为，依法进行社会监督。

第五章 法律责任

第五十五条 违反本法规定，发布虚假广告的，由工商行政管理部门责令停止发布广告，责令广告主在相应范围内消除影响，处广告费用三倍以上五倍以下的罚款，广告费用无法计算或者明显偏低的，处二十万元以上一百万元以下的罚款；两年内有三次以上违法行为或者有其他严重情节的，处广告费用五倍以上十倍以下的罚款，广告费用无法计算或者明显偏低的，处一百万元以上二百万元以下的罚款，可以吊销营业执照，并由广告审查机关撤销广告审查批准文件、一年内不受理其广告审查申请。

医疗机构有前款规定违法行为，情节严重的，除由工商行政管理部门依照本法处罚外，卫生行政部门可以吊销诊疗科目或者吊销医疗机构执业许可证。

广告经营者、广告发布者明知或者应知广告虚假仍设计、制作、代理、发布的，由工商行政管理部门没收广告费用，并处广告费用三倍以上五倍以下的罚款，广告费用无法计算或者明显偏低的，处二十万元以上一百万元以下的罚款；两年内有三次以上违法行为或者有其他严重情节的，处广告费用五倍以上十倍以下的罚款，广告费用无法计算或者明显偏低的，处一百万元以上二百万元以下的罚款，并可以由有关部门暂停广告发布业务、吊销营业执照、吊销广告发布登记证件。

广告主、广告经营者、广告发布者有本条第一款、第三款规定行为，构成犯罪的，依法追究刑事责任。

第五十六条 违反本法规定，发布虚假广告，欺骗、误导消费者，使购买商品或者接受服务的消费者的合法权益受到损害的，由广告主依法承担民事责任。广告经营者、广告发布者不能提供广告主的真实名称、地址和有效联系方式的，消费者可以要求广告经营者、广告发布者先行赔偿。

关系消费者生命健康的商品或者服务的虚假广告，造成消费者损害的，其广告经营者、广告发布者、广告代言人应当与广告主承担连带责任。

前款规定以外的商品或者服务的虚假广告，造成消费者损害的，其广告经营者、广告发布者、广告代言人，明知或者应知广告虚假仍设计、制作、代理、发布或者作推荐、证明的，应当与广告主承担连带责任。

第五十七条 有下列行为之一的，由工商行政管理部门责令停止发布广告，对广告主处二十万元以上一百万元以下的罚款，情节严重的，并可以吊销营业执照，由广告审查机关撤销广告审查批准文件、一年内不受理其广告审查申请；对广告经营者、广告发布者，由工商行政管理部门没收广告费用，处二十万元以上一百万元以下的罚款，情节严重的，并可以吊销营业执照、吊销广告发布登记证件：

（一）发布有本法第九条、第十条规定的禁止情形的广告的；

（二）违反本法第十五条规定发布处方药广告、药品类易制毒化学品广告、戒毒治疗的医疗器械和治疗方法广告的；

（三）违反本法第二十条规定，发布声称全部或者部分替代母乳的婴儿乳制品、饮料和其他食品广告的；

（四）违反本法第二十二条规定发布烟草广告的；

（五）违反本法第三十七条规定，利用广告推销禁止生产、销售的产品或者提供的服务，或者禁止发布广告的商品或者服务的；

（六）违反本法第四十条第一款规定，在针对未成年人的大众传播媒介上发布医疗、药品、保健食品、医疗器械、化妆品、酒类、美容广告，以及不利于未成年人身心健康的网络游戏广告的。

第五十八条　有下列行为之一的，由工商行政管理部门责令停止发布广告，责令广告主在相应范围内消除影响，处广告费用一倍以上三倍以下的罚款，广告费用无法计算或者明显偏低的，处十万元以上二十万元以下的罚款；情节严重的，处广告费用三倍以上五倍以下的罚款，广告费用无法计算或者明显偏低的，处二十万元以上一百万元以下的罚款，可以吊销营业执照，并由广告审查机关撤销广告审查批准文件、一年内不受理其广告审查申请：

（一）违反本法第十六条规定发布医疗、药品、医疗器械广告的；

（二）违反本法第十七条规定，在广告中涉及疾病治疗功能，以及使用医疗用语或者易使推销的商品与药品、医疗器械相混淆的用语的；

（三）违反本法第十八条规定发布保健食品广告的；

（四）违反本法第二十一条规定发布农药、兽药、饲料和饲料添加剂广告的；

（五）违反本法第二十三条规定发布酒类广告的；

（六）违反本法第二十四条规定发布教育、培训广告的；

（七）违反本法第二十五条规定发布招商等有投资回报预期的商品或者服务广告的；

（八）违反本法第二十六条规定发布房地产广告的；

（九）违反本法第二十七条规定发布农作物种子、林木种子、草种子、种畜禽、水产苗种和种养殖广告的；

（十）违反本法第三十八条第二款规定，利用不满十周岁的未成年人作为广告代言人的；

（十一）违反本法第三十八条第三款规定，利用自然人、法人或者其他组织作为广告代言人的；

（十二）违反本法第三十九条规定，在中小学校、幼儿园内或者利用与中小学生、幼儿有关的物品发布广告的；

（十三）违反本法第四十条第二款规定，发布针对不满十四周岁的未成年人的商品或者服务的广告的；

（十四）违反本法第四十六条规定，未经审查发布广告的。

医疗机构有前款规定违法行为，情节严重的，除由工商行政管理部门依照本法处罚外，卫生行政部门可以吊销诊疗科目或者吊销医疗机构执业许可证。

广告经营者、广告发布者明知或者应知有本条第一款规定违法行为仍设计、制作、代理、发布的，由工商行政管理部门没收广告费用，并处广告费用一倍以上三倍以下的罚款，广告费用无法计算或者明显偏低的，处十万元以上二十万元以下的罚款；情节严重的，处广告费用三倍以上五倍以下的罚款，广告费用无法计算或者明显偏低的，处二十万元以上一百万元以下的罚款，并可以由有关部门暂停广告发布业务、吊销营业执照、吊销广告发布登记证件。

第五十九条　有下列行为之一的，由工商行政管理部门责令停止发布广告，对广告主处十万元以下的罚款：

（一）广告内容违反本法第八条规定的；

（二）广告引证内容违反本法第十一条规定的；

（三）涉及专利的广告违反本法第十二条规定的；

（四）违反本法第十三条规定，广告贬低其他生产经营者的商品或者服务的。

广告经营者、广告发布者明知或者应知有前款规定违法行为仍设计、制作、代理、发布的，由工商行政管理部门处十万元以下的罚款。

广告违反本法第十四条规定，不具有可识别性的，或者违反本法第十九条规定，变相发布医疗、药品、医疗器械、保健食品广告的，由工商行政管理部门责令改正，对广告发布者处十万元以下的罚款。

第四部分 附 录

第六十条 违反本法第二十九条规定,广播电台、电视台、报刊出版单位未办理广告发布登记,擅自从事广告发布业务的,由工商行政管理部门责令改正,没收违法所得,违法所得一万元以上的,并处违法所得一倍以上三倍以下的罚款;违法所得不足一万元的,并处五千元以上三万元以下的罚款。

第六十一条 违反本法第三十四条规定,广告经营者、广告发布者未按照国家有关规定建立、健全广告业务管理制度的,或者未对广告内容进行核对的,由工商行政管理部门责令改正,可以处五万元以下的罚款。

违反本法第三十五条规定,广告经营者、广告发布者未公布其收费标准和收费办法的,由价格主管部门责令改正,可以处五万元以下的罚款。

第六十二条 广告代言人有下列情形之一的,由工商行政管理部门没收违法所得,并处违法所得一倍以上二倍以下的罚款:

(一)违反本法第十六条第一款第四项规定,在医疗、药品、医疗器械广告中作推荐、证明的;

(二)违反本法第十八条第一款第五项规定,在保健食品广告中作推荐、证明的;

(三)违反本法第三十八条第一款规定,为其未使用过的商品或者未接受过的服务作推荐、证明的;

(四)明知或者应知广告虚假仍在广告中对商品、服务作推荐、证明的。

第六十三条 违反本法第四十三条规定发送广告的,由有关部门责令停止违法行为,对广告主处五千元以上三万元以下的罚款。

违反本法第四十四条第二款规定,利用互联网发布广告,未显著标明关闭标志,确保一键关闭的,由工商行政管理部门责令改正,对广告主处五千元以上三万元以下的罚款。

第六十四条 违反本法第四十五条规定,公共场所的管理者和电信业务经营者、互联网信息服务提供者,明知或者应知广告活动违法不予制止的,由工商行政管理部门没收违法所得,违法所得五万元以上的,并处违

253

法所得一倍以上三倍以下的罚款,违法所得不足五万元的,并处一万元以上五万元以下的罚款;情节严重的,由有关部门依法停止相关业务。

第六十五条　违反本法规定,隐瞒真实情况或者提供虚假材料申请广告审查的,广告审查机关不予受理或者不予批准,予以警告,一年内不受理该申请人的广告审查申请;以欺骗、贿赂等不正当手段取得广告审查批准的,广告审查机关予以撤销,处十万元以上二十万元以下的罚款,三年内不受理该申请人的广告审查申请。

第六十六条　违反本法规定,伪造、变造或者转让广告审查批准文件的,由工商行政管理部门没收违法所得,并处一万元以上十万元以下的罚款。

第六十七条　有本法规定的违法行为的,由工商行政管理部门记入信用档案,并依照有关法律、行政法规规定予以公示。

第六十八条　广播电台、电视台、报刊音像出版单位发布违法广告,或者以新闻报道形式变相发布广告,或者以介绍健康、养生知识等形式变相发布医疗、药品、医疗器械、保健食品广告,工商行政管理部门依照本法给予处罚的,应当通报新闻出版广电部门以及其他有关部门。新闻出版广电部门以及其他有关部门应当依法对负有责任的主管人员和直接责任人员给予处分;情节严重的,并可以暂停媒体的广告发布业务。

新闻出版广电部门以及其他有关部门未依照前款规定对广播电台、电视台、报刊音像出版单位进行处理的,对负有责任的主管人员和直接责任人员,依法给予处分。

第六十九条　广告主、广告经营者、广告发布者违反本法规定,有下列侵权行为之一的,依法承担民事责任:

(一)在广告中损害未成年人或者残疾人的身心健康的;

(二)假冒他人专利的;

(三)贬低其他生产经营者的商品、服务的;

(四)在广告中未经同意使用他人名义或者形象的;

(五)其他侵犯他人合法民事权益的。

第七十条　因发布虚假广告，或者有其他本法规定的违法行为，被吊销营业执照的公司、企业的法定代表人，对违法行为负有个人责任的，自该公司、企业被吊销营业执照之日起三年内不得担任公司、企业的董事、监事、高级管理人员。

第七十一条　违反本法规定，拒绝、阻挠工商行政管理部门监督检查，或者有其他构成违反治安管理行为的，依法给予治安管理处罚；构成犯罪的，依法追究刑事责任。

第七十二条　广告审查机关对违法的广告内容作出审查批准决定的，对负有责任的主管人员和直接责任人员，由任免机关或者监察机关依法给予处分；构成犯罪的，依法追究刑事责任。

第七十三条　工商行政管理部门对在履行广告监测职责中发现的违法广告行为或者对经投诉、举报的违法广告行为，不依法予以查处的，对负有责任的主管人员和直接责任人员，依法给予处分。

工商行政管理部门和负责广告管理相关工作的有关部门的工作人员玩忽职守、滥用职权、徇私舞弊的，依法给予处分。

有前两款行为，构成犯罪的，依法追究刑事责任。

第六章　附　则

第七十四条　国家鼓励、支持开展公益广告宣传活动，传播社会主义核心价值观，倡导文明风尚。

大众传播媒介有义务发布公益广告。广播电台、电视台、报刊出版单位应当按照规定的版面、时段、时长发布公益广告。公益广告的管理办法，由国务院工商行政管理部门会同有关部门制定。

第七十五条　本法自2015年9月1日起施行。

互联网信息服务管理办法

(2000年9月25日国务院令第292号公布 根据2011年1月8日《国务院关于废止和修改部分行政法规的规定》修正 自公布之日起施行)

第一条 为了规范互联网信息服务活动,促进互联网信息服务健康有序发展,制定本办法。

第二条 在中华人民共和国境内从事互联网信息服务活动,必须遵守本办法。本办法所称互联网信息服务,是指通过互联网向上网用户提供信息的服务活动。

第三条 互联网信息服务分为经营性和非经营性两类。经营性互联网信息服务,是指通过互联网向上网用户有偿提供信息或者网页制作等服务活动。非经营性互联网信息服务,是指通过互联网向上网用户无偿提供具有公开性、共享性信息的服务活动。

第四条 国家对经营性互联网信息服务实行许可制度;对非经营性互联网信息服务实行备案制度。未取得许可或者未履行备案手续的,不得从事互联网信息服务。

第五条 从事新闻、出版、教育、医疗保健、药品和医疗器械等互联网信息服务,依照法律、行政法规以及国家有关规定须经有关主管部门审核同意的,在申请经营许可或者履行备案手续前,应当依法经有关主管部门审核同意。

第六条 从事经营性互联网信息服务,除应当符合《中华人民共和国电信条例》规定的要求外,还应当具备下列条件:

第四部分 附 录

（一）有业务发展计划及相关技术方案；

（二）有健全的网络与信息安全保障措施，包括网站安全保障措施、信息安全保密管理制度、用户信息安全管理制度；

（三）服务项目属于本办法第五条规定范围的，已取得有关主管部门同意的文件。

第七条 从事经营性互联网信息服务，应当向省、自治区、直辖市电信管理机构或者国务院信息产业主管部门申请办理互联网信息服务增值电信业务经营许可证（以下简称经营许可证）。省、自治区、直辖市电信管理机构或者国务院信息产业主管部门应当自收到申请之日起60日内审查完毕，作出批准或者不予批准的决定。予以批准的，颁发经营许可证；不予批准的，应当书面通知申请人并说明理由。申请人取得经营许可证后，应当持经营许可证向企业登记机关办理登记手续。

第八条 从事非经营性互联网信息服务，应当向省、自治区、直辖市电信管理机构或者国务院信息产业主管部门办理备案手续。办理备案时，应当提交下列材料：

（一）主办单位和网站负责人的基本情况；

（二）网站网址和服务项目；

（三）服务项目属于本办法第五条规定范围的，已取得有关主管部门的同意文件。

省、自治区、直辖市电信管理机构对备案材料齐全的，应当予以备案并编号。

第九条 从事互联网信息服务，拟开办电子公告服务的，应当在申请经营性互联网信息服务许可或者办理非经营性互联网信息服务备案时，按照国家有关规定提出专项申请或者专项备案。

第十条 省、自治区、直辖市电信管理机构和国务院信息产业主管部门应当公布取得经营许可证或者已履行备案手续的互联网信息服务提供者名单。

第十一条 互联网信息服务提供者应当按照经许可或者备案的项目提

供服务，不得超出经许可或者备案的项目提供服务。

非经营性互联网信息服务提供者不得从事有偿服务。

互联网信息服务提供者变更服务项目、网站网址等事项的，应当提前30日向原审核、发证或者备案机关办理变更手续。

第十二条 互联网信息服务提供者应当在其网站主页的显著位置标明其经营许可证编号或者备案编号。

第十三条 互联网信息服务提供者应当向上网用户提供良好的服务，并保证所提供的信息内容合法。

第十四条 从事新闻、出版以及电子公告等服务项目的互联网信息服务提供者，应当记录提供的信息内容及其发布时间、互联网地址或者域名；互联网接入服务提供者应当记录上网用户的上网时间、用户账号、互联网地址或者域名、主叫电话号码等信息。

互联网信息服务提供者和互联网接入服务提供者的记录备份应当保存60日，并在国家有关机关依法查询时，予以提供。

第十五条 互联网信息服务提供者不得制作、复制、发布、传播含有下列内容的信息：

（一）反对宪法所确定的基本原则的；

（二）危害国家安全，泄露国家秘密，颠覆国家政权，破坏国家统一的；

（三）损害国家荣誉和利益的；

（四）煽动民族仇恨、民族歧视，破坏民族团结的；

（五）破坏国家宗教政策，宣扬邪教和封建迷信的；

（六）散布谣言，扰乱社会秩序，破坏社会稳定的；

（七）散布淫秽、色情、赌博、暴力、凶杀、恐怖或者教唆犯罪的；

（八）侮辱或者诽谤他人，侵害他人合法权益的；

（九）含有法律、行政法规禁止的其他内容的。

第十六条 互联网信息服务提供者发现其网站传输的信息明显属于本办法第十五条所列内容之一的，应当立即停止传输，保存有关记录，并向国家有关机关报告。

第十七条 经营性互联网信息服务提供者申请在境内境外上市或者同外商合资、合作，应当事先经国务院信息产业主管部门审查同意；其中，外商投资的比例应当符合有关法律、行政法规的规定。

第十八条 国务院信息产业主管部门和省、自治区、直辖市电信管理机构，依法对互联网信息服务实施监督管理。

新闻、出版、教育、卫生、药品监督管理、工商行政管理和公安、国家安全等有关主管部门，在各自职责范围内依法对互联网信息内容实施监督管理。

第十九条 违反本办法的规定，未取得经营许可证，擅自从事经营性互联网信息服务，或者超出许可的项目提供服务的，由省、自治区、直辖市电信管理机构责令限期改正，有违法所得的，没收违法所得，处违法所得3倍以上5倍以下的罚款；没有违法所得或者违法所得不足5万元的，处10万元以上100万元以下的罚款；情节严重的，责令关闭网站。

违反本办法的规定，未履行备案手续，擅自从事非经营性互联网信息服务，或者超出备案的项目提供服务的，由省、自治区、直辖市电信管理机构责令限期改正；拒不改正的，责令关闭网站。

第二十条 制作、复制、发布、传播本办法第十五条所列内容之一的信息，构成犯罪的，依法追究刑事责任；尚不构成犯罪的，由公安机关、国家安全机关依照《中华人民共和国治安管理处罚条例》、《计算机信息网络国际联网安全保护管理办法》等有关法律、行政法规的规定予以处罚；对经营性互联网信息服务提供者，并由发证机关责令停业整顿直至吊销经营许可证，通知企业登记机关；对非经营性互联网信息服务提供者，并由备案机关责令暂时关闭网站直至关闭网站。

第二十一条 未履行本办法第十四条规定的义务的，由省、自治区、直辖市电信管理机构责令改正；情节严重的，责令停业整顿或者暂时关闭网站。

第二十二条 违反本办法的规定，未在其网站主页上标明其经营许可证编号或者备案编号的,由省、自治区、直辖市电信管理机构责令改正,处5000元以上5万元以下的罚款。

  第二十三条 违反本办法第十六条规定的义务的,由省、自治区、直辖市电信管理机构责令改正;情节严重的,对经营性互联网信息服务提供者,并由发证机关吊销经营许可证,对非经营性互联网信息服务提供者,并由备案机关责令关闭网站。

  第二十四条 互联网信息服务提供者在其业务活动中,违反其他法律、法规的,由新闻、出版、教育、卫生、药品监督管理和工商行政管理等有关主管部门依照有关法律、法规的规定处罚。

  第二十五条 电信管理机构和其他有关主管部门及其工作人员,玩忽职守、滥用职权、徇私舞弊,疏于对互联网信息服务的监督管理,造成严重后果,构成犯罪的,依法追究刑事责任;尚不构成犯罪的,对直接负责的主管人员和其他直接责任人员依法给予降级、撤职直至开除的行政处分。

  第二十六条 在本办法公布前从事互联网信息服务的,应当自本办法公布之日起60日内依照本办法的有关规定补办有关手续。

  第二十七条 本办法自公布之日起施行。

信息网络传播权保护条例

(2006年5月18日国务院令第468号公布 根据2013年1月30日国务院令第634号《国务院关于修改〈信息网络传播权保护条例〉的决定》修订 自2013年3月1日起施行)

第一条 为保护著作权人、表演者、录音录像制作者(以下统称权利人)的信息网络传播权,鼓励有益于社会主义精神文明、物质文明建设的作品的创作和传播,根据《中华人民共和国著作权法》(以下简称著作权法),制定本条例。

第二条 权利人享有的信息网络传播权受著作权法和本条例保护。除法律、行政法规另有规定的外,任何组织或者个人将他人的作品、表演、录音录像制品通过信息网络向公众提供,应当取得权利人许可,并支付报酬。

第三条 依法禁止提供的作品、表演、录音录像制品,不受本条例保护。

权利人行使信息网络传播权,不得违反宪法和法律、行政法规,不得损害公共利益。

第四条 为了保护信息网络传播权,权利人可以采取技术措施。

任何组织或者个人不得故意避开或者破坏技术措施,不得故意制造、进口或者向公众提供主要用于避开或者破坏技术措施的装置或者部件,不得故意为他人避开或者破坏技术措施提供技术服务。但是,法律、行政法规规定可以避开的除外。

第五条 未经权利人许可,任何组织或者个人不得进行下列行为:

（一）故意删除或者改变通过信息网络向公众提供的作品、表演、录音录像制品的权利管理电子信息，但由于技术上的原因无法避免删除或者改变的除外；

（二）通过信息网络向公众提供明知或者应知未经权利人许可被删除或者改变权利管理电子信息的作品、表演、录音录像制品。

第六条 通过信息网络提供他人作品，属于下列情形的，可以不经著作权人许可，不向其支付报酬：

（一）为介绍、评论某一作品或者说明某一问题，在向公众提供的作品中适当引用已经发表的作品；

（二）为报道时事新闻，在向公众提供的作品中不可避免地再现或者引用已经发表的作品；

（三）为学校课堂教学或者科学研究，向少数教学、科研人员提供少量已经发表的作品；

（四）国家机关为执行公务，在合理范围内向公众提供已经发表的作品；

（五）将中国公民、法人或者其他组织已经发表的、以汉语言文字创作的作品翻译成的少数民族语言文字作品，向中国境内少数民族提供；

（六）不以营利为目的，以盲人能够感知的独特方式向盲人提供已经发表的文字作品；

（七）向公众提供在信息网络上已经发表的关于政治、经济问题的时事性文章；

（八）向公众提供在公众集会上发表的讲话。

第七条 图书馆、档案馆、纪念馆、博物馆、美术馆等可以不经著作权人许可，通过信息网络向本馆馆舍内服务对象提供本馆收藏的合法出版的数字作品和依法为陈列或者保存版本的需要以数字化形式复制的作品，不向其支付报酬，但不得直接或者间接获得经济利益。当事人另有约定的除外。

前款规定的为陈列或者保存版本需要以数字化形式复制的作品，应当

第四部分 附 录

是已经损毁或者濒临损毁、丢失或者失窃,或者其存储格式已经过时,并且在市场上无法购买或者只能以明显高于标定的价格购买的作品。

第八条 为通过信息网络实施九年制义务教育或者国家教育规划,可以不经著作权人许可,使用其已经发表作品的片段或者短小的文字作品、音乐作品或者单幅的美术作品、摄影作品制作课件,由制作课件或者依法取得课件的远程教育机构通过信息网络向注册学生提供,但应当向著作权人支付报酬。

第九条 为扶助贫困,通过信息网络向农村地区的公众免费提供中国公民、法人或者其他组织已经发表的种植养殖、防病治病、防灾减灾等与扶助贫困有关的作品和适应基本文化需求的作品,网络服务提供者应当在提供前公告拟提供的作品及其作者、拟支付报酬的标准。自公告之日起30日内,著作权人不同意提供的,网络服务提供者不得提供其作品;自公告之日起满30日,著作权人没有异议的,网络服务提供者可以提供其作品,并按照公告的标准向著作权人支付报酬。网络服务提供者提供著作权人的作品后,著作权人不同意提供的,网络服务提供者应当立即删除著作权人的作品,并按照公告的标准向著作权人支付提供作品期间的报酬。

依照前款规定提供作品的,不得直接或者间接获得经济利益。

第十条 依照本条例规定不经著作权人许可、通过信息网络向公众提供其作品的,还应当遵守下列规定:

(一)除本条例第六条第(一)项至第(六)项、第七条规定的情形外,不得提供作者事先声明不许提供的作品;

(二)指明作品的名称和作者的姓名(名称);

(三)依照本条例规定支付报酬;

(四)采取技术措施,防止本条例第七条、第八条、第九条规定的服务对象以外的其他人获得著作权人的作品,并防止本条例第七条规定的服务对象的复制行为对著作权人利益造成实质性损害;

(五)不得侵犯著作权人依法享有的其他权利。

第十一条 通过信息网络提供他人表演、录音录像制品的,应当遵守本条例第六条至第十条的规定。

第十二条 属于下列情形的，可以避开技术措施，但不得向他人提供避开技术措施的技术、装置或者部件，不得侵犯权利人依法享有的其他权利：

（一）为学校课堂教学或者科学研究，通过信息网络向少数教学、科研人员提供已经发表的作品、表演、录音录像制品，而该作品、表演、录音录像制品只能通过信息网络获取；

（二）不以营利为目的，通过信息网络以盲人能够感知的独特方式向盲人提供已经发表的文字作品，而该作品只能通过信息网络获取；

（三）国家机关依照行政、司法程序执行公务；

（四）在信息网络上对计算机及其系统或者网络的安全性能进行测试。

第十三条 著作权行政管理部门为了查处侵犯信息网络传播权的行为，可以要求网络服务提供者提供涉嫌侵权的服务对象的姓名（名称）、联系方式、网络地址等资料。

第十四条 对提供信息存储空间或者提供搜索、链接服务的网络服务提供者，权利人认为其服务所涉及的作品、表演、录音录像制品，侵犯自己的信息网络传播权或者被删除、改变了自己的权利管理电子信息的，可以向该网络服务提供者提交书面通知，要求网络服务提供者删除该作品、表演、录音录像制品，或者断开与该作品、表演、录音录像制品的链接。通知书应当包含下列内容：

（一）权利人的姓名（名称）、联系方式和地址；

（二）要求删除或者断开链接的侵权作品、表演、录音录像制品的名称和网络地址；

（三）构成侵权的初步证明材料。

权利人应当对通知书的真实性负责。

第十五条 网络服务提供者接到权利人的通知书后，应当立即删除涉嫌侵权的作品、表演、录音录像制品，或者断开与涉嫌侵权的作品、表演、录音录像制品的链接，并同时将通知书转送提供作品、表演、录音录像制品的服务对象；服务对象网络地址不明、无法转送的，应当将通知书的内容同时在信息网络上公告。

第十六条　服务对象接到网络服务提供者转送的通知书后，认为其提供的作品、表演、录音录像制品未侵犯他人权利的，可以向网络服务提供者提交书面说明，要求恢复被删除的作品、表演、录音录像制品，或者恢复与被断开的作品、表演、录音录像制品的链接。书面说明应当包含下列内容：

（一）服务对象的姓名（名称）、联系方式和地址；

（二）要求恢复的作品、表演、录音录像制品的名称和网络地址；

（三）不构成侵权的初步证明材料。

服务对象应当对书面说明的真实性负责。

第十七条　网络服务提供者接到服务对象的书面说明后，应当立即恢复被删除的作品、表演、录音录像制品，或者可以恢复与被断开的作品、表演、录音录像制品的链接，同时将服务对象的书面说明转送权利人。权利人不得再通知网络服务提供者删除该作品、表演、录音录像制品，或者断开与该作品、表演、录音录像制品的链接。

第十八条　违反本条例规定，有下列侵权行为之一的，根据情况承担停止侵害、消除影响、赔礼道歉、赔偿损失等民事责任；同时损害公共利益的，可以由著作权行政管理部门责令停止侵权行为，没收违法所得，非法经营额5万元以上的，可处非法经营额1倍以上5倍以下的罚款；没有非法经营额或者非法经营额5万元以下的，根据情节轻重，可处25万元以下的罚款；情节严重的，著作权行政管理部门可以没收主要用于提供网络服务的计算机等设备；构成犯罪的，依法追究刑事责任：

（一）通过信息网络擅自向公众提供他人的作品、表演、录音录像制品的；

（二）故意避开或者破坏技术措施的；

（三）故意删除或者改变通过信息网络向公众提供的作品、表演、录音录像制品的权利管理电子信息，或者通过信息网络向公众提供明知或者应知未经权利人许可而被删除或者改变权利管理电子信息的作品、表演、录音录像制品的；

（四）为扶助贫困通过信息网络向农村地区提供作品、表演、录音录像制品超过规定范围，或者未按照公告的标准支付报酬，或者在权利人不同意提供其作品、表演、录音录像制品后未立即删除的；

（五）通过信息网络提供他人的作品、表演、录音录像制品，未指明作品、表演、录音录像制品的名称或者作者、表演者、录音录像制作者的姓名（名称），或者未支付报酬，或者未依照本条例规定采取技术措施防止服务对象以外的其他人获得他人的作品、表演、录音录像制品，或者未防止服务对象的复制行为对权利人利益造成实质性损害的。

第十九条 违反本条例规定，有下列行为之一的，由著作权行政管理部门予以警告，没收违法所得，没收主要用于避开、破坏技术措施的装置或者部件；情节严重的，可以没收主要用于提供网络服务的计算机等设备，非法经营额5万元以上的，可处非法经营额1倍以上5倍以下的罚款；没有非法经营额或者非法经营额5万元以下的，根据情节轻重，可处25万元以下的罚款；构成犯罪的，依法追究刑事责任：

（一）故意制造、进口或者向他人提供主要用于避开、破坏技术措施的装置或者部件，或者故意为他人避开或者破坏技术措施提供技术服务的；

（二）通过信息网络提供他人的作品、表演、录音录像制品，获得经济利益的；

（三）为扶助贫困通过信息网络向农村地区提供作品、表演、录音录像制品，未在提供前公告作品、表演、录音录像制品的名称和作者、表演者、录音录像制作者的姓名（名称）以及报酬标准的。

第二十条 网络服务提供者根据服务对象的指令提供网络自动接入服务，或者对服务对象提供的作品、表演、录音录像制品提供自动传输服务，并具备下列条件的，不承担赔偿责任：

（一）未选择并且未改变所传输的作品、表演、录音录像制品；

第四部分 附 录

（二）向指定的服务对象提供该作品、表演、录音录像制品，并防止指定的服务对象以外的其他人获得。

第二十一条 网络服务提供者为提高网络传输效率，自动存储从其他网络服务提供者获得的作品、表演、录音录像制品，根据技术安排自动向服务对象提供，并具备下列条件的，不承担赔偿责任：

（一）未改变自动存储的作品、表演、录音录像制品；

（二）不影响提供作品、表演、录音录像制品的原网络服务提供者掌握服务对象获取该作品、表演、录音录像制品的情况；

（三）在原网络服务提供者修改、删除或者屏蔽该作品、表演、录音录像制品时，根据技术安排自动予以修改、删除或者屏蔽。

第二十二条 网络服务提供者为服务对象提供信息存储空间，供服务对象通过信息网络向公众提供作品、表演、录音录像制品，并具备下列条件的，不承担赔偿责任：

（一）明确标示该信息存储空间是为服务对象所提供，并公开网络服务提供者的名称、联系人、网络地址；

（二）未改变服务对象所提供的作品、表演、录音录像制品；

（三）不知道也没有合理的理由应当知道服务对象提供的作品、表演、录音录像制品侵权；

（四）未从服务对象提供作品、表演、录音录像制品中直接获得经济利益；

（五）在接到权利人的通知书后，根据本条例规定删除权利人认为侵权的作品、表演、录音录像制品。

第二十三条 网络服务提供者为服务对象提供搜索或者链接服务，在接到权利人的通知书后，根据本条例规定断开与侵权的作品、表演、录音录像制品的链接的，不承担赔偿责任；但是，明知或者应知所链接的作品、表演、录音录像制品侵权的，应当承担共同侵权责任。

第二十四条 因权利人的通知导致网络服务提供者错误删除作品、表演、录音录像制品，或者错误断开与作品、表演、录音录像制品的链接，

267

给服务对象造成损失的，权利人应当承担赔偿责任。

第二十五条　网络服务提供者无正当理由拒绝提供或者拖延提供涉嫌侵权的服务对象的姓名（名称）、联系方式、网络地址等资料的，由著作权行政管理部门予以警告；情节严重的，没收主要用于提供网络服务的计算机等设备。

第二十六条　本条例下列用语的含义：

信息网络传播权，是指以有线或者无线方式向公众提供作品、表演或者录音录像制品，使公众可以在其个人选定的时间和地点获得作品、表演或者录音录像制品的权利。

技术措施，是指用于防止、限制未经权利人许可浏览、欣赏作品、表演、录音录像制品的或者通过信息网络向公众提供作品、表演、录音录像制品的有效技术、装置或者部件。

权利管理电子信息，是指说明作品及其作者、表演及其表演者、录音录像制品及其制作者的信息，作品、表演、录音录像制品权利人的信息和使用条件的信息，以及表示上述信息的数字或者代码。

第二十七条　本条例自2006年7月1日起施行。

互联网广告管理暂行办法

(2016年7月4日国家工商行政管理总局令第87号公布 自2016年9月1日起施行)

第一条 为了规范互联网广告活动,保护消费者的合法权益,促进互联网广告业的健康发展,维护公平竞争的市场经济秩序,根据《中华人民共和国广告法》(以下简称广告法)等法律、行政法规,制定本办法。

第二条 利用互联网从事广告活动,适用广告法和本办法的规定。

第三条 本办法所称互联网广告,是指通过网站、网页、互联网应用程序等互联网媒介,以文字、图片、音频、视频或者其他形式,直接或者间接地推销商品或者服务的商业广告。

前款所称互联网广告包括:

(一)推销商品或者服务的含有链接的文字、图片或者视频等形式的广告;

(二)推销商品或者服务的电子邮件广告;

(三)推销商品或者服务的付费搜索广告;

(四)推销商品或者服务的商业性展示中的广告,法律、法规和规章规定经营者应当向消费者提供的信息的展示依照其规定;

(五)其他通过互联网媒介推销商品或者服务的商业广告。

第四条 鼓励和支持广告行业组织依照法律、法规、规章和章程的规定,制定行业规范,加强行业自律,促进行业发展,引导会员依法从事互联网广告活动,推动互联网广告行业诚信建设。

第五条 法律、行政法规规定禁止生产、销售的商品或者提供的服务，以及禁止发布广告的商品或者服务，任何单位或者个人不得在互联网上设计、制作、代理、发布广告。

禁止利用互联网发布处方药和烟草的广告。

第六条 医疗、药品、特殊医学用途配方食品、医疗器械、农药、兽药、保健食品广告等法律、行政法规规定须经广告审查机关进行审查的特殊商品或者服务的广告，未经审查，不得发布。

第七条 互联网广告应当具有可识别性，显著标明"广告"，使消费者能够辨明其为广告。

付费搜索广告应当与自然搜索结果明显区分。

第八条 利用互联网发布、发送广告，不得影响用户正常使用网络。在互联网页面以弹出等形式发布的广告，应当显著标明关闭标志，确保一键关闭。

不得以欺骗方式诱使用户点击广告内容。

未经允许，不得在用户发送的电子邮件中附加广告或者广告链接。

第九条 互联网广告主、广告经营者、广告发布者之间在互联网广告活动中应当依法订立书面合同。

第十条 互联网广告主应当对广告内容的真实性负责。

广告主发布互联网广告需具备的主体身份、行政许可、引证内容等证明文件，应当真实、合法、有效。

广告主可以通过自设网站或者拥有合法使用权的互联网媒介自行发布广告，也可以委托互联网广告经营者、广告发布者发布广告。

互联网广告主委托互联网广告经营者、广告发布者发布广告，修改广告内容时，应当以书面形式或者其他可以被确认的方式通知为其提供服务的互联网广告经营者、广告发布者。

第十一条 为广告主或者广告经营者推送或者展示互联网广告，并能够核对广告内容、决定广告发布的自然人、法人或者其他组织，是互联网广告的发布者。

第十二条 互联网广告发布者、广告经营者应当按照国家有关规定建立、健全互联网广告业务的承接登记、审核、档案管理制度；审核查验并登记广告主的名称、地址和有效联系方式等主体身份信息，建立登记档案并定期核实更新。

互联网广告发布者、广告经营者应当查验有关证明文件，核对广告内容，对内容不符或者证明文件不全的广告，不得设计、制作、代理、发布。

互联网广告发布者、广告经营者应当配备熟悉广告法规的广告审查人员；有条件的还应当设立专门机构，负责互联网广告的审查。

第十三条 互联网广告可以以程序化购买广告的方式，通过广告需求方平台、媒介方平台以及广告信息交换平台等所提供的信息整合、数据分析等服务进行有针对性的发布。

通过程序化购买广告方式发布的互联网广告，广告需求方平台经营者应当清晰标明广告来源。

第十四条 广告需求方平台是指整合广告主需求，为广告主提供发布服务的广告主服务平台。广告需求方平台的经营者是互联网广告发布者、广告经营者。

媒介方平台是指整合媒介方资源，为媒介所有者或者管理者提供程序化的广告分配和筛选的媒介服务平台。

广告信息交换平台是提供数据交换、分析匹配、交易结算等服务的数据处理平台。

第十五条 广告需求方平台经营者、媒介方平台经营者、广告信息交换平台经营者以及媒介方平台的成员，在订立互联网广告合同时，应当查验合同相对方的主体身份证明文件、真实名称、地址和有效联系方式等信息，建立登记档案并定期核实更新。

媒介方平台经营者、广告信息交换平台经营者以及媒介方平台成员，对其明知或者应知的违法广告，应当采取删除、屏蔽、断开链接等技术措施和管理措施，予以制止。

第十六条 互联网广告活动中不得有下列行为：

（一）提供或者利用应用程序、硬件等对他人正当经营的广告采取拦截、过滤、覆盖、快进等限制措施；

（二）利用网络通路、网络设备、应用程序等破坏正常广告数据传输，篡改或者遮挡他人正当经营的广告，擅自加载广告；

（三）利用虚假的统计数据、传播效果或者互联网媒介价值，诱导错误报价，谋取不正当利益或者损害他人利益。

第十七条 未参与互联网广告经营活动，仅为互联网广告提供信息服务的互联网信息服务提供者，对其明知或者应知利用其信息服务发布违法广告的，应当予以制止。

第十八条 对互联网广告违法行为实施行政处罚，由广告发布者所在地工商行政管理部门管辖。广告发布者所在地工商行政管理部门管辖异地广告主、广告经营者有困难的，可以将广告主、广告经营者的违法情况移交广告主、广告经营者所在地工商行政管理部门处理。

广告主所在地、广告经营者所在地工商行政管理部门先行发现违法线索或者收到投诉、举报的，也可以进行管辖。

对广告主自行发布的违法广告实施行政处罚，由广告主所在地工商行政管理部门管辖。

第十九条 工商行政管理部门在查处违法广告时，可以行使下列职权：

（一）对涉嫌从事违法广告活动的场所实施现场检查；

（二）询问涉嫌违法的有关当事人，对有关单位或者个人进行调查；

（三）要求涉嫌违法当事人限期提供有关证明文件；

（四）查阅、复制与涉嫌违法广告有关的合同、票据、账簿、广告作品和互联网广告后台数据，采用截屏、页面另存、拍照等方法确认互联网广告内容；

（五）责令暂停发布可能造成严重后果的涉嫌违法广告。

工商行政管理部门依法行使前款规定的职权时，当事人应当协助、配合，不得拒绝、阻挠或者隐瞒真实情况。

第四部分 附 录

第二十条 工商行政管理部门对互联网广告的技术监测记录资料，可以作为对违法的互联网广告实施行政处罚或者采取行政措施的电子数据证据。

第二十一条 违反本办法第五条第一款规定，利用互联网广告推销禁止生产、销售的产品或者提供的服务，或者禁止发布广告的商品或者服务的，依照广告法第五十七条第五项的规定予以处罚；违反第二款的规定，利用互联网发布处方药、烟草广告的，依照广告法第五十七条第二项、第四项的规定予以处罚。

第二十二条 违反本办法第六条规定，未经审查发布广告的，依照广告法第五十八条第一款第十四项的规定予以处罚。

第二十三条 互联网广告违反本办法第七条规定，不具有可识别性的，依照广告法第五十九条第三款的规定予以处罚。

第二十四条 违反本办法第八条第一款规定，利用互联网发布广告，未显著标明关闭标志并确保一键关闭的，依照广告法第六十三条第二款的规定进行处罚；违反第二款、第三款规定，以欺骗方式诱使用户点击广告内容的，或者未经允许，在用户发送的电子邮件中附加广告或者广告链接的，责令改正，处一万元以上三万元以下的罚款。

第二十五条 违反本办法第十二条第一款、第二款规定，互联网广告发布者、广告经营者未按照国家有关规定建立、健全广告业务管理制度的，或者未对广告内容进行核对的，依照广告法第六十一条第一款的规定予以处罚。

第二十六条 有下列情形之一的，责令改正，处一万元以上三万元以下的罚款：

（一）广告需求方平台经营者违反本办法第十三条第二款规定，通过程序化购买方式发布的广告未标明来源的；

（二）媒介方平台经营者、广告信息交换平台经营者以及媒介方平台成员，违反本办法第十五条第一款、第二款规定，未履行相关义务的。

第二十七条 违反本办法第十七条规定，互联网信息服务提供者明知或者应知互联网广告活动违法不予制止的,依照广告法第六十四条规定予以处罚。

第二十八条 工商行政管理部门依照广告法和本办法规定所做出的行政处罚决定,应当通过企业信用信息公示系统依法向社会公示。

第二十九条 本办法自 2016 年 9 月 1 日起施行。

互联网信息搜索服务管理规定

(2016年6月25日国家互联网信息办公室发布 自2016年8月1日起实施)

第一条 为规范互联网信息搜索服务，促进互联网信息搜索行业健康有序发展，保护公民、法人和其他组织的合法权益，维护国家安全和公共利益，根据《全国人民代表大会常务委员会关于加强网络信息保护的决定》和《国务院关于授权国家互联网信息办公室负责互联网信息内容管理工作的通知》，制定本规定。

第二条 在中华人民共和国境内从事互联网信息搜索服务，适用本规定。

本规定所称互联网信息搜索服务，是指运用计算机技术从互联网上搜集、处理各类信息供用户检索的服务。

第三条 国家互联网信息办公室负责全国互联网信息搜索服务的监督管理执法工作。地方互联网信息办公室依据职责负责本行政区域内互联网信息搜索服务的监督管理执法工作。

第四条 互联网信息搜索服务行业组织应当建立健全行业自律制度和行业准则，指导互联网信息搜索服务提供者建立健全服务规范，督促互联网信息搜索服务提供者依法提供服务、接受社会监督，提高互联网信息搜索服务从业人员的职业素养。

第五条 互联网信息搜索服务提供者应当取得法律法规规定的相关资质。

第六条 互联网信息搜索服务提供者应当落实主体责任，建立健全信息审核、公共信息实时巡查、应急处置及个人信息保护等信息安全管理制度，具有安全可控的防范措施，为有关部门依法履行职责提供必要的技术支持。

第七条 互联网信息搜索服务提供者不得以链接、摘要、快照、联想词、相关搜索、相关推荐等形式提供含有法律法规禁止的信息内容。

第八条 互联网信息搜索服务提供者提供服务过程中发现搜索结果明显含有法律法规禁止内容的信息、网站及应用，应当停止提供相关搜索结果，保存有关记录，并及时向国家或者地方互联网信息办公室报告。

第九条 互联网信息搜索服务提供者及其从业人员，不得通过断开相关链接或者提供含有虚假信息的搜索结果等手段，牟取不正当利益。

第十条 互联网信息搜索服务提供者应当提供客观、公正、权威的搜索结果，不得损害国家利益、公共利益，以及公民、法人和其他组织的合法权益。

第十一条 互联网信息搜索服务提供者提供付费搜索信息服务，应当依法查验客户有关资质，明确付费搜索信息页面比例上限，醒目区分自然搜索结果与付费搜索信息，对付费搜索信息逐条加注显著标识。

互联网信息搜索服务提供者提供商业广告信息服务，应当遵守相关法律法规。

第十二条 互联网信息搜索服务提供者应当建立健全公众投诉、举报和用户权益保护制度，在显著位置公布投诉、举报方式，主动接受公众监督，及时处理公众投诉、举报，依法承担对用户权益造成损害的赔偿责任。

第十三条 本规定自 2016 年 8 月 1 日起施行。

第四部分 附 录

移动互联网应用程序信息服务管理规定

（2016年6月28日国家互联网信息办公室发布 自2016年8月1日起实施）

第一条 为加强对移动互联网应用程序（APP）信息服务的管理，保护公民、法人和其他组织的合法权益，维护国家安全和公共利益，根据《全国人民代表大会常务委员会关于加强网络信息保护的决定》和《国务院关于授权国家互联网信息办公室负责互联网信息内容管理工作的通知》，制定本规定。

第二条 在中华人民共和国境内通过移动互联网应用程序提供信息服务，从事互联网应用商店服务，应当遵守本规定。

本规定所称移动互联网应用程序，是指通过预装、下载等方式获取并运行在移动智能终端上、向用户提供信息服务的应用软件。

本规定所称移动互联网应用程序提供者，是指提供信息服务的移动互联网应用程序所有者或运营者。

本规定所称互联网应用商店，是指通过互联网提供应用软件浏览、搜索、下载或开发工具和产品发布服务的平台。

第三条 国家互联网信息办公室负责全国移动互联网应用程序信息内容的监督管理执法工作。地方互联网信息办公室依据职责负责本行政区域内的移动互联网应用程序信息内容的监督管理执法工作。

第四条 鼓励各级党政机关、企事业单位和各人民团体积极运用移动互联网应用程序，推进政务公开，提供公共服务，促进经济社会发展。

第五条 通过移动互联网应用程序提供信息服务，应当依法取得法律法规规定的相关资质。从事互联网应用商店服务，还应当在业务上线运营三十日内向所在地省、自治区、直辖市互联网信息办公室备案。

第六条　移动互联网应用程序提供者和互联网应用商店服务提供者不得利用移动互联网应用程序从事危害国家安全、扰乱社会秩序、侵犯他人合法权益等法律法规禁止的活动，不得利用移动互联网应用程序制作、复制、发布、传播法律法规禁止的信息内容。

第七条　移动互联网应用程序提供者应当严格落实信息安全管理责任，依法履行以下义务：

（一）按照"后台实名、前台自愿"的原则，对注册用户进行基于移动电话号码等真实身份信息认证。

（二）建立健全用户信息安全保护机制，收集、使用用户个人信息应当遵循合法、正当、必要的原则，明示收集使用信息的目的、方式和范围，并经用户同意。

（三）建立健全信息内容审核管理机制，对发布违法违规信息内容的，视情采取警示、限制功能、暂停更新、关闭账号等处置措施，保存记录并向有关主管部门报告。

（四）依法保障用户在安装或使用过程中的知情权和选择权，未向用户明示并经用户同意，不得开启收集地理位置、读取通讯录、使用摄像头、启用录音等功能，不得开启与服务无关的功能，不得捆绑安装无关应用程序。

（五）尊重和保护知识产权，不得制作、发布侵犯他人知识产权的应用程序。

（六）记录用户日志信息，并保存六十日。

第八条　互联网应用商店服务提供者应当对应用程序提供者履行以下管理责任：

（一）对应用程序提供者进行真实性、安全性、合法性等审核，建立信用管理制度，并向所在地省、自治区、直辖市互联网信息办公室分类备案。

（二）督促应用程序提供者保护用户信息，完整提供应用程序获取和使用用户信息的说明，并向用户呈现。

（三）督促应用程序提供者发布合法信息内容，建立健全安全审核机制，配备与服务规模相适应的专业人员。

（四）督促应用程序提供者发布合法应用程序，尊重和保护应用程序提供者的知识产权。

对违反前款规定的应用程序提供者，视情采取警示、暂停发布、下架应用程序等措施，保存记录并向有关主管部门报告。

第九条　互联网应用商店服务提供者和移动互联网应用程序提供者应当签订服务协议，明确双方权利义务，共同遵守法律法规和平台公约。

第十条　移动互联网应用程序提供者和互联网应用商店服务提供者应当配合有关部门依法进行的监督检查，自觉接受社会监督，设置便捷的投诉举报入口，及时处理公众投诉举报。

第十一条　本规定自 2016 年 8 月 1 日起施行。

互联网药品信息服务管理办法

(2004年5月28日经国家食品药品监督管理局局务会议审议通过 自2004年7月8日起施行)

第一条 为加强药品监督管理，规范互联网药品信息服务活动，保证互联网药品信息的真实、准确，根据《中华人民共和国药品管理法》、《互联网信息服务管理办法》，制定本办法。

第二条 在中华人民共和国境内提供互联网药品信息服务活动，适用本办法。

本办法所称互联网药品信息服务，是指通过互联网向上网用户提供药品（含医疗器械）信息的服务活动。

第三条 互联网药品信息服务分为经营性和非经营性两类。

经营性互联网药品信息服务是指通过互联网向上网用户有偿提供药品信息等服务的活动。

非经营性互联网药品信息服务是指通过互联网向上网用户无偿提供公开的、共享性药品信息等服务的活动。

第四条 国家食品药品监督管理局对全国提供互联网药品信息服务活动的网站实施监督管理。

省、自治区、直辖市（食品）药品监督管理局对本行政区域内提供互联网药品信息服务活动的网站实施监督管理。

第五条 拟提供互联网药品信息服务的网站，应当在向国务院信息产业主管部门或者省级电信管理机构申请办理经营许可证或者办理备案手续之前，按照属地监督管理的原则，向该网站主办单位所在地省、自治区、

第四部分 附 录

直辖市（食品）药品监督管理部门提出申请，经审核同意后取得提供互联网药品信息服务的资格。

第六条 各省、自治区、直辖市（食品）药品监督管理局对本辖区内申请提供互联网药品信息服务的互联网站进行审核，符合条件的核发《互联网药品信息服务资格证书》。

第七条 《互联网药品信息服务资格证书》的格式由国家食品药品监督管理局统一制定。

第八条 提供互联网药品信息服务的网站，应当在其网站主页显著位置标注《互联网药品信息服务资格证书》的证书编号。

第九条 提供互联网药品信息服务网站所登载的药品信息必须科学、准确，必须符合国家的法律、法规和国家有关药品、医疗器械管理的相关规定。

提供互联网药品信息服务的网站不得发布麻醉药品、精神药品、医疗用毒性药品、放射性药品、戒毒药品和医疗机构制剂的产品信息。

第十条 提供互联网药品信息服务的网站发布的药品（含医疗器械）广告，必须经过（食品）药品监督管理部门审查批准。

提供互联网药品信息服务的网站发布的药品（含医疗器械）广告要注明广告审查批准文号。

第十一条 申请提供互联网药品信息服务，除应当符合《互联网信息服务管理办法》规定的要求外，还应当具备下列条件：

（一）互联网药品信息服务的提供者应当为依法设立的企事业单位或者其它组织；

（二）具有与开展互联网药品信息服务活动相适应的专业人员、设施及相关制度；

（三）有两名以上熟悉药品、医疗器械管理法律、法规和药品、医疗器械专业知识，或者依法经资格认定的药学、医疗器械技术人员。

第十二条 提供互联网药品信息服务的申请应当以一个网站为基本单元。

第十三条 申请提供互联网药品信息服务，应当填写国家食品药品监督管理局统一制发的《互联网药品信息服务申请表》，向网站主办单位所在地省、自治区、直辖市（食品）药品监督管理部门提出申请，同时提交以下材料：

（一）企业营业执照复印件（新办企业提供工商行政管理部门出具的名称预核准通知书及相关材料）；

（二）网站域名注册的相关证书或者证明文件。从事互联网药品信息服务网站的中文名称，除与主办单位名称相同的以外，不得以"中国"、"中华"、"全国"等冠名；除取得药品招标代理机构资格证书的单位开办的互联网站外，其它提供互联网药品信息服务的网站名称中不得出现"电子商务"、"药品招商"、"药品招标"等内容；

（三）网站栏目设置说明（申请经营性互联网药品信息服务的网站需提供收费栏目及收费方式的说明）；

（四）网站对历史发布信息进行备份和查阅的相关管理制度及执行情况说明；

（五）（食品）药品监督管理部门在线浏览网站上所有栏目、内容的方法及操作说明；

（六）药品及医疗器械相关专业技术人员学历证明或者其专业技术资格证书复印件、网站负责人身份证复印件及简历；

（七）健全的网络与信息安全保障措施，包括网站安全保障措施、信息安全保密管理制度、用户信息安全管理制度；

（八）保证药品信息来源合法、真实、安全的管理措施、情况说明及相关证明。

第十四条 省、自治区、直辖市（食品）药品监督管理部门在收到申请材料之日起5日内做出受理与否的决定，受理的，发给受理通知书；不受理的，书面通知申请人并说明理由，同时告知申请人享有依法申请行政复议或者提起行政诉讼的权利。

第十五条 对于申请材料不规范、不完整的，省、自治区、直辖市

（食品）药品监督管理部门自申请之日起 5 日内一次告知申请人需要补正的全部内容；逾期不告知的，自收到材料之日起即为受理。

第十六条 省、自治区、直辖市（食品）药品监督管理部门自受理之日起 20 日内对申请提供互联网药品信息服务的材料进行审核，并作出同意或者不同意的决定。同意的，由省、自治区、直辖市（食品）药品监督管理部门核发《互联网药品信息服务资格证书》，同时报国家食品药品监督管理局备案并发布公告；不同意的，应当书面通知申请人并说明理由，同时告知申请人享有依法申请行政复议或者提起行政诉讼的权利。

国家食品药品监督管理局对各省、自治区、直辖市（食品）药品监督管理部门的审核工作进行监督。

第十七条 《互联网药品信息服务资格证书》有效期为 5 年。有效期届满，需要继续提供互联网药品信息服务的，持证单位应当在有效期届满前 6 个月内，向原发证机关申请换发《互联网药品信息服务资格证书》。原发证机关进行审核后，认为符合条件的，予以换发新证；认为不符合条件的，发给不予换发新证的通知并说明理由，原《互联网药品信息服务资格证书》由原发证机关收回并公告注销。

省、自治区、直辖市（食品）药品监督管理部门根据申请人的申请，应当在《互联网药品信息服务资格证书》有效期届满前作出是否准予其换证的决定。逾期未作出决定的，视为准予换证。

第十八条 《互联网药品信息服务资格证书》可以根据互联网药品信息服务提供者的书面申请，由原发证机关收回，原发证机关应当报国家食品药品监督管理局备案并发布公告。被收回《互联网药品信息服务资格证书》的网站不得继续从事互联网药品信息服务。

第十九条 互联网药品信息服务提供者变更下列事项之一的，应当向原发证机关申请办理变更手续，填写《互联网药品信息服务项目变更申请表》，同时提供下列相关证明文件：

（一）《互联网药品信息服务资格证书》中审核批准的项目（互联网药品信息服务提供者单位名称、网站名称、IP 地址等）；

（二）互联网药品信息服务提供者的基本项目（地址、法定代表人、企业负责人等）；

（三）网站提供互联网药品信息服务的基本情况（服务方式、服务项目等）。

第二十条　省、自治区、直辖市（食品）药品监督管理部门自受理变更申请之日起 20 个工作日内作出是否同意变更的审核决定。同意变更的，将变更结果予以公告并报国家食品药品监督管理局备案；不同意变更的，以书面形式通知申请人并说明理由。

第二十一条　省、自治区、直辖市（食品）药品监督管理部门对申请人的申请进行审查时，应当公示审批过程和审批结果。申请人和利害关系人可以对直接关系其重大利益的事项提交书面意见进行陈述和申辩。依法应当听证的，按照法定程序举行听证。

第二十二条　未取得或者超出有效期使用《互联网药品信息服务资格证书》从事互联网药品信息服务的，由国家食品药品监督管理局或者省、自治区、直辖市（食品）药品监督管理部门给予警告，并责令其停止从事互联网药品信息服务；情节严重的，移送相关部门，依照有关法律、法规给予处罚。

第二十三条　提供互联网药品信息服务的网站不在其网站主页的显著位置标注《互联网药品信息服务资格证书》的证书编号的，国家食品药品监督管理局或者省、自治区、直辖市（食品）药品监督管理部门给予警告，责令限期改正；在限定期限内拒不改正的，对提供非经营性互联网药品信息服务的网站处以 500 元以下罚款，对提供经营性互联网药品信息服务的网站处以 5000 元以上 1 万元以下罚款。

第二十四条　互联网药品信息服务提供者违反本办法，有下列情形之一的，由国家食品药品监督管理局或者省、自治区、直辖市（食品）药品监督管理部门给予警告，责令限期改正；情节严重的，对提供非经营性互联网药品信息服务的网站处以 1000 元以下罚款，对提供经营性互联网药品信息服务的网站处以 1 万元以上 3 万元以下罚款；构成犯罪的，移送司法部门追究刑事责任：

（一）已经获得《互联网药品信息服务资格证书》，但提供的药品信息直接撮合药品网上交易的；

（二）已经获得《互联网药品信息服务资格证书》，但超出审核同意的范围提供互联网药品信息服务的；

（三）提供不真实互联网药品信息服务并造成不良社会影响的；

（四）擅自变更互联网药品信息服务项目的。

第二十五条 互联网药品信息服务提供者在其业务活动中，违法使用《互联网药品信息服务资格证书》的，由国家食品药品监督管理局或者省、自治区、直辖市（食品）药品监督管理部门依照有关法律、法规的规定处罚。

第二十六条 省、自治区、直辖市（食品）药品监督管理部门违法对互联网药品信息服务申请作出审核批准的，原发证机关应当撤销原批准的《互联网药品信息服务资格证书》，由此给申请人的合法权益造成损害的，由原发证机关依照国家赔偿法的规定给予赔偿；对直接负责的主管人员和其他直接责任人员，由其所在单位或者上级机关依法给予行政处分。

第二十七条 省、自治区、直辖市（食品）药品监督管理部门应当对提供互联网药品信息服务的网站进行监督检查，并将检查情况向社会公告。

第二十八条 本办法由国家食品药品监督管理局负责解释。

第二十九条 本办法自公布之日起施行。国家药品监督管理局令第26号《互联网药品信息服务管理暂行规定》同时废止。

网络交易管理办法

(2014年1月26日国家工商行政管理总局令第60号公布 自2014年3月15日实施)

第一章 总 则

第一条 为规范网络商品交易及有关服务，保护消费者和经营者的合法权益，促进网络经济持续健康发展，依据《消费者权益保护法》、《产品质量法》、《反不正当竞争法》、《合同法》、《商标法》、《广告法》、《侵权责任法》和《电子签名法》等法律、法规，制定本办法。

第二条 在中华人民共和国境内从事网络商品交易及有关服务，应当遵守中华人民共和国法律、法规和本办法的规定。

第三条 本办法所称网络商品交易，是指通过互联网（含移动互联网）销售商品或者提供服务的经营活动。

本办法所称有关服务，是指为网络商品交易提供第三方交易平台、宣传推广、信用评价、支付结算、物流、快递、网络接入、服务器托管、虚拟空间租用、网站网页设计制作等营利性服务。

第四条 从事网络商品交易及有关服务应当遵循自愿、公平、诚实信用的原则，遵守商业道德和公序良俗。

第五条 鼓励支持网络商品经营者、有关服务经营者创新经营模式，提升服务水平，推动网络经济发展。

第六条 鼓励支持网络商品经营者、有关服务经营者成立行业组织，建立行业公约，推动行业信用建设，加强行业自律，促进行业规范发展。

第二章　网络商品经营者和有关服务经营者的义务

第一节　一般性规定

第七条　从事网络商品交易及有关服务的经营者，应当依法办理工商登记。

从事网络商品交易的自然人，应当通过第三方交易平台开展经营活动，并向第三方交易平台提交其姓名、地址、有效身份证明、有效联系方式等真实身份信息。具备登记注册条件的，依法办理工商登记。

从事网络商品交易及有关服务的经营者销售的商品或者提供的服务属于法律、行政法规或者国务院决定规定应当取得行政许可的，应当依法取得有关许可。

第八条　已经工商行政管理部门登记注册并领取营业执照的法人、其他经济组织或者个体工商户，从事网络商品交易及有关服务的，应当在其网站首页或者从事经营活动的主页面醒目位置公开营业执照登载的信息或者其营业执照的电子链接标识。

第九条　网上交易的商品或者服务应当符合法律、法规、规章的规定。法律、法规禁止交易的商品或者服务，经营者不得在网上进行交易。

第十条　网络商品经营者向消费者销售商品或者提供服务，应当遵守《消费者权益保护法》和《产品质量法》等法律、法规、规章的规定，不得损害消费者合法权益。

第十一条　网络商品经营者向消费者销售商品或者提供服务，应当向消费者提供经营地址、联系方式、商品或者服务的数量和质量、价款或者费用、履行期限和方式、支付形式、退换货方式、安全注意事项和风险警示、售后服务、民事责任等信息，采取安全保障措施确保交易安全可靠，并按照承诺提供商品或者服务。

第十二条　网络商品经营者销售商品或者提供服务，应当保证商品或者服务的完整性，不得将商品或者服务不合理拆分出售，不得确定最低消费标准或者另行收取不合理的费用。

第十三条　网络商品经营者销售商品或者提供服务，应当按照国家有关规定或者商业惯例向消费者出具发票等购货凭证或者服务单据；征得消费者同意的，可以以电子化形式出具。电子化的购货凭证或者服务单据，可以作为处理消费投诉的依据。

消费者索要发票等购货凭证或者服务单据的，网络商品经营者必须出具。

第十四条　网络商品经营者、有关服务经营者提供的商品或者服务信息应当真实准确，不得作虚假宣传和虚假表示。

第十五条　网络商品经营者、有关服务经营者销售商品或者提供服务，应当遵守《商标法》、《企业名称登记管理规定》等法律、法规、规章的规定，不得侵犯他人的注册商标专用权、企业名称权等权利。

第十六条　网络商品经营者销售商品，消费者有权自收到商品之日起七日内退货，且无需说明理由，但下列商品除外：

（一）消费者定作的；

（二）鲜活易腐的；

（三）在线下载或者消费者拆封的音像制品、计算机软件等数字化商品；

（四）交付的报纸、期刊。

除前款所列商品外，其他根据商品性质并经消费者在购买时确认不宜退货的商品，不适用无理由退货。

消费者退货的商品应当完好。网络商品经营者应当自收到退回商品之日起七日内返还消费者支付的商品价款。退回商品的运费由消费者承担；网络商品经营者和消费者另有约定的，按照约定。

第十七条　网络商品经营者、有关服务经营者在经营活动中使用合同格式条款的，应当符合法律、法规、规章的规定，按照公平原则确定交易双方的权利与义务，采用显著的方式提请消费者注意与消费者有重大利害关系的条款,并按照消费者的要求予以说明。

网络商品经营者、有关服务经营者不得以合同格式条款等方式作出排除或者限制消费者权利、减轻或者免除经营者责任、加重消费者责任等对消费者不公平、不合理的规定,不得利用合同格式条款并借助技术手段强制交易。

第十八条 网络商品经营者、有关服务经营者在经营活动中收集、使用消费者或者经营者信息,应当遵循合法、正当、必要的原则,明示收集、使用信息的目的、方式和范围,并经被收集者同意。网络商品经营者、有关服务经营者收集、使用消费者或者经营者信息,应当公开其收集、使用规则,不得违反法律、法规的规定和双方的约定收集、使用信息。

网络商品经营者、有关服务经营者及其工作人员对收集的消费者个人信息或者经营者商业秘密的数据信息必须严格保密,不得泄露、出售或者非法向他人提供。网络商品经营者、有关服务经营者应当采取技术措施和其他必要措施,确保信息安全,防止信息泄露、丢失。在发生或者可能发生信息泄露、丢失的情况时,应当立即采取补救措施。

网络商品经营者、有关服务经营者未经消费者同意或者请求,或者消费者明确表示拒绝的,不得向其发送商业性电子信息。

第十九条 网络商品经营者、有关服务经营者销售商品或者服务,应当遵守《反不正当竞争法》等法律的规定,不得以不正当竞争方式损害其他经营者的合法权益、扰乱社会经济秩序。同时,不得利用网络技术手段或者载体等方式,从事下列不正当竞争行为:

(一)擅自使用知名网站特有的域名、名称、标识或者使用与知名网站近似的域名、名称、标识,与他人知名网站相混淆,造成消费者误认;

(二)擅自使用、伪造政府部门或者社会团体电子标识,进行引人误解的虚假宣传;

(三)以虚拟物品为奖品进行抽奖式的有奖销售,虚拟物品在网络市场约定金额超过法律法规允许的限额;

（四）以虚构交易、删除不利评价等形式，为自己或他人提升商业信誉；

（五）以交易达成后违背事实的恶意评价损害竞争对手的商业信誉；

（六）法律、法规规定的其他不正当竞争行为。

第二十条 网络商品经营者、有关服务经营者不得对竞争对手的网站或者网页进行非法技术攻击，造成竞争对手无法正常经营。

第二十一条 网络商品经营者、有关服务经营者应当按照国家工商行政管理总局的规定向所在地工商行政管理部门报送经营统计资料。

第二节 第三方交易平台经营者的特别规定

第二十二条 第三方交易平台经营者应当是经工商行政管理部门登记注册并领取营业执照的企业法人。

前款所称第三方交易平台，是指在网络商品交易活动中为交易双方或者多方提供网页空间、虚拟经营场所、交易规则、交易撮合、信息发布等服务，供交易双方或者多方独立开展交易活动的信息网络系统。

第二十三条 第三方交易平台经营者应当对申请进入平台销售商品或者提供服务的法人、其他经济组织或者个体工商户的经营主体身份进行审查和登记，建立登记档案并定期核实更新，在其从事经营活动的主页面醒目位置公开营业执照登载的信息或者其营业执照的电子链接标识。

第三方交易平台经营者应当对尚不具备工商登记注册条件、申请进入平台销售商品或者提供服务的自然人的真实身份信息进行审查和登记，建立登记档案并定期核实更新，核发证明个人身份信息真实合法的标记，加载在其从事经营活动的主页面醒目位置。

第三方交易平台经营者在审查和登记时，应当使对方知悉并同意登记协议，提请对方注意义务和责任条款。

第二十四条 第三方交易平台经营者应当与申请进入平台销售商品或者提供服务的经营者订立协议，明确双方在平台进入和退出、商品和服务质量安全保障、消费者权益保护等方面的权利、义务和责任。

第三方交易平台经营者修改其与平台内经营者的协议、交易规则，应当遵循公开、连续、合理的原则，修改内容应当至少提前七日予以公示并通知相关经营者。平台内经营者不接受协议或者规则修改内容、申请退出平台的，第三方交易平台经营者应当允许其退出，并根据原协议或者交易规则承担相关责任。

第二十五条　第三方交易平台经营者应当建立平台内交易规则、交易安全保障、消费者权益保护、不良信息处理等管理制度。各项管理制度应当在其网站显示，并从技术上保证用户能够便利、完整地阅览和保存。

第三方交易平台经营者应当采取必要的技术手段和管理措施保证平台的正常运行，提供必要、可靠的交易环境和交易服务，维护网络交易秩序。

第二十六条　第三方交易平台经营者应当对通过平台销售商品或者提供服务的经营者及其发布的商品和服务信息建立检查监控制度，发现有违反工商行政管理法律、法规、规章的行为的，应当向平台经营者所在地工商行政管理部门报告，并及时采取措施制止，必要时可以停止对其提供第三方交易平台服务。

工商行政管理部门发现平台内有违反工商行政管理法律、法规、规章的行为，依法要求第三方交易平台经营者采取措施制止的，第三方交易平台经营者应当予以配合。

第二十七条　第三方交易平台经营者应当采取必要手段保护注册商标专用权、企业名称权等权利，对权利人有证据证明平台内的经营者实施侵犯其注册商标专用权、企业名称权等权利的行为或者实施损害其合法权益的其他不正当竞争行为的，应当依照《侵权责任法》采取必要措施。

第二十八条　第三方交易平台经营者应当建立消费纠纷和解和消费维权自律制度。消费者在平台内购买商品或者接受服务，发生消费纠纷或者其合法权益受到损害时，消费者要求平台调解的，平台应当调解；消费者通过其他渠道维权的，平台应当向消费者提供经营者的真实的网站登记信息，积极协助消费者维护自身合法权益。

第二十九条　第三方交易平台经营者在平台上开展商品或者服务自营业务的，应当以显著方式对自营部分和平台内其他经营者经营部分进行区分和标记，避免消费者产生误解。

第三十条　第三方交易平台经营者应当审查、记录、保存在其平台上发布的商品和服务信息内容及其发布时间。平台内经营者的营业执照或者个人真实身份信息记录保存时间从经营者在平台的登记注销之日起不少于两年，交易记录等其他信息记录备份保存时间从交易完成之日起不少于两年。

第三方交易平台经营者应当采取电子签名、数据备份、故障恢复等技术手段确保网络交易数据和资料的完整性和安全性，并应当保证原始数据的真实性。

第三十一条　第三方交易平台经营者拟终止提供第三方交易平台服务的，应当至少提前三个月在其网站主页面醒目位置予以公示并通知相关经营者和消费者，采取必要措施保障相关经营者和消费者的合法权益。

第三十二条　鼓励第三方交易平台经营者为交易当事人提供公平、公正的信用评价服务，对经营者的信用情况客观、公正地进行采集与记录，建立信用评价体系、信用披露制度以警示交易风险。

第三十三条　鼓励第三方交易平台经营者设立消费者权益保证金。消费者权益保证金应当用于对消费者权益的保障，不得挪作他用，使用情况应当定期公开。

第三方交易平台经营者与平台内的经营者协议设立消费者权益保证金的，双方应当就消费者权益保证金提取数额、管理、使用和退还办法等作出明确约定。

第三十四条　第三方交易平台经营者应当积极协助工商行政管理部门查处网上违法经营行为，提供在其平台内涉嫌违法经营的经营者的登记信息、交易数据等资料，不得隐瞒真实情况。

第三节　其他有关服务经营者的特别规定

第三十五条　为网络商品交易提供网络接入、服务器托管、虚拟空间

第四部分 附 录

租用、网站网页设计制作等服务的有关服务经营者，应当要求申请者提供经营资格证明和个人真实身份信息，签订服务合同，依法记录其上网信息。申请者营业执照或者个人真实身份信息等信息记录备份保存时间自服务合同终止或者履行完毕之日起不少于两年。

第三十六条 为网络商品交易提供信用评价服务的有关服务经营者，应当通过合法途径采集信用信息，坚持中立、公正、客观原则，不得任意调整用户的信用级别或者相关信息，不得将收集的信用信息用于任何非法用途。

第三十七条 为网络商品交易提供宣传推广服务应当符合相关法律、法规、规章的规定。

通过博客、微博等网络社交载体提供宣传推广服务、评论商品或者服务并因此取得酬劳的，应当如实披露其性质，避免消费者产生误解。

第三十八条 为网络商品交易提供网络接入、支付结算、物流、快递等服务的有关服务经营者，应当积极协助工商行政管理部门查处网络商品交易相关违法行为，提供涉嫌违法经营的网络商品经营者的登记信息、联系方式、地址等相关数据资料，不得隐瞒真实情况。

第三章 网络商品交易及有关服务监督管理

第三十九条 网络商品交易及有关服务的监督管理由县级以上工商行政管理部门负责。

第四十条 县级以上工商行政管理部门应当建立网络商品交易及有关服务信用档案，记录日常监督检查结果、违法行为查处等情况。根据信用档案的记录，对网络商品经营者、有关服务经营者实施信用分类监管。

第四十一条 网络商品交易及有关服务违法行为由发生违法行为的经营者住所所在地县级以上工商行政管理部门管辖。对于其中通过第三方交易平台开展经营活动的经营者，其违法行为由第三方交易平台经营者住所所在地县级以上工商行政管理部门管辖。第三方交易平台经营者住所所在地县级以上工商行政管理部门管辖异地违法行为人有困难的，可以将违法行为人的违法情况移交违法行为人所在地县级以上工商行政管理部门处理。

两个以上工商行政管理部门因网络商品交易及有关服务违法行为的管辖权发生争议的,应当报请共同的上一级工商行政管理部门指定管辖。

对于全国范围内有重大影响、严重侵害消费者权益、引发群体投诉或者案情复杂的网络商品交易及有关服务违法行为,由国家工商行政管理总局负责查处或者指定省级工商行政管理局负责查处。

第四十二条 网络商品交易及有关服务活动中的消费者向工商行政管理部门投诉的,依照《工商行政管理部门处理消费者投诉办法》处理。

第四十三条 县级以上工商行政管理部门对涉嫌违法的网络商品交易及有关服务行为进行查处时,可以行使下列职权:

(一)询问有关当事人,调查其涉嫌从事违法网络商品交易及有关服务行为的相关情况;

(二)查阅、复制当事人的交易数据、合同、票据、账簿以及其他相关数据资料;

(三)依照法律、法规的规定,查封、扣押用于从事违法网络商品交易及有关服务行为的商品、工具、设备等物品,查封用于从事违法网络商品交易及有关服务行为的经营场所;

(四)法律、法规规定可以采取的其他措施。

工商行政管理部门依法行使前款规定的职权时,当事人应当予以协助、配合,不得拒绝、阻挠。

第四十四条 工商行政管理部门对网络商品交易及有关服务活动的技术监测记录资料,可以作为对违法的网络商品经营者、有关服务经营者实施行政处罚或者采取行政措施的电子数据证据。

第四十五条 在网络商品交易及有关服务活动中违反工商行政管理法律法规规定,情节严重,需要采取措施制止违法网站继续从事违法活动的,工商行政管理部门可以依照有关规定,提请网站许可或者备案地通信管理部门依法责令暂时屏蔽或者停止该违法网站接入服务。

第四部分 附 录

第四十六条 工商行政管理部门对网站违法行为作出行政处罚后，需要关闭该违法网站的，可以依照有关规定，提请网站许可或者备案地通信管理部门依法关闭该违法网站。

第四十七条 工商行政管理部门在对网络商品交易及有关服务活动的监督管理中发现应当由其他部门查处的违法行为的，应当依法移交相关部门。

第四十八条 县级以上工商行政管理部门应当建立网络商品交易及有关服务监管工作责任制度，依法履行职责。

第四章 法律责任

第四十九条 对于违反本办法的行为，法律、法规另有规定的，从其规定。

第五十条 违反本办法第七条第二款、第二十三条、第二十五条、第二十六条第二款、第二十九条、第三十条、第三十四条、第三十五条、第三十六条、第三十八条规定的，予以警告，责令改正，拒不改正的，处以一万元以上三万元以下的罚款。

第五十一条 违反本办法第八条、第二十一条规定的，予以警告，责令改正，拒不改正的，处以一万元以下的罚款。

第五十二条 违反本办法第十七条规定的，按照《合同违法行为监督处理办法》的有关规定处罚。

第五十三条 违反本办法第十九条第（一）项规定的，按照《反不正当竞争法》第二十一条的规定处罚；违反本办法第十九条第（二）项、第（四）项规定的，按照《反不正当竞争法》第二十四条的规定处罚；违反本办法第十九条第（三）项规定的，按照《反不正当竞争法》第二十六条的规定处罚；违反本办法第十九条第（五）项规定的，予以警告，责令改正，并处一万元以上三万元以下的罚款。

第五十四条 违反本办法第二十条规定的，予以警告，责令改正，并处一万元以上三万元以下的罚款。

295

第五章　附　则

第五十五条　通过第三方交易平台发布商品或者营利性服务信息、但交易过程不直接通过平台完成的经营活动，参照适用本办法关于网络商品交易的管理规定。

第五十六条　本办法由国家工商行政管理总局负责解释。

第五十七条　省级工商行政管理部门可以依据本办法的规定制定网络商品交易及有关服务监管实施指导意见。

第五十八条　本办法自 2014 年 3 月 15 日起施行。国家工商行政管理总局 2010 年 5 月 31 日发布的《网络商品交易及有关服务行为管理暂行办法》同时废止。

工商行政管理机关行政处罚程序规定

(2007年9月14日国家工商行政管理总局令第28号公布 根据2011年12月12日国家工商行政管理总局令第58公布的《国家工商行政管理总局关于按照〈行政强制法〉修改有关规章的决定》修改 自2012年1月1日起施行)

第一章 总 则

第一条 为了规范和保障工商行政管理机关依法行使职权,正确实施行政处罚,维护社会经济秩序,保护公民、法人或者其他组织的合法权益,根据《行政处罚法》及其他有关法律、行政法规的规定,制定本规定。

第二条 工商行政管理机关实施行政处罚,适用本规定。法律、法规另有规定的,从其规定。

第三条 工商行政管理机关实施行政处罚应当遵循以下原则:

(一)实施行政处罚必须有法律、法规、规章依据;没有依据的,不得给予行政处罚;

(二)公正、公开、及时地行使法律、法规、规章赋予的行政职权;

(三)实施行政处罚必须以事实为依据,与违法行为的事实、性质、情节以及社会危害程度相当;

(四)坚持处罚与教育相结合,教育公民、法人或者其他组织自觉守法;

（五）办案人员与当事人有直接利害关系的，应当回避；

（六）依法独立行使职权，不受非法干预。

第四条 上级工商行政管理机关对下级工商行政管理机关、各级工商行政管理机关对本机关及其派出机构的行政处罚行为，应当加强监督，发现错误，及时纠正。

第二章 管 辖

第五条 行政处罚由违法行为发生地的县级以上（含县级，下同）工商行政管理机关管辖。法律、行政法规另有规定的除外。

第六条 县（区）、市（地、州）工商行政管理机关依职权管辖本辖区内发生的案件。

省、自治区、直辖市工商行政管理机关依职权管辖本辖区内发生的重大、复杂案件。

国家工商行政管理总局依职权管辖应当由自己实施行政处罚的案件及全国范围内发生的重大、复杂案件。

第七条 工商行政管理所依照法律、法规规定以自己的名义实施行政处罚的具体权限，由省级工商行政管理机关确定。

第八条 对利用广播、电影、电视、报纸、期刊、互联网等媒介发布违法广告的行为实施行政处罚，由广告发布者所在地工商行政管理机关管辖。广告发布者所在地工商行政管理机关管辖异地广告主、广告经营者有困难的，可以将广告主、广告经营者的违法情况移交广告主、广告经营者所在地工商行政管理机关处理。

第九条 对当事人的同一违法行为，两个以上工商行政管理机关都有管辖权的，由最先立案的工商行政管理机关管辖。

第十条 两个以上工商行政管理机关因管辖权发生争议的，应当协商解决，协商不成的，报请共同上一级工商行政管理机关指定管辖。

第十一条 工商行政管理机关发现所查处的案件不属于自己管辖时，应当将案件移送有管辖权的工商行政管理机关。受移送的工商行政管理机关对管辖权有异议的,应当报请共同上一级工商行政管理机关指定管辖,不得再自行移送。

第十二条 上级工商行政管理机关认为必要时可以直接查处下级工商行政管理机关管辖的案件,也可以将自己管辖的案件移交下级工商行政管理机关管辖。法律、行政法规明确规定案件应当由上级工商行政管理机关管辖的,上级工商行政管理机关不得将案件移交下级工商行政管理机关管辖。

下级工商行政管理机关认为应当由其管辖的案件属重大、疑难案件,或者由于特殊原因,难以办理的,可以报请上一级工商行政管理机关确定管辖。

第十三条 报请上一级工商行政管理机关确定管辖权的,上一级工商行政管理机关应当在收到报送材料之日起五个工作日内确定案件的管辖机关。

第十四条 跨行政区域的行政处罚案件,共同的上一级工商行政管理机关应当做好协调工作。相关工商行政管理机关应当积极配合异地办案的工商行政管理机关查处案件。

第十五条 工商行政管理机关发现所查处的案件属于其他行政机关管辖的,应当依法移送其他有关机关。

工商行政管理机关发现违法行为涉嫌犯罪的,应当依照有关规定将案件移送司法机关。

第三章 行政处罚的一般程序

第一节 立 案

第十六条 工商行政管理机关依据监督检查职权,或者通过投诉、申诉、举报、其他机关移送、上级机关交办等途径发现、查处违法行为。

第十七条 工商行政管理机关应当自收到投诉、申诉、举报、其他机关移送、上级机关交办的材料之日起七个工作日内予以核查,并决定是否

299

立案；特殊情况下，可以延长至十五个工作日内决定是否立案。

第十八条 立案应当填写立案审批表，同时附上相关材料（投诉材料、申诉材料、举报材料、上级机关交办或者有关部门移送的材料、当事人提供的材料、监督检查报告、已核查获取的证据等），由县级以上工商行政管理机关负责人批准，办案机构负责人指定两名以上办案人员负责调查处理。

第十九条 对于不予立案的投诉、举报、申诉，经工商行政管理机关负责人批准后，由办案机构将结果告知具名的投诉人、申诉人、举报人。工商行政管理机关应当将不予立案的相关情况作书面记录留存。

第二节 调查取证

第二十条 立案后，办案人员应当及时进行调查，收集、调取证据，并可以依照法律、法规的规定进行检查。

首次向案件当事人收集、调取证据的，应当告知其有申请办案人员回避的权利。

向有关单位和个人收集、调取证据时，应当告知其有如实提供证据的义务。

第二十一条 办案人员调查案件，不得少于两人。办案人员调查取证时，一般应当着工商行政管理制服，并出示《中华人民共和国工商行政管理行政执法证》。

《中华人民共和国工商行政管理行政执法证》由国家工商行政管理总局统一制定、核发或者授权省级工商行政管理局核发。

第二十二条 需委托其他工商行政管理机关协助调查、取证的，应当出具书面委托调查函，受委托的工商行政管理机关应当积极予以协助。无法协助的，应当及时将无法协助的情况函告委托机关。

第二十三条 办案人员应当依法收集与案件有关的证据。证据包括以下几种：

（一）书证；

（二）物证；

（三）证人证言；

（四）视听资料、计算机数据；

（五）当事人陈述；

（六）鉴定结论；

（七）勘验笔录、现场笔录。

上述证据，应当符合法律、法规、规章等关于证据的规定，并经查证属实，才能作为认定事实的依据。

第二十四条 办案人员可以询问当事人及证明人。询问应当个别进行。询问应当制作笔录，询问笔录应当交被询问人核对；对阅读有困难的，应当向其宣读。笔录如有差错、遗漏，应当允许其更正或者补充。涂改部分应当由被询问人签名、盖章或者以其他方式确认。经核对无误后，由被询问人在笔录上逐页签名、盖章或者以其他方式确认。办案人员亦应当在笔录上签名。

第二十五条 办案人员可以要求当事人及证明人提供证明材料或者与违法行为有关的其他材料，并由材料提供人在有关材料上签名或者盖章。

第二十六条 办案人员应当收集、调取与案件有关的原始凭证作为证据；调取原始证据有困难的，可以提取复制件、影印件或者抄录本，由证据提供人标明"经核对与原件无误"、注明出证日期、证据出处，并签名或者盖章。

第二十七条 从中华人民共和国领域外取得的证据，应当说明来源，经所在国公证机关证明，并经中华人民共和国驻该国使领馆认证，或者履行中华人民共和国与证据所在国订立的有关条约中规定的证明手续。

在中华人民共和国香港特别行政区、澳门特别行政区和台湾地区取得的证据，应当具有按照有关规定办理的证明手续。

第二十八条 对于视听资料、计算机数据，办案人员应当收集有关资料的原始载体。收集原始载体有困难的，可以收集复制件，并注明制作方法、制作时间、制作人等情况。声音资料应当附有该声音内容的文字

301

记录。

第二十九条 对有违法嫌疑的物品或者场所进行检查时，应当有当事人或者第三人在场，并制作现场笔录，载明时间、地点、事件等内容，由办案人员、当事人、第三人签名或者盖章。

必要时，可以采取拍照、录像等方式记录现场情况。

第三十条 工商行政管理机关抽样取证时，应当有当事人在场，办案人员应当制作抽样记录，对样品加贴封条，开具物品清单，由办案人员和当事人在封条和相关记录上签名或者盖章。

法律、法规、规章或者国家有关规定对抽样机构或者方式有规定的，工商行政管理机关应当委托相关机构或者按规定方式抽取样品。

第三十一条 为查明案情，需要对案件中专门事项进行鉴定的，工商行政管理机关应当出具载明委托鉴定事项及相关材料的委托鉴定书，委托具有法定鉴定资格的鉴定机构进行鉴定；没有法定鉴定机构的，可以委托其他具备鉴定条件的机构进行鉴定。鉴定结论应有鉴定人员签名或者盖章，加盖鉴定机构公章。

第三十二条 在证据可能灭失或者以后难以取得的情况下，工商行政管理机关可以对与涉嫌违法行为有关的证据采取先行登记保存措施。

采取先行登记保存措施或者解除先行登记保存措施，应当经工商行政管理机关负责人批准。

第三十三条 先行登记保存有关证据，应当当场清点，开具清单，由当事人和办案人员签名或者盖章，交当事人一份，并当场交付先行登记保存证据通知书。

先行登记保存期间，当事人或者有关人员不得损毁、销毁或者转移证据。

第三十四条 对于先行登记保存的证据，应当在七日内采取以下措施：

（一）根据情况及时采取记录、复制、拍照、录像等证据保全措施；

（二）需要鉴定的，及时送交有关部门鉴定；

（三）违法事实成立，应当予以没收的，作出行政处罚决定，没收违法物品；

（四）根据有关法律、法规规定可以查封、扣押（包括封存、扣留，下同）的，决定查封、扣押；

（五）违法事实不成立，或者违法事实成立但依法不应当予以查封、扣押或者没收的，决定解除先行登记保存措施。

逾期未作出处理决定的，先行登记保存措施自动解除。

第三十五条　法律、法规规定查封、扣押等行政强制措施的，可以根据具体情况实施。采取强制措施的，应当告知当事人有申请行政复议和提起行政诉讼的权利。

采取查封、扣押等行政强制措施，或者解除行政强制措施，应当经工商行政管理机关负责人批准。

第三十六条　查封、扣押当事人的财物，应当当场清点，开具清单，由当事人和办案人员签名或者盖章，交当事人一份，并当场交付查封、扣押财物通知书。依法先行采取查封、扣押措施的，应当在法律、法规规定的期限内补办查封、扣押手续。

第三十七条　扣押当事人托运的物品，应当制作协助扣押通知书，通知有关运输部门协助办理，并书面通知当事人。

第三十八条　对当事人家存或者寄存的涉嫌违法物品，需要扣押的，责令当事人取出；当事人拒绝取出的，应当会同当地有关部门将其取出，并办理扣押手续。

第三十九条　查封、扣押的财物应当妥善保管，严禁动用、调换或者损毁。

对容易腐烂、变质的物品，法律、法规规定可以直接先行处理的，或者当事人同意先行处理的，经工商行政管理机关主要负责人批准，在采取相关措施留存证据后可以先行处理。

被查封的物品，应当加贴工商行政管理机关封条，任何人不得随意动用。

303

第四十条 查封、扣押的财物，经查明确实与违法行为无关或者不再需要采取查封、扣押措施的，应当解除查封、扣押措施，送达解除查封、扣押通知书，将查封、扣押的财物如数返还当事人，并由办案人员和当事人在财物清单上签名或者盖章。

第四十一条 必须对自然人的人身或者住所进行检查的，应当依法提请公安机关执行，工商行政管理机关予以配合。

第四十二条 工商行政管理机关依据法律、法规规定采取责令当事人暂停销售，不得转移、隐匿、销毁有关财物等措施，应当经工商行政管理机关负责人批准，书面通知当事人，由当事人履行。

第四十三条 办案人员在调查取证过程中，要求当事人在笔录或者其他材料上签名、盖章或者以其他方式确认，当事人拒绝到场，拒绝签名、盖章或者以其他方式确认，或者无法找到当事人的，办案人员应当在笔录或其他材料上注明原因，必要时可邀请有关人员作为见证人。

第四十四条 当事人认为办案人员与当事人有直接利害关系的，有权申请办案人员回避；办案人员认为自己与当事人有直接利害关系的，应当申请回避。

办案人员的回避，由工商行政管理机关负责人决定。

第四十五条 案件调查终结，或者办案机构认为应当终止调查的，按照下列方式处理：

（一）认为违法事实成立，应当予以行政处罚的，写出调查终结报告，草拟行政处罚建议书，连同案卷交由核审机构核审。调查终结报告应当包括当事人的基本情况、违法事实、相关证据及其证明事项、案件性质、自由裁量理由、处罚依据、处罚建议等。

（二）认为违法事实不成立，应当予以销案的；或者违法行为轻微，没有造成危害后果，不予行政处罚的；或者案件不属于本机关管辖应当移交其他行政机关管辖的；或者涉嫌犯罪，应当移送司法机关的，写出调查终结报告，说明拟作处理的理由，报工商行政管理机关负责人批准后根据不同情况分别处理。

第四部分 附　录

第三节　核　审

第四十六条　省级工商行政管理机关可以根据本辖区的实际情况，确定辖区内各级工商行政管理机关核审案件的类型和范围。

第四十七条　案件核审由工商行政管理机关的法制机构负责实施。工商行政管理所以自己的名义实施行政处罚的案件，由工商行政管理所的法制员负责核审。

第四十八条　核审机构接到办案机构的核审材料后，应当予以登记，并指定具体承办人员负责核审工作。

第四十九条　案件核审的主要内容包括：

（一）所办案件是否具有管辖权；

（二）当事人的基本情况是否清楚；

（三）案件事实是否清楚、证据是否充分；

（四）定性是否准确；

（五）适用依据是否正确；

（六）处罚是否适当；

（七）程序是否合法。

第五十条　核审机构经过对案件进行核审，提出以下书面意见和建议：

（一）对事实清楚、证据确凿、适用依据正确、定性准确、处罚适当、程序合法的案件，同意办案机构意见，建议报机关负责人批准后告知当事人；

（二）对定性不准、适用依据错误、处罚不当的案件，建议办案机构修改；

（三）对事实不清、证据不足的案件，建议办案机构补正；

（四）对程序不合法的案件，建议办案机构纠正；

（五）对违法事实不成立或者已超过追责期限的案件，建议销案；

（六）对违法事实轻微并及时纠正，没有造成危害后果的案件，建议不予行政处罚；

（七）对超出管辖权的案件，建议办案机构按有关规定移送；

（八）对涉嫌犯罪的案件，建议移送司法机关。

第五十一条　核审机构核审完毕，应当及时退卷。办案机构应将案卷、拟作出的行政处罚建议及核审意见报工商行政管理机关负责人审查决定。

第五十二条　工商行政管理机关负责人对行政处罚建议批准后，由办案机构以办案机关的名义，告知当事人拟作出行政处罚的事实、理由、依据、处罚内容，并告知当事人依法享有陈述、申辩权。

采取口头形式告知的，办案机构或者受委托的机关应当将告知情况记入笔录，并由当事人在笔录上签名或者盖章。

采取书面形式告知的，工商行政管理机关可以直接送达当事人，也可以委托当事人所在地的工商行政管理机关代为送达，还可以采取邮寄送达的方式送达当事人。

采用上述方式无法送达的，由工商行政管理机关以公告的方式告知。

自当事人签收之日起三个工作日内，或者办案机关挂号寄出之日起十五日内，或者自公告之日起十五日内，当事人未行使陈述、申辩权，也未作任何其他表示的，视为放弃此权利。

前款规定的邮寄送达，如因不可抗力或者其他特殊情况，当事人在规定的期间没有收到的，应当自实际收到之日起三个工作日内行使权利。

凡拟作出的行政处罚属于听证范围的，应当告知当事人有要求举行听证的权利。行政处罚案件的听证程序，按照国家工商行政管理总局专项规定执行。

第五十三条　工商行政管理机关在告知当事人拟作出的行政处罚建议后，应当充分听取当事人的意见。对当事人提出的事实、理由和证据，认真进行复核。当事人提出的事实、理由或者证据成立的，工商行政管理机关应当予以采纳。不得因当事人陈述、申辩、申请听证而加重行政处罚。

第四部分 附 录

第四节 决 定

第五十四条　工商行政管理机关负责人经对案件调查终结报告、核审意见或者听证报告，当事人的陈述、申辩意见，拟作出的行政处罚决定进行审查，根据不同情况分别作出给予行政处罚、销案、不予行政处罚、移送其他机关等处理决定。

第五十五条　工商行政管理机关对重大、复杂案件，或者重大违法行为给予较重处罚的案件，应当提交工商行政管理机关有关会议集体讨论决定。

重大、复杂案件，或者重大违法行为给予较重处罚的案件范围，由省级工商行政管理机关确定。

第五十六条　工商行政管理机关作出行政处罚决定，应当制作行政处罚决定书。行政处罚决定书的内容包括：

（一）当事人的姓名或者名称、地址等基本情况；

（二）违反法律、法规或者规章的事实和证据；

（三）行政处罚的内容和依据；

（四）采纳当事人陈述、申辩的情况及理由；

（五）行政处罚的履行方式和期限；

（六）不服行政处罚决定，申请行政复议或者提起行政诉讼的途径和期限；

（七）作出行政处罚决定的工商行政管理机关的名称和作出决定的日期。

行政处罚决定书应当加盖作出行政处罚决定的工商行政管理机关的印章。

第五十七条　适用一般程序处理的案件应当自立案之日起九十日内作出处理决定；案情复杂，不能在规定期限内作出处理决定的，经工商行政管理机关负责人批准，可以延长三十日；案情特别复杂，经延期仍不能作出处理决定的，应当由工商行政管理机关有关会议集体讨论决定是否继续延期。

案件处理过程中听证、公告和鉴定等时间不计入前款所指的案件办理期限。

第五十八条　工商行政管理机关对投诉、举报、申诉所涉及的违法嫌疑人作出行政处罚、不予行政处罚、销案、移送其他机关等处理决定的，应当将处理结果告知被调查人和具名投诉人、申诉人、举报人。

以上告知，依照有关规定应予公示的，应采取适当的方式予以公示。

第五十九条　已作出行政处罚决定的案件，涉嫌犯罪的，工商行政管理机关应当依相关规定及时移送司法机关。

第四章　行政处罚的简易程序

第六十条　违法事实确凿并有法定依据，对公民处以五十元以下、对法人或者其他组织处以一千元以下罚款或者警告的行政处罚的，可以当场作出处罚决定。

第六十一条　适用简易程序当场查处违法行为，办案人员应当当场调查违法事实，制作现场检查、询问笔录，收集必要的证据，填写预定格式、编有号码的行政处罚决定书。

行政处罚决定书应当当场送达当事人，由当事人和办案人员签名或盖章。

第六十二条　前条规定的行政处罚决定书应当载明当事人的基本情况、违法行为、行政处罚依据、处罚种类、罚款数额、时间、地点、救济途径、行政机关名称，加盖行政机关印章。

第六十三条　办案人员在行政处罚决定作出前，应当告知当事人作出行政处罚决定的事实、理由及依据，并告知当事人有权进行陈述和申辩。当事人进行申辩的，办案人员应当记入笔录。

第六十四条　适用简易程序查处案件的有关材料，办案人员应当交其所在的工商行政管理机关归档保存。

第五章 期间、送达

第六十五条 期间以时、日、月计算，期间开始之时或者日不计算在内。期间不包括在途时间，期间届满的最后一日为法定节、假日的，以节、假日后的第一日为期间届满的日期。

第六十六条 工商行政管理机关送达处罚决定书，应当在宣告后当场交付当事人；当事人不在场的，应当在七日内按照下条的规定送达。

第六十七条 工商行政管理机关送达文书，除行政处罚告知书和听证告知书外，应当按下列方式送达：

（一）直接送达当事人的，由当事人在送达回证上注明收到日期，并签名或者盖章，当事人在送达回证上注明的签收日期为送达日期；

（二）无法直接送达的，可以委托当地工商行政管理机关代为送达，也可以挂号邮寄送达，邮寄送达的，以回执上注明的收件日期为送达日期；

（三）采取上述方式无法送达的，公告送达。公告送达，可以在全国性报纸或者办案机关所在地的省一级报纸上予以公告，也可以在工商行政管理机关公告栏张贴公告，并可以同时在工商行政管理机关网站上公告。自公告发布之日起经过六十日，即视为送达。公告送达，应当在案卷中记明原因和经过。

第六章 行政处罚的执行

第六十八条 处罚决定依法作出后，当事人应当在行政处罚决定的期限内予以履行。

第六十九条 工商行政管理机关对当事人作出罚款、没收违法所得处罚的，应当由当事人自收到处罚决定书之日起十五日内，到指定银行缴纳罚没款。有下列情形之一的，可以由办案人员当场收缴罚款：

（一）当场处以二十元以下罚款的；

（二）对公民处以二十元以上五十元以下、对法人或者其他组织处以

一千元以下罚款,不当场收缴事后难以执行的;

(三)在边远、水上、交通不便地区以及其他原因,当事人向指定银行缴纳罚款确有困难,经当事人提出的。

办案人员当场收缴罚款的,应当出具省、自治区、直辖市财政部门统一制发的罚款收据。

第七十条 办案人员当场收缴的罚款,应当自收缴罚款之日起二日内,交至其所在工商行政管理机关,工商行政管理机关应当在二日内将罚款缴付指定银行。

第七十一条 当事人逾期不履行行政处罚决定的,作出行政处罚决定的工商行政管理机关可以采取下列措施:

(一)到期不缴纳罚款的,每日按罚款数额的百分之三加处罚款;

(二)根据法律规定,将查封、扣押的财物拍卖或者将冻结的存款划拨抵缴罚款;

(三)申请人民法院强制执行。

第七十二条 当事人确有经济困难,需要延期或者分期缴纳罚款的,应当提出书面申请。经工商行政管理机关负责人批准后,由办案机构以办案机关的名义,书面告知当事人延期或者分期的期限。

第七十三条 工商行政管理机关应当建立健全罚没物资的管理、处理制度。具体办法由省级工商行政管理机关依照国家有关规定制定。

第七十四条 除依法应当予以销毁的物品外,依法没收的非法财物,应当按照国家规定,委托具有合法资格的拍卖机构公开拍卖或者按照国家有关规定处理。

没收的票据交有关部门统一处理。

销毁物品,按照国家有关规定处理;没有规定的,经工商行政管理机关负责人批准,由两名以上工商行政管理人员监督销毁,并制作销毁记录。

物品处理,应当制作清单。

第七十五条 罚没款及没收物品的变价款,必须全部上缴财政,任何

第四部分 附 录

单位和个人不得截留、私分或者变相私分。

第七十六条 对依法解除强制措施，需退还当事人财物的，工商行政管理机关应当通知当事人在三个月内领取；当事人不明确的，应当采取公告方式通知当事人在六个月内认领财物。通知或者公告的认领期限届满后，无人认领的，工商行政管理机关可以按照有关规定采取拍卖或者变卖等方式处理物品，变价款保存在工商行政管理机关专门账户上。自处理物品之日起一年内仍无人认领的，变价款扣除为保管、处理物品所支出的必要费用后上缴财政。法律、行政法规另有规定的，从其规定。

第七章 立 卷

第七十七条 行政处罚决定执行完毕，工商行政管理机关应当按照下列要求及时将案件材料立卷归档：

（一）案卷应当一案一卷，案卷可以分正卷、副卷；

（二）各类文书齐全，手续完备；

（三）书写文书用毛笔、钢笔或者打印；

（四）案卷装订应当规范有序，符合文档要求。

第七十八条 正卷应当按下列顺序装订：

（一）立案审批表；

（二）行政处罚决定书；

（三）对当事人制发的其他法律文书；

（四）送达回证；

（五）听证笔录；

（六）证据材料；

（七）财物处理单据；

（八）其它有关材料。

副卷应当按下列顺序装订：

（一）投诉、申诉、举报等案源材料；

（二）调查终结报告及批件；

（三）核审意见；

（四）听证报告；

（五）其它有关材料。

第七十九条　案卷归档后，任何单位、个人不得修改、增加、抽取案卷材料。案卷保管及查阅，按档案管理有关规定执行。

第八章　监　督

第八十条　工商行政管理机关负责人有权决定对本机关依本规定作出的行政处理决定重新进行审查。

上级工商行政管理机关有权决定对下级工商行政管理机关依本规定作出的行政处理决定重新进行审查。

第八十一条　上级工商行政管理机关直接审查下级工商行政管理机关行政处理决定时，可以直接纠正下级工商行政管理机关错误的行政处理决定，也可以责成下级工商行政管理机关自行纠正其错误的行政处理决定。

对于上级工商行政管理机关作出的纠正决定，下级工商行政管理机关应当予以执行。

第八十二条　上级工商行政管理机关责成下级工商行政管理机关重新审查的，下级工商行政管理机关应当在上级工商行政管理机关确定的期限内结束案件审查。

下级工商行政管理机关应当在审查决定作出后十日内，将审查决定报上级工商行政管理机关。

第八十三条　作出行政处理决定的工商行政管理机关重新审查行政处理决定的，原办理此案的办案人员应当回避。

第八十四条　对原行政处理决定重新审查的，审查结论一般应当经工商行政管理机关有关会议集体讨论决定。

第八十五条　工商行政管理机关及其办案人员违反法律、行政法规和本规定实施行政处罚的，应视情节追究行政责任；情节严重，涉嫌犯罪的，移送司法机关。

第九章 附 则

第八十六条 本规定所称的工商行政管理机关是指县级以上各级工商行政管理局。

第八十七条 依法具有独立执法权的工商行政管理分局、队、所等实施行政处罚，适用本规定。

第八十八条 本规定中的"以上"、"以下"、"以内"，均包括本数。

第八十九条 行政处罚文书，由国家工商行政管理总局统一制定。

第九十条 本规定自 2007 年 10 月 1 日起施行。1996 年 10 月 17 日国家工商行政管理局发布的《工商行政管理机关行政处罚程序暂行规定》同时废止。